Recht –
schnell erfasst

Flemming Moos

Datenschutz-recht

Schnell erfasst

 Springer

Reihenherausgeber
Dr. iur. Detlef Kröger
Dipl.-Jur. Claas Hanken

Autor
Dr. Flemming Moos
DLA Piper Rechtsanwälte
Jungfernstieg 7
20354 Hamburg
flemming.moos@dlapiper.com
www.dlapiper.com

Graphiken
Dirk Hoffmann

ISSN 1431-7559
ISBN-10 3-540-23689-9 Springer Berlin Heidelberg New York
ISBN-13 978-3-540-23689-4 Springer Berlin Heidelberg New York

Bibliografische Information der Deutschen Bibliothek
Die Deutsche Bibliothek verzeichnet diese Publikation in der Deutschen Nationalbibliografie; detaillierte bibliografische Daten sind im Internet über <http://dnb.ddb.de> abrufbar.

Dieses Werk ist urheberrechtlich geschützt. Die dadurch begründeten Rechte, insbesondere die der Übersetzung, des Nachdrucks, des Vortrags, der Entnahme von Abbildungen und Tabellen, der Funksendung, der Mikroverfilmung oder der Vervielfältigung auf anderen Wegen und der Speicherung in Datenverarbeitungsanlagen, bleiben, auch bei nur auszugsweiser Verwertung, vorbehalten. Eine Vervielfältigung dieses Werkes oder von Teilen dieses Werkes ist auch im Einzelfall nur in den Grenzen der gesetzlichen Bestimmungen des Urheberrechtsgesetzes der Bundesrepublik Deutschland vom 9. September 1965 in der jeweils geltenden Fassung zulässig. Sie ist grundsätzlich vergütungspflichtig. Zuwiderhandlungen unterliegen den Strafbestimmungen des Urheberrechtsgesetzes.

Springer ist ein Unternehmen von Springer Science+Business Media

springer.de

© Springer-Verlag Berlin Heidelberg 2006

Die Wiedergabe von Gebrauchsnamen, Handelsnamen, Warenbezeichnungen usw. in diesem Werk berechtigt auch ohne besondere Kennzeichnung nicht zu der Annahme, dass solche Namen im Sinne der Warenzeichen- und Markenschutz-Gesetzgebung als frei zu betrachten wären und daher von jedermann benutzt werden dürften. Text und Abbildungen wurden mit größter Sorgfalt erarbeitet. Verlag und Autor können jedoch für eventuell verbliebene fehlerhafte Angaben und deren Folgen weder eine juristische Verantwortung noch irgendeine Haftung übernehmen.

Herstellung: LE-TeX Jelonek, Schmidt & Vöckler GbR, Leipzig
Umschlaggestaltung: *WMX*Design GmbH, Heidelberg

SPIN 11341475   64/3100YL – 5 4 3 2 1 0 – Gedruckt auf säurefreiem Papier

Für Elsa

Vorwort

Das Datenschutzrecht gewinnt in der Rechtsanwendungspraxis zunehmend an Bedeutung. Ein wesentlicher Grund für den Bedeutungszuwachs liegt in der technologischen Entwicklung begründet, die immer mehr Lebensbereiche durchdringt und die automatisierte, das heißt IT-gestützte, Datenverarbeitung zum Normalfall macht. Das Schlagwort des »Ubiquitous Computing«, also der allgegenwärtigen Datenverarbeitung, macht die Runde. Diese Feststellung gilt vornehmlich für den privatwirtschaftlichen, aber auch für den öffentlichen Bereich.

Es gibt kaum technologische Neuerungen, bei denen nicht zumindest auch datenschutzrechtliche Aspekte eine Rolle spielen. Als Beispiele seien das Digital Rights Management, der Einsatz der RFID-Technologie, die Einführung elektronischer Gesundheitskarten oder auch die Erbringung so genannter »Location Based Services« durch TK-Dienstleister genannt.

Demgegenüber steht ein für den Laien oft nur schwer zugängliches Geflecht datenschutzrechtlicher Regelungen, das in seiner Systematik und seinem Regelungsgehalt nicht leicht zu durchdringen ist. Zahlreiche sondergesetzliche Regelungen, wie sie für eine Querschnittsmaterie wie das Datenschutzrecht prägend sind, erleichtern nicht gerade das Verständnis für die Zusammenhänge und Grundlagen. Hinzu kommt, dass einschlägige Judikatur zu datenschutzrechtlichen Normen überwiegend nur für einige markante Verwendungszusammenhänge, wie z.B. den Datenschutz im Arbeitsverhältnis, vorhanden ist. In anderen Bereichen, etwa dem Datenschutz im Internet, sind Gerichtsurteile, die einen praktischen Zugang zu den Vorschriften ermöglichen könnten, nur äußerst spärlich vorhanden.

Vor diesem Hintergrund soll mit diesem Buch der Versuch unternommen werden, sowohl die Grundlagen des Datenschutzrechts verständlich zu vermitteln, als auch praxisrelevante Anwendungsfälle anschaulich und in der gebotenen Tiefe zu erläutern.

Mein Dank gilt den Herren Dr. Detlef Kröger und Claas Hanken für die Aufnahme dieses Buches in Ihre Schriftenreihe. Außerdem bin ich Frau Brigitte Reschke vom Springer-Verlag für die verlegerische Betreuung dankbar. Weiteren Dank bin ich Frau Anja Könitz für die Unterstützung bei der Abfassung des Manuskripts schuldig.

Für Anregungen und Hinweise zur Verbesserung des Buches bin ich jederzeit dankbar.

Hamburg, im Juni 2006 — Dr. Flemming Moos

Inhaltsübersicht

Einführung   1

• Ziele des Datenschutzrechts • Systematik des Datenschutzrechts • Entwicklung des Datenschutzrechts • Rechtsquellen des Datenschutzrechts •

Datenschutzrechtliche Grundlagen   21

• Anwendungsbereich der Datenschutzvorschriften • Datenschutz in der öffentlichen Verwaltung • Datenschutz in der Privatwirtschaft •

Grundprinzipien des Datenschutzrechts   43

• Datenverarbeitungsverbot mit Erlaubnisvorbehalt • Grundsatz der Direkterhebung • Zweckbindungsgrundsatz • Erforderlichkeit • Datenvermeidung und Datensparsamkeit • Transparenz •

Zulässigkeit der Verarbeitung personenbezogener Daten   69

• Gesetzliche Erlaubnisnormen • Sonderfälle • Einwilligungserklärung •

Ergänzende datenschutzrechtliche Pflichten   137

• Melde- und Anzeigepflichten • Informations- und Benachrichtigungspflichten • Auskunft, Berichtigung, Löschung und Sperrung personenbezogener Daten • Technische und organisatorische Schutzmaßnahmen • Datengeheimnis • Beauftragter für den Datenschutz •

Kontrolle und Sanktionen   173

• Datenschutzkontrolle • Sanktionen für Datenschutzrechtsverstöße •

Sektorenspezifischer Datenschutz   183

• Datenschutz im Internet • Datenschutz im Arbeitsverhältnis • Datenschutz in der öffentlichen Verwaltung • Schutz durch besondere Geschäfts-, Berufs- oder Amtsgeheimnisse •

Register   233

Einführung

1.	**Ziele des Datenschutzrechts**	**2**
2.	**Systematik des Datenschutzrechts**	**3**
3.	**Entwicklung des Datenschutzrechts**	**4**
3.1.	Die ersten Landesdatenschutzgesetze	4
3.2.	Das BDSG von 1977	5
3.3.	Das Volkszählungsurteil des BVerfG	5
3.4.	Fortentwicklung des BDSG	7
3.4.1.	Das BDSG von 1990	7
3.4.2.	Das aktuelle BDSG	8
4.	**Rechtsquellen des Datenschutzrechts**	**10**
4.1.	Nationales Verfassungsrecht	10
4.2.	Europarecht	11
4.2.1.	Primärrechtliche Datenschutzregeln	11
4.2.2.	Die Verordnung EG 45/2001	12
4.2.3.	Die EG-Datenschutzrichtlinien	13
4.3.	Völkerrechtliche Verträge	15
4.4.	Einfachgesetzliche Vorschriften	16
4.5.	Normensystematik	16
5.	**Wiederholungsfragen**	**19**

1. Ziele des Datenschutzrechts

Die Zielsetzung des BDSG, die auch für alle bereichsspezifischen Datenschutzregelungen Geltung beanspruchen kann, ist an zentraler Stelle des Gesetzes verankert:

§ 1 Abs. 1 BDSG

Zweck und Anwendungsbereich des Gesetzes

Zweck dieses Gesetzes ist es, den einzelnen davor zu schützen, dass er durch den Umgang mit seinen personenbezogenen Daten in seinem Persönlichkeitsrecht beeinträchtigt wird.

allgemeines Persönlichkeitsrecht

Schutzgegenstand des BDSG ist gemäß der Formulierung in § 1 Abs. 1 BDSG somit das »Persönlichkeitsrecht«. Damit wird das allgemeine Persönlichkeitsrecht in Bezug genommen, wie es in Art. 2 Abs. 1 i.V.m. Art. 1 Abs. 1 GG gewährleistet ist. Eine Konturierung dieses allgemeinen Persönlichkeitsrechts ist insbesondere in der verfassungsgerichtlichen Rechtsprechung erfolgt. Es umfasst insbesondere auch das Recht des Bürgers auf »informationelle Selbstbestimmung«. Dieses Recht auf informationelle Selbstbestimmung macht den Einzelnen grundsätzlich zum Herrn der ihn betreffenden Informationen. Der Einzelne soll danach grundsätzlich selbst entscheiden können, wann und innerhalb welcher Grenzen persönliche Lebenssachverhalte offenbart werden.

Recht auf informationelle Selbstbestimmung

Das grundrechtlich verankerte Recht auf informationelle Selbstbestimmung bindet gemäß Art. 1 Abs. 3 GG unmittelbar nur die öffentliche Gewalt. Es strahlt jedoch über die jeweiligen Generalklauseln auch auf privatrechtliche Rechtsbeziehungen aus. Überdies finden sich auf einfachgesetzlicher Ebene zahlreiche Datenschutzvorschriften – allen voran diejenigen im dritten Abschnitt des BDSG –, die die Datenverarbeitung im nicht-öffentlichen Bereich regeln.

2. Systematik des Datenschutzrechts

Sowohl die allgemeinen Datenschutzgesetze wie das BDSG als auch bereichsspezifische Datenschutzvorschriften, wie z.B. §§ 91 ff. TKG folgen dabei prinzipiell derselben Systematik. Sie umfassen in der Regel Vorschriften mit Regelungsinhalten, die sich wie folgt kategorisieren lassen:

Regelungssystematik

- Basisnormen, die den Anwendungsbereich der jeweiligen Datenschutzvorschriften festlegen, Begriffsdefinitionen enthalten oder datenschutzrechtliche Grundsätze (wie z.B. denjenigen der Zweckbindung) festschreiben etc.;
- Regelungen über die Zulässigkeit der Datenverarbeitung (also Erlaubnisnormen, die eine bestimmte Datenverarbeitung gestatten oder Vorschriften die festlegen, ob und auf welche Weise der Betroffene in eine Datenverarbeitung einwilligen muss);
- Regelungen zu datenschutzrechtlichen Nebenpflichten der Daten verarbeitenden Stelle, wie insbesondere Melde- und Anzeigepflichten gegenüber Aufsichtsbehörden, Informations- und Unterrichtungspflichten gegenüber den Betroffenen, Berichtigungs- und Löschungsverpflichtungen, Verpflichtungen zur Realisierung technischer und organisatorischer Datenschutzmaßnahmen etc.;
- Regelungen über Rechte der Betroffenen, etwa auf Auskunft, Berichtigung, Sperrung und Löschung von Daten sowie auf Schadensersatz;
- Regelungen bezüglich der ordnungsbehördlichen Kontrolle und Sanktionierung von Verstößen gegen die Datenschutzvorschriften.

Einführung

3. Entwicklung des Datenschutzrechts

Historische Entwicklung

In Deutschland begann vor dem Hintergrund der Entwicklung großer Rechenzentren die Diskussion um den Schutz der Privatsphäre bei automatisierten Datenverarbeitungen Ende der 60er und Anfang der 70er Jahre. Gefährdungen des Persönlichkeitsrechts wurden damals insbesondere mit der Etablierung von Großrechnertechnologie, die eine massenhafte und verhältnismäßig schnelle Datenverarbeitung ermöglichte, in Verbindung gebracht.

3.1. Die ersten Landesdatenschutzgesetze

Landesdatenschutzgesetze

Als Reaktion auf diese technische Entwicklung verabschiedete Hessen als erstes Bundesland (und sogar als erstes Land weltweit) im Jahre 1970 ein allgemeines Landesdatenschutzgesetz. Dieses mit 17 Paragraphen noch recht überschaubare Gesetzeswerk enthielt bereits einige zentrale Rechte und Instrumentarien, die im Datenschutzrecht bis heute erhalten sind.

Inhalt des Datenschutzes war gemäß § 2 des Gesetzes vor allem die Verpflichtung, die vom Datenschutz erfassten Unterlagen, Daten und Ergebnisse so zu ermitteln, weiterzuleiten und aufzubewahren, dass sie nicht durch Unbefugte eingesehen, verändert, abgerufen oder vernichtet werden konnten. Dies war bereits durch geeignete personelle und technische Vorkehrungen sicherzustellen. Außerdem waren die mit der Datenerfassung, dem Datentransport, der Datenspeicherung und der maschinellen Datenverarbeitung beauftragten Personen an das Datengeheimnis gebunden. Gemäß § 4 des Gesetzes hatten Betroffene einen Anspruch auf Berichtigung unrichtiger Daten. Vorbildcharakter für spätere Datenschutzgesetze erlangte insbesondere die Etablierung eines unabhängigen Datenschutzbeauftragten als Kontrollinstitution für die Behörden und sonstigen öffentlichen Stellen des Landes in § 7 des Gesetzes.

Bis zum Jahre 1981 hatten dann sämtliche (alten) Bundesländer Landesdatenschutzgesetze zum Schutz personenbezogener Daten in der öffentlichen Verwaltung erlassen. Die neuen Bundesländer erließen nach dem Beitritt zum Bundesgebiet ebenfalls in schneller Folge Landesdatenschutzgesetze, so dass seit 1992 auch in den neuen Bundesländern flächendeckend Landesdatenschutzgesetze bestehen.

3.2. Das BDSG von 1977

Auf Bundesebene wurde im Jahre 1971 ein erster Referentenentwurf für ein Bundesdatenschutzgesetz vorgelegt. Nach mehrjährigen Beratungen und Überarbeitungen des ursprünglichen Textentwurfs wurde die Erstfassung des BDSG am 1. Februar 1977 im Bundesgesetzblatt verkündet und konnte am 1. Januar 1979 in vollem Umfang in Kraft treten.

Das erste Bundesdatenschutzgesetz

Bereits im BDSG von 1977 fand sich der Grundsatz, wonach die Speicherung und weitere Verarbeitung personenbezogener Daten nur auf der Grundlage einer freiwillig erteilen Einwilligung des Betroffenen oder eines Gesetzes zulässig sein sollte (Datenverarbeitungsverbot mit Erlaubnisvorbehalt). Für Behörden und öffentliche Stellen wurde darüber hinaus der Erforderlichkeitsgrundsatz verankert, wonach die entsprechenden personenbezogenen Daten nur verarbeitet werden durften, soweit sie unabdingbar für die Aufgabenerledigung waren. Im Unterschied zu den Landesdatenschutzgesetzen regelte das BDSG von 1977 auch die Verarbeitung personenbezogener Daten durch private Stellen (Unternehmen etc.).

3.3. Das Volkszählungsurteil des BVerfG

Den nächsten bedeutsamen Meilenstein in der Entwicklung des Datenschutzrechts bildet das so genannte Volkszählungsurteil des Bundesverfassungsgerichts, in dem das Gericht durch die Anerkennung des Rechts auf informationelle Selbstbestimmung die grundrechtliche Dimension des Datenschutzes herausgestellt hat:

Volkszählungsurteil des BVerfG

Recht auf informationelle Selbstbestimmung

Unter den Bedingungen der modernen Datenverarbeitung wird der Schutz des Einzelnen gegen unbegrenzte Erhebung, Speicherung, Verwendung und Weitergabe seiner persönlichen Daten von dem allgemeinen Persönlichkeitsrecht des Art. 2 Abs. 1 GG iVm. Art. 1 Abs. 1 GG umfasst. Das Grundrecht gewährleistet insoweit die Befugnis des Einzelnen, grundsätzlich selbst über die Preisgabe und Verwendung seiner persönlichen Daten zu bestimmen.

BVerfGE 65, 1

Recht auf informationelle Selbstbestimmung

Mit diesem Leitsatz hat das Bundesverfassungsgericht (BVerfG) in seinem Urteil vom 15. Dezember 1983 zum Volkszählungsgesetz 1983 (dem so genannten »Volkszählungsurteil«) das Recht auf informationelle Selbstbestimmung umschrieben. Die Leitgedanken für die Anerkennung des Rechts auf informationelle Selbstbestimmung hat das Bundesverfassungsgericht wie folgt formuliert:

»Individuelle Selbstbestimmung setzt aber – auch unter den Bedingungen moderner Informationsverarbeitungstechnologien – voraus, dass dem Einzelnen Entscheidungsfreiheit über vorzunehmende oder zu unterlassene Handlungen einschließlich der Möglichkeit gegeben ist, sich auch entsprechend dieser Entscheidung tatsächlich zu verhalten. Wer nicht mit hinreichender Sicherheit überschauen kann, welche ihn betreffenden Informationen in bestimmten Bereichen seiner sozialen Umwelt bekannt sind, und wer das Wissen möglicher Kommunikationspartner nicht einigermaßen abzuschätzen vermag, kann in seiner Freiheit wesentlich gehemmt werden, aus eigener Selbstbestimmung zu planen oder zu entscheiden. Mit dem Recht auf informationelle Selbstbestimmung wären eine Gesellschaftsordnung und eine diese ermöglichende Rechtsordnung nicht vereinbart, in der Bürger nicht mehr wissen können, wer was wann und bei welcher Gelegenheit über sie weiß.«

Schranken des Rechts auf informationelle Selbstbestimmung

Andererseits hat das BVerfG anerkannt, dass das Recht auf informationelle Selbstbestimmung nicht schrankenlos gewährleistet ist:

»Der Einzelne hat nicht ein Recht im Sinne einer absoluten, uneinschränkbaren Herrschaft über »seine« Daten; er ist vielmehr eine sich innerhalb der sozialen Gemeinschaft entfaltende, auf Kommunikation angewiesene Persönlichkeit. Information, auch soweit sie personenbezogen ist, stellt ein Abbild sozialer Realität dar, das nicht ausschließlich dem Betroffenen allein zugeordnet werden kann. Das Grundgesetz hat, wie in der Rechtsprechung des Bundesverfassungsgerichts mehrfach hervorgehoben ist, die Spannung Individuum – Gemeinschaft im Sinne der Gemeinschaftsbezogenheit und Gemeinschaftsgebundenheit der Person entschieden. Grundsätzlich muss daher der Einzelne Einschränkungen seines Rechts auf informationelle Selbstbestimmung im überwiegenden Allgemeininteresse hinnehmen.«

Verfassungsrechtliche Datenschutzgrundsätze

Folgende Grundsätze, die bei der Abwägung des informationellen Selbstbestimmungsrechts mit überwiegenden Allgemeininteressen generell zu berücksichtigen sind, hat das BVerfG den Gesetzgebern ins Stammbuch geschrieben:

- Beschränkungen des informationellen Selbstbestimmungsrechts bedürfen nach Art. 2 Abs. 1 GG einer (verfassungsmäßigen) gesetzlichen Grundlage, aus der sich die Voraussetzungen und der Umfang der Beschränkungen klar und für den Bürger erkennbar ergeben und die damit dem rechtsstaatlichen Gebot der Normenklarheit entspricht;
- bei seinen Regelungen hat der Gesetzgeber ferner den Grundsatz der Verhältnismäßigkeit zu beachten;

- angesichts der Gefährdungen durch die Nutzung der automatischen Datenverarbeitung hat der Gesetzgeber auch organisatorische und verfahrensrechtliche Vorkehrungen zu treffen, welche der Gefahr einer Verletzung des Persönlichkeitsrechts entgegenwirken;
- darüber hinaus hat der Gesetzgeber für organisatorische Sicherungsvorkehrungen zum Schutz des informationellen Selbstbestimmungsrechts Sorge zu tragen. Insbesondere hat der Gesetzgeber sicherzustellen, dass die Bürger über Auskunftsrechte schriftlich belehrt werden. Auch ist deutlich kenntlich zu machen, soweit bestimmte Angaben lediglich auf freiwilliger Basis erhoben werden. Die zur Identifizierung dienenden Merkmale sind zum frühestmöglichen Zeitpunkt zu löschen.

Insbesondere der vom Recht auf informationelle Selbstbestimmung erforderte Gesetzesvorbehalt und die weiteren angeführten Ausprägungen des »Datenschutz-Grundrechts« haben dazu geführt, dass im Nachgang zu dem Volkszählungsurteil sowohl auf Bundes- als auch auf Landesebene die bestehenden Datenschutzgesetze novelliert und verfassungskonform ausgestaltet wurden.

3.4. Fortentwicklung des BDSG

Auf Bundesebene wurden die Vorgaben des BVerfG aus dem Volkszählungsurteil in dem Gesetz zur Fortentwicklung der Datenverarbeitung und des Datenschutzes vom 20. Dezember 1990 berücksichtigt, welches als erste BDSG-Novellierung am 1. Juni 1991 in Kraft trat.

3.4.1. Das BDSG von 1990

Der Schwerpunkt dieser ersten umfassenden Novellierung des BDSG lag bei den Datenschutzregelungen, die den öffentlichen Bereich betreffen. Dabei wurden unter Anderem folgende Regelungen neu eingeführt:

Die BDSG-Novelle 1990

- Die Einbeziehung der Phase der Datenerhebung und auch der Verarbeitung in Akten in den Anwendungsbereich des BDSG;
- Normierung eines verschuldensunabhängigen Schadensersatzanspruchs und gesetzliche Festschreibung eines finanziellen Ausgleichs bei Nichtvermögensschäden.

Wichtige Änderungen für den nicht öffentlichen Bereich waren vor allem die Folgenden:

- die Verstärkung der Zweckbindung bei der Verarbeitung und Nutzung von Daten;
- die Stärkung in der Rechtsstellung der Betroffenen (weitergehende Auskunftsansprüche, Widerspruchsrecht gegen die Übermittlung und Nutzung der Daten für Zwecke der Werbung oder der Markt- und Meinungsforschung);
- die Stärkung der Rechtsstellung und der Befugnisse der Kontrollinstanzen (betriebliche Datenschutzbeauftragte, Aufsichtsbehörden) und
- die Schaffung von Sonderregelungen für die Verarbeitung und Nutzung personenbezogener Daten durch Forschungseinrichtungen und Medien.

3.4.2. Das aktuelle BDSG

Die BDSG-Novelle 2001

Eine zweite umfangreichere Novellierung des BDSG erfolgte im Jahre 2001 zur Umsetzung der Richtlinie 95/46/EG des Europäischen Parlaments und des Rates vom 24. Oktober 1995 zum Schutz natürlicher Personen bei der Verarbeitung personenbezogener Daten und zum freien Datenverkehr (dazu sogleich).

Dabei sind insbesondere die folgenden Regelungen geändert bzw. neu in das BDSG aufgenommen worden:

- der sachliche Anwendungsbereich wurde insbesondere dadurch erweitert, dass nunmehr auch schon die Datenerhebung dem generellen Verbot mit Erlaubnisvorbehalt unterstellt wurde;
- bezüglich des räumlichen Geltungsbereichs ist für Mitgliedstaaten des EWR grundsätzlich das Sitzprinzip eingeführt worden;
- die Benachrichtigungspflicht der verantwortlichen Stelle gegenüber dem Betroffenen ist auf den Zeitpunkt der Datenerhebung vorverlegt worden;
- es ist der Grundsatz der Direkterhebung von Daten beim Betroffenen eingeführt worden;
- es wurden so genannte besondere Arten personenbezogener Daten definiert, die speziellen Verarbeitungsbeschränkungen unterworfen wurden;
- für bestimmte Verarbeitungsverfahren wie z.B. die Videoüberwachung öffentlich zugänglicher Räume sind besondere Zulässigkeitsvoraussetzungen aufgenommen worden;
- Datenübermittlungen in Länder außerhalb des EWR sind nur noch zulässig, soweit dort ein angemessenes Datenschutzniveau nachgewiesen ist;
- den Aufsichtsbehörden ist auch eine anlassunabhängige Kontrolle gestattet.

Das BDSG ist unterteilt in sechs Abschnitte:

Gliederung des BDSG

- Erster Abschnitt: Allgemeine und gemeinsame Bestimmungen;
- Zweiter Abschnitt: Datenverarbeitung der öffentlichen Stelle;
- Dritter Abschnitt: Datenverarbeitung nichtöffentlicher Stellen und öffentlich-rechtlicher Wettbewerbsunternehmen;
- Vierter Abschnitt: Sondervorschriften;
- Fünfter Abschnitt: Schlussvorschriften und
- Sechster Abschnitt: Übergangsvorschriften.

Der erste Abschnitt des BDSG enthält allgemeine und gemeinsame Vorschriften für den öffentlichen und den nicht öffentlichen Bereich. Es handelt sich vor allem um Vorschriften, die den Anwendungsbereich festlegen, Begriffsbestimmungen enthalten und die allgemeinen Datenschutzgrundsätze beinhalten. Der zweite Abschnitt enthält spezifische Vorschriften für den öffentlichen Bereich. Darin sind vor allem die Rechtsgrundlagen der Datenverarbeitung, die Rechte der Betroffenen und die Datenschutzkontrolle durch den Bundesbeauftragten für den Datenschutz geregelt. Im dritten Abschnitt sind die Sondervorschriften für den nicht öffentlichen Bereich (also die Privatwirtschaft) enthalten. Auch dieser Abschnitt unterfällt in Erlaubnisvorschriften für die Datenverarbeitung und Vorschriften, die die Rechte der Betroffenen und die Datenschutzaufsicht regeln. Der vierte Abschnitt umfasst Sondervorschriften für Datenverarbeitungen durch Forschungseinrichtungen und Medien. Der fünfte Abschnitt beinhaltet die Bußgeld- und Strafvorschriften. Im sechsten Abschnitt finden sich Übergangsvorschriften in Bezug auf die Vorversion des BDSG aus dem Jahre 1990. Schließlich umfasst das BDSG eine Anlage (zu § 9 des BDSG), in der einzelne technische und organisatorische Maßnahmen beschrieben sind.

4. Rechtsquellen des Datenschutzrechts

Rechtsquellen des Datenschutzrechts

Aus der Darstellung der Entwicklungsstufen des Datenschutzrechts ist bereits deutlich geworden, dass der Schutz personenbezogener Daten auf unterschiedlichen Stufen der Normenhierarchie verankert ist. Sowohl das Verfassungsrecht und das inter- und supranationale Recht, als auch das einfache Gesetzesrecht enthalten datenschutzrechtliche Garantien.

4.1. Nationales Verfassungsrecht

Verfassungsrecht

Der Datenschutz besitzt – wie es im Volkszählungsurteil des BVerfG zum Ausdruck gekommen ist – eine verfassungsrechtliche Dimension. In besagtem Volkszählungsurteil hat das BVerfG klar gestellt, dass das allgemeine Persönlichkeitsrecht gemäß Art. 2 Abs. 1 GG i.V.m. Art. 1 Abs. 1 GG ein »Recht auf informationelle Selbstbestimmung« beinhaltet, welches den Schutz des Einzelnen gegen unbegrenzte Erhebung, Speicherung, Verwendung und Weitergabe seiner persönlichen Daten umfasst. Die Erhebung, Verarbeitung und Nutzung personenbezogener Daten kann folglich einen Eingriff in grundrechtlich geschützte Rechtspositionen eines Einzelnen darstellen.

Grundrecht auf Datenschutz

Während das »Grundrecht auf Datenschutz« im Grundgesetz also nicht namentlich benannt ist sondern vom BVerfG in das allgemeine Persönlichkeitsrecht »hineingelesen« wird, ist es in zahlreichen Landesverfassungen ausdrücklich verankert. Beispielhaft wird im Folgenden das Grundrecht auf Datenschutz gemäß Art. 11 der Verfassung des Landes Brandenburg wiedergegeben:

Art. 11 LV Brandenb. **Datenschutz**

(1) Jeder hat das Recht, über die Preisgabe und Verwendung seiner persönlichen Daten selbst zu bestimmen, auf Auskunft über die Speicherung seiner persönlichen Daten und auf Einsicht in Akten und sonstige amtliche Unterlagen, soweit sie ihn betreffen und Rechte Dritter nicht entgegenstehen. Personenbezogene Daten dürfen nur mit freiwilliger und ausdrücklicher Zustimmung des Berechtigten erhoben, gespeichert, verarbeitet, weitergegeben oder sonst verwendet werden.

(2) Einschränkungen sind nur im überwiegenden Allgemeininteresse durch Gesetz oder aufgrund eines Gesetzes im Rahmen der darin festgelegten Zwecke zulässig. Jede Erhebung personenbezogener Daten ist

dem Berechtigten zur Kenntnis zu geben, sobald der Zweck der Erhebung dies zulässt.

(3) Der aufgrund bundesrechtlicher Vorschriften einzurichtende Verfassungsschutz des Landes unterliegt einer besonderen parlamentarischen Kontrolle. Ihm stehen keine polizeilichen Befugnisse zu. Er darf die Polizei auch nicht im Wege der Amtshilfe um Maßnahmen ersuchen, zu denen er selbst nicht befugt ist.

4.2. Europarecht

Auch im Europarecht (also dem Recht der Europäischen Union einschließlich des Rechts der Europäischen Gemeinschaft) sind datenschutzrechtliche Regeln verankert, und zwar sowohl auf primärrechtlicher Ebene (also im EU-Vertrag selbst), als auch auf sekundärrechtlicher Ebene (also in Verordnungen und Richtlinien der EG).

Europarecht

4.2.1. Primärrechtliche Datenschutzregeln

Auf europäischer Ebene ist auch der grundrechtliche Schutzanspruch des Datenschutzes anerkannt. Die Verpflichtung aller EG-Institutionen zur Beachtung auch des Grundrechts auf Datenschutz folgt aus Art. 6 des Vertrages über die Europäische Union (EUV):

Grundrechte *Art. 6 EUV*

Die Union beruht auf den Grundsätzen der Freiheit, der Demokratie, der Achtung der Menschenrechte und Grundfreiheiten sowie der Rechtsstaatlichkeit; diese Grundsätze sind allen Mitgliedstaaten gemeinsam. Die Union achtet die Grundrechte, wie sie in der am 4. November 1950 in Rom unterzeichneten Europäischen Konvention zum Schutze der Menschenrechte und Grundfreiheiten gewährleistet sind und wie sie sich aus den gemeinsamen Verfassungsüberlieferungen der Mitgliedstaaten als allgemeine Grundsätze des Gemeinschaftsrechts ergeben. Die Union achtet die nationale Identität ihrer Mitgliedstaaten. Die Union stattet sich mit den Mitteln aus, die zum Erreichen ihrer Ziele und zur Durchführung ihrer Politiken erforderlich sind.

In der Rechtsprechung des EuGH findet regelmäßig insbesondere der Verweis auf die Europäische Menschenrechtskonvention (EMRK) ihren Niederschlag. Das Recht auf Privatsphäre wird durch Artikel 8 EMRK gewährleistet. Der in diesem Artikel gewährte Schutz des Privatlebens umfasst auch den Datenschutz. Ausnahmen von Grundsätzen des Datenschutzes und von Artikel 8 EMRK müssen rechtmäßig und verhältnismäßig sein.

Europäische Menschenrechtskonvention (EMRK)

Daneben ist der Datenschutz auch im EG-Vertrag auf primärrechtlicher Ebene in Art. 286 EGV verankert:

Art. 286 EGV **Datenschutz**

(1) Ab 1. Januar 1999 finden die Rechtsakte der Gemeinschaft über den Schutz natürlicher Personen bei der Verarbeitung personenbezogener Daten und dem freien Verkehr solcher Daten auf die durch diesen Vertrag oder auf der Grundlage dieses Vertrags errichteten Organe und Einrichtungen der Gemeinschaft Anwendung.

(2) Vor dem in Absatz 1 genannten Zeitpunkt beschließt der Rat gemäß dem Verfahren des Artikels 251 die Errichtung einer unabhängigen Kontrollinstanz, die für die Überwachung der Anwendung solcher Rechtsakte der Gemeinschaft auf die Organe und Einrichtungen der Gemeinschaft verantwortlich ist, und erlässt erforderlichenfalls andere einschlägige Bestimmungen.

EG-Verordnung 45/2001

Nach Abs. 1 der Regelung gelten seit dem 1. Januar 1999 die EG-Datenschutzrichtlinien, die grundsätzlich nur an die EG-Mitgliedstaaten gerichtet sind, auch für alle Institutionen der EG, also insbesondere für die Kommission, den Rat etc. Bei den von den EG-Institutionen danach zu beachtenden Rechtsakten handelt es vor allem um die Richtlinien 95/46/EG und 2002/58/EG. Diese Richtlinienvorschriften sind jedoch – was ihre Anwendung durch die EG-Institutionen betrifft – weitgehend durch die Verordnung EG 45/2001 überlagert worden.

Gemäß Absatz 2 sollte bis zu diesem Datum außerdem eine Europäische Kontrollinstanz für die Einhaltung der Datenschutzvorschriften durch die EG-Institutionen geschaffen werden. Dies ist jedoch erst mit zeitlicher Verzögerung im Februar 2001 durch die Verordnung EG 45/2001 erfolgt (siehe dazu sogleich).

4.2.2. Die Verordnung EG 45/2001

Im Februar 2001 ist die Verordnung (EG) Nr. 45/2001 des Europäischen Parlaments und des Rates vom 18. Dezember 2000 zum Schutz natürlicher Personen bei der Verarbeitung personenbezogener Daten durch die Organe und Einrichtungen der Gemeinschaft und zum freien Datenverkehr (ABl. L 8 vom 12.1.2001, S. 1) in Kraft getreten. Die Verordnung enthält Vorschriften, die weitgehend mit den Bestimmungen der EG-Datenschutzrichtlinie übereinstimmen, wie z. B. Zulässigkeitsvoraussetzungen für die Datenverarbeitung, Rechte der Betroffenen bei der Datenverarbeitung, sowie die Bestellung eines obligatorischen Datenschutzbeauftragten für jedes Organ und jede Einrichtung der Gemeinschaft. Als unabhängige Kontrollbehörde wurde ein europäischer Datenschutzbeauftragter eingerichtet, der die Datenschutzrechte im Hinblick auf die Verarbeitung personenbezogener Daten bei Gemeinschaftseinrichtungen sicherzustellen hat.

4.2.3. Die EG-Datenschutzrichtlinien

EG-Richtlinien sind grundsätzlich an die Mitgliedstaaten gerichtet und verpflichten diese, das jeweilige nationale Recht richtlinienkonform aus- bzw. umzugestalten. Weil die ursprünglich stark voneinander abweichenden mitgliedstaatlichen Datenschutzvorschriften als Hindernisse für die Schaffung des EG-Binnenmarktes gemäß Art. 8 a EGV angesehen wurden, befindet sich die supranationale Kodifizierung und Harmonisierung des Datenschutzrechts schon in einem fortgeschrittenen Stadium.

EG-Datenschutzrichtlinien

An vorderster Stelle ist dabei auf die Richtlinie 95/46/EG des Europäischen Parlaments und des Rates zum Schutz natürlicher Personen bei der Verarbeitung personenbezogener Daten und zum freien Datenverkehr (»EG-Datenschutzrichtlinie«) vom 24.7.1995 (ABl. Nr. L 281 v. 23.11.1995, S. 31) hinzuweisen, die bis zum 24.10.1998 in nationales Recht umzusetzen war.

Richtlinie 95/46/EG

Den europarechtlichen Rahmen für das nationale Datenschutzrecht bildet im Wesentlichen die EG-Datenschutzrichtlinie, die durch die Novellierung des BDSG zum 23. Mai 2001 in nationales Recht umgesetzt worden ist. Die Umsetzung der EG-Datenschutzrichtlinie trägt zu einer Harmonisierung des Datenschutzrechts und zur Realisierung eines freien Datenverkehrs im europäischen Binnenmarkt bei.

Eine wichtige Fragestellung berührt die in Art. 4 EG-Datenschutzrichtlinie behandelte Frage nach dem anwendbaren Datenschutzrecht. Danach gilt bei Datenverarbeitungen innerhalb des EWR grundsätzlich das Recht desjenigen Staates, in dem das Daten verarbeitende Unternehmen seinen Sitz hat. Verfügt das Unternehmen über eine oder mehrere Niederlassungen in anderen Mitgliedstaaten, gilt das jeweilige Datenschutzrecht des Niederlassungsstaates. Eine Einschränkung erfährt dieses Sitzlandprinzip aber für solche Unternehmen, die ihren Sitz außerhalb des EWR haben. In diesem Fall gilt das sog. Territorialitätsprinzip, nach dem es für die Anwendbarkeit nationalen Datenschutzrechts auf den Ort der Datenverarbeitung ankommt.

In Art. 6 und 7 RL werden allgemeine Grundsätze für die Qualität und die Zulässigkeit der Verarbeitung personenbezogener Daten festgelegt. Im Rahmen einer angemessenen Beteiligung der betroffenen Person ist

Gegenstand der Richtlinie 95/46/EG

eine Information über die Identität des für die Verarbeitung Verantwortlichen sowie der Zweckbestimmung der Datenverarbeitung (Art. 10 und 11 RL), ebenso wie ein Auskunfts- und Widerspruchsrecht (Art. 12 und 14 RL) des Betroffenen vorgesehen. In Kapitel IV EG-Datenschutzrichtlinie sind spezielle Bestimmungen für die Übermittlung personenbezogener Daten in Drittländer aufgenommen. Eine Übermittlung der Daten ist danach grundsätzlich nur in solche Drittländer mit »angemessenem Schutzniveau« zulässig. Ausnahmsweise kann jedoch gemäß Art. 26 RL von dem Erfordernis des angemessenen Schutzniveaus abgewichen werden, wenn der Verantwortliche der Verarbeitung ausreichende Schutzgarantien bietet.

In Deutschland bestand angesichts der schon vorher ausdifferenzierten und detaillierten Datenschutzvorschriften im BDSG ein relativ geringer Anpassungsbedarf an die Richtlinie. Bei der Umsetzung der EG-Datenschutzrichtlinie in das BDSG ist vor allem die Aufsicht über die Einhaltung der Datenschutzvorschriften richtlinienkonform so umgestaltet worden, dass für öffentliche und private Anbieter einheitlich eine Initiativkontrolle, also eine Kontrolle von Amts wegen, gilt. Weiterhin ist insbesondere die Informationspflicht des für die Datenverarbeitung Verantwortlichen gegenüber dem Nutzer ausgeweitet worden. Anpassungsbedarf bestand darüber hinaus bei den Regelungen zum Anwendungsbereich (Sitzprinzip) und zur Datenübermittlung in Drittstaaten (angemessenes Datenschutzniveaus).

Richtlinie 97/66/EG

Ferner besteht (oder besser bestand) auf europäischer Ebene die Richtlinie 97/66/EG des Europäischen Parlaments und des Rates über die Verarbeitung personenbezogener Daten und den Schutz der Privatsphäre im Bereich der Telekommunikation (»ISDN-Datenschutzrichtlinie«) vom 15.12.1997 (ABl. Nr. L 24 v. 30.1.1998, S. 1). Die Richtlinie fand Anwendung auf die Verarbeitung personenbezogener Daten im Zusammenhang mit der Erbringung öffentlich zugänglicher Telekommunikationsdienste in öffentlichen Telekommunikationsnetzen in der Gemeinschaft, insbesondere über das diensteintegrierende digitale Telekommunikationsnetz (ISDN) und öffentliche digitale Mobilfunknetze (Art. 3 Abs. 1 RL). In diesem Bereich war sie lex specialis zur RL 95/46/EG.

Mit der ISDN-Datenschutzrichtlinie wurden die Grundsätze der EG-Datenschutzrichtlinie somit in spezielle Vorschriften für den Telekommunikationssektor übernommen.

Richtlinie 2002/58/EG

Mit der Richtlinie 2002/58/EG des Europäischen Parlaments und des Rates über die Verarbeitung personenbezogener Daten und den Schutz der Privatsphäre in der elektronischen Kommunikation (»Datenschutzrichtlinie für elektronische Kommunikation«) vom 12. Juli 2002 (ABl. EG L 201 vom 31.7.2002, S. 37) ist die ISDN-Datenschutzrichtlinie an die Entwicklung der Technologien für elektronische Kommunikationsdienste angepasst worden. Die ISDN-Datenschutzrichtlinie ist folglich durch die Datenschutzrichtlinie für elektronische Kommunikation ersetzt worden. Dabei hat es aber keine wesentlichen inhaltlichen Änderungen gegeben. Es wurden überwiegend die bisherigen Bestimmungen der ISDN-Datenschutzrichtlinie an die Entwicklung auf dem Gebiet der elektronischen Kommunikationsdienste und -technologien angepasst. Daher wurden die meisten Bestimmungen der ISDN-Datenschutz-Richtlinie in die Datenschutzrichtlinie für elektronische Kommunikation übernommen und nur leicht redaktionell geändert.

4.3. Völkerrechtliche Verträge

Über die gemeinschaftsrechtlichen Regelungen hinaus besteht auf westeuropäischer Ebene seit dem 28.6.1981 die Europaratskonvention zum Schutz des Menschen bei der automatischen Verarbeitung personenbezogener Daten (Konvention 108). Dieser völkerrechtliche Vertrag ist als Minimalregelung des Datenschutzes konzipiert. Ihm können zwar auch Nichtmitglieder des Europarates und internationale Organisationen beitreten; bis dato ist die Konvention aber erst von 21 Mitgliedern des Europarats unterzeichnet worden, die sie nicht einmal alle ratifiziert haben. Die unmittelbar von der Konvention bewirkte Harmonisierung des Datenschutzrechts muss deshalb als sehr begrenzt angesehen werden.

Europarechtskonvention zum Schutz des Menschen bei der automatisierten Verarbeitung personenbezogener Daten (Konvention 108)

Jedoch sind die in der Europaratskonvention niedergelegten Grundsätze in der EG-Datenschutzrichtlinie aufgegriffen worden, die sich gemäß Erwägungsgrund 11 explizit eine Konkretisierung und Erweiterung dieser Grundsätze zum Ziel gesetzt hatte. Das zeigt sich unter anderem an Art. 6 Abs. 1 R.L, in dem die Anforderungen an die Qualität der Daten nahezu identisch mit Art. 5 der Konvention niedergelegt sind. Das in Art. 12 RL verankerte Auskunftsrecht findet seine Entsprechung in Art. 8 der Konvention. Schließlich lässt sich die Sondervorschrift des Art. 8 RL über die Verarbeitung besonders sensibler Daten auf Art. 6 der Konvention zurückführen. Aus diesen Anleihen der EG-Datenschutzrichtlinie bei der Konvention wird deutlich, dass der Konvention zumindest eine mittelbare, indirekte Vereinheitlichungswirkung zu attestieren ist.

4.4. Einfachgesetzliche Vorschriften

Datenschutz als Querschnittsmaterie

Beim Datenschutzrecht handelt es sich um eine klassische »Querschnittsmaterie«. Dies zeigt sich auf einfachgesetzlicher Ebene darin, dass neben den allgemeinen Datenschutzgesetzen wie dem BDSG und den LDSG eine Fülle bereichsspezifischer Datenschutzvorschriften bestehen, die sowohl den öffentlichen Sektor, als auch den privaten Sektor betreffen können. Dies mag die folgende beispielhafte und bei weitem nicht abschließende Aufzählung solcher einfachgesetzlicher Datenschutzvorschriften verdeutlichen:

einfachgesetzliche Datenschutzvorschriften

- §§ 75 ff. Ausländergesetz,
- Bundesstatistikgesetz,
- Personenstandsgesetz,
- IHK-Gesetz,
- Pass- und Personalausweisgesetz,
- Strafprozessordnung,
- §§ 185 ff. Strafvollzugsgesetz,
- Straßenverkehrsgesetz,
- Teledienstedatenschutzgesetz,
- Telekommunikationsgesetz,
- § 79a HochschulG,
- Mediendienste-Staatsvertrag,
- Meldegesetz,
- Landesarchivgesetz,
- Beamtengesetz,
- § 4 Landespressegesetz,
- §§ 50 f. Schulgesetz.

4.5. Normensystematik

Systematik des Datenschutzrechts

Wie die vorstehend genannten Datenschutzvorschriften der verschiedenen normativen Ebenen ineinander greifen, soll das folgende Schaubild erläutern, wobei die primärrechtliche Datenschutzregelung in Art 286 EGV sowie die Verordnung EG 45/2001 nicht in das Schaubild aufgenommen worden sind, da die Vorschriften lediglich die Datenverarbeitung durch die Institutionen der EG, nicht aber durch nationale Behörden betreffen:

Einführung 17

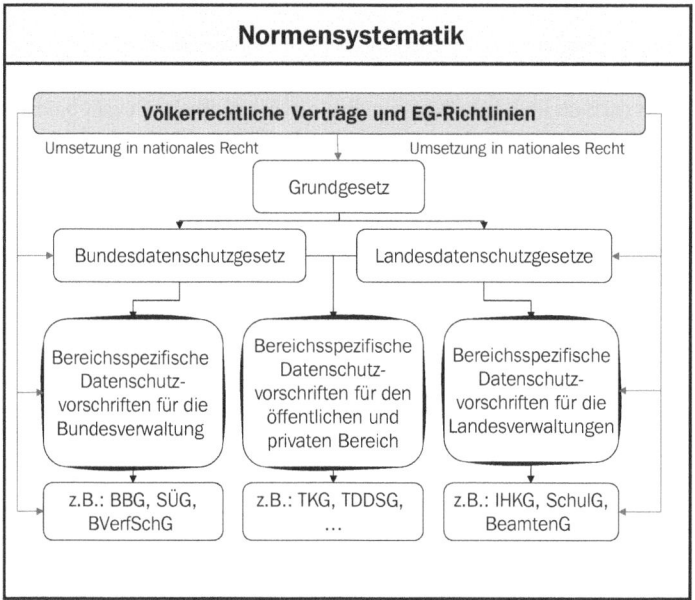

An erster Stelle in der Normenhierarchie stehen die EG-Richtlinien. Nach der Rechtsprechung des Europäischen Gerichtshofs (EuGH) gehen diese sekundärrechtlichen Vorschriften sogar dem nationalen Verfassungsrecht vor. Um europäisches Sekundärrecht, welches denselben Status genießt, handelt es sich auch bei solchen völkerrechtlichen Verträgen, bei denen die EG selbst Vertragspartei ist.

Vorrang des EG-Rechts

Sowohl völkerrechtliche Verträge als auch die EG-Richtlinien entfalten von sich aus grundsätzlich keine Bindungswirkung für private Unternehmen und öffentliche Verwaltungen. Sie sind an die Mitgliedstaaten gerichtet und verpflichten diese, ihr nationales Recht an die Richtlinien- bzw. Vertragsvorschriften anzupassen. Nur wenn die Mitgliedstaaten eine EG-Richtlinie nicht ordnungsgemäß oder nicht fristgerecht umsetzen, kann ihnen unter bestimmten Voraussetzungen auch eine so genannte »horizontale Wirkung«, also eine unmittelbare Geltung im nationalen Recht zukommen.

Umsetzungsbedarf der EG-Richtlinien

horizontale Wirkung von Richtlinien

Die Verpflichtung zur Umsetzung der völkerrechtlichen Verträge und der EG-Richtlinien in nationales Recht betrifft nicht nur die allgemeinen Datenschutzgesetze sondern auch sämtliche bereichsspezifisches Regelungen. Soweit diese Vorschriften bereits mit den supra- und internationalen Vorschriften im Einklang stehen, ist eine Änderung entbehrlich. Eine solche Übereinstimmung mit den umzusetzenden Vorgaben kann auch — wenn es der Wortlaut der Vorschrift zulässt — im Wege der richtlinien- bzw. völkerrechtskonformen Auslegung der Bestimmung des nationalen Rechts erfolgen.

richtlinienkonforme Auslegung des nationalen Rechts

nationales Verfassungsrecht

Auf nationaler Ebene steht das Verfassungsrecht über allem, wobei das grundgesetzlich verbürgte Grundrecht auf informationelle Selbstbestimmung – wie alle Grundrechte – primär ein Abwehrrecht gegen den Staat darstellt und deshalb unmittelbar nur die staatliche Gewalt bindet. Es strahlt jedoch vor allem über die im Zivilrecht enthaltenen Generalklauseln und die Datenschutzregeln für den nicht-öffentlichen Bereich auch auf den privaten Bereich aus.

einfache gesetzliche Vorschriften

Auf einfachgesetzlicher Ebene sind die Regelungen des BDSG, der LDSG und der bereichsspezifischen Vorschriften gleichrangig in dem Sinne, dass kein Geltungsvorrang einer bestimmten Vorschrift besteht. Ein Anwendungsvorrang ergibt sich aber aus dem Grundsatz der Spezialität: dabei stehen die bereichsspezifischen Vorschriften gegenüber dem BDSG und den LDSG im Verhältnis der Spezialität. Die bereichsspezifischen Vorschriften sind deshalb vorrangig anzuwenden. Nur wenn und soweit ein bestimmter Sachverhalt in den bereichsspezifischen Vorschriften nicht geregelt ist, erfolgt ein Rückgriff auf die allgemeinen Bestimmungen des BDSG bzw. des jeweiligen LDSG.

Beispiel: das TDDSG enthält in § 6 TDDSG eine Erlaubnisvorschrift für die Erhebung, Verarbeitung und Nutzung von Nutzungsdaten für die Ermöglichung der Inanspruchnahme und die Abrechnung von Telediensten. Diese Erlaubnisvorschrift ist im Hinblick auf die Erhebung, Verarbeitung und Nutzung von Teledienste-Nutzungsdaten abschließend. Eine weitergehende, von dieser Vorschrift nicht mehr gedeckte Verarbeitung und Nutzung von Nutzungsdaten kann deshalb nicht unter Rückgriff auf die Erlaubnisvorschriften des BDSG, etwa § 28 Abs. 1 Nr. 2 BDSG erfolgen. Keine Regelung enthält das TDDSG jedoch bezüglich etwaiger technischer und organisatorischer Sicherheitsmaßnahmen, die der Telediensteanbieter zu ergreifen hätte. Insoweit kann deshalb § 9 BDSG angewendet werden.

5. Wiederholungsfragen

1. Was ist Schutzgegenstand des BDSG? Lösung S. 2
2. Wann wurden in Deutschland die ersten Datenschutzgesetze geschaffen? Lösung S. 4 f.
3. Welches Urteil des BVerfG hat die Entwicklung des Datenschutzrechts maßgeblich geprägt? Lösung S. 5
4. Wie ist der Datenschutz verfassungsrechtlich fundiert? Lösung S. 10
5. Welche wesentlichen Neuerungen im BDSG hat die Umsetzung der EG-Datenschutzrichtlinie (95/46/EG) gebracht? Lösung S. 13 f.
6. Erläutern Sie grob den Aufbau des BDSG! Lösung S. 8 f.
7. Wie ist der Datenschutz im EG-Recht verankert? Lösung S. 11 ff.
8. Welche völkerrechtlichen Datenschutzregeln kennen Sie? Lösung S. 15
9. Erläutern Sie den Begriff »Querschnittsmaterie« anhand des Datenschutzrechts! Lösung S. 16 f.
10. Erläutern Sie die Normensystematik des Datenschutzrechts! Lösung S. 17

Datenschutzrechtliche Grundlagen

1.	**Anwendungsbereich der Datenschutzvorschriften**	**22**
1.1.	Sachlicher Anwendungsbereich	22
1.1.1.	Personenbezogene Daten	22
1.1.2.	Erhebung, Verarbeitung und Nutzung	25
1.2.	Persönlicher Anwendungsbereich	30
1.2.1.	Öffentliche Stellen des Bundes	30
1.2.2.	Öffentliche Stellen der Länder	30
1.2.3.	Nicht öffentliche Stellen	31
1.2.4.	Verantwortliche Stelle	32
1.3.	Räumlicher Anwendungsbereich	32
1.3.1.	Sitzprinzip	33
1.3.2.	Territorialitätsprinzip	34
1.3.3.	Datentransfer	35
1.3.4.	Rechtswahl	35
2.	**Datenschutz in der öffentlichen Verwaltung**	**36**
2.1.	Bundesrecht	36
2.1.1.	Öffentliche Stellen des Bundes	36
2.1.2.	Öffentliche Stellen der Länder	37
2.2.	Landesrecht	37
3.	**Datenschutz in der Privatwirtschaft**	**40**
4.	**Wiederholungsfragen**	**41**

1. Anwendungsbereich der Datenschutzvorschriften

Anwendungsbereich

Der Anwendungsbereich der deutschen Datenschutzrechtsvorschriften ist in § 1 Abs. 2 – 5 BDSG festgelegt. Es lässt sich differenzieren nach:
- Dem sachlichen Anwendungsbereich (welche Arten von Daten und Datenverarbeitungsvorgängen werden von dem Gesetz erfasst);
- Dem persönlichen Anwendungsbereich (wer ist an die Vorschriften gebunden) und
- Dem räumlichen Anwendungsbereich (für welche Datenverarbeitungen gilt das deutsche Datenschutzrecht).

1.1. Sachlicher Anwendungsbereich

Das BDSG enthält eine Definition seines sachlichen Anwendungsbereichs in § 1 Abs. 2 BDSG:

§ 1 Abs. 2 BDSG

Zweck und Anwendungsbereich des Gesetzes

Dieses Gesetz gilt für die Erhebung, Verarbeitung und Nutzung personenbezogener Daten […].

Sämtliche in diesem Passus verwendeten Begriffe, sind in § 3 BDSG unmittelbar gesetzlich definiert.

1.1.1. Personenbezogene Daten

Begriff personenbezogener Daten

Eine Festlegung des Begriffs der personenbezogenen Daten findet sich in § 3 Abs. 1 BDSG:

§ 3 Abs. 1 BDSG

Weitere Begriffsbestimmungen

Personenbezogene Daten sind Einzelangaben über persönliche oder sachliche Verhältnisse einer bestimmten oder bestimmbaren natürlichen Person (Betroffener).

Der Begriff der »Einzelangaben« ist grundsätzlich weit auszulegen. Einzelangaben liegen nur dann nicht vor, wenn es sich um Sammelangaben über Personengruppen oder um anonyme Informationen handelt, die keiner Einzelperson zugeordnet werden können. Sobald also eine Einzelperson der jeweiligen Personengruppe zugeordnet ist oder zugeordnet werden kann, schlagen die Sammelinformationen auch auf das einzelne Gruppenmitglied mit der Folge durch, dass dann Einzelangaben vorliegen.

Daraus folgt, dass z.B. auch statistische Angaben oder Durchschnittswerte Einzelangaben sein können.

Beispiel: Ein Handelsunternehmen speichert zu Werbezecken in seinem Customer Relationship Management (CRM) System Eigenschaftsmerkmale zu seinen Kunden wie z.B. deren Kaufkraftklasse, Kreditwürdigkeit etc.

Customer Relationship Management

Die Information, dass eine natürliche Person einer anhand bestimmter Kriterien definierten Gruppe angehört, ist eine Einzelangabe über diese Person.

Der Begriff der »persönlichen oder sachlichen Verhältnisse« enthält keine weitere Beschränkung des Anwendungsbereichs. Durch die Erwähnung sowohl der persönlichen, als auch der sachlichen Verhältnisse soll lediglich klargestellt werden, dass die Datenschutzvorschriften nicht nur für menschliche Eigenschaften gelten, sondern auch für Informationen in Bezug auf Handlungen, Ereignisse etc.

persönliche oder sachliche Verhältnisse

Beispiel: bei Identifizierungsmerkmalen und Charaktereigenschaften handelt es sich um Daten über persönliche Verhältnisse, z.B. Name, Staatsangehörigkeit, Fingerabdrücke, Fotografie etc.

Bei Angaben über einen auf den Betroffenen bezogenen Sachverhalt handelt es sich um Daten über sachliche Verhältnisse, z.B. sein Eigentum, seine Vertragsverhältnisse mit Dritten etc.

Aus der Legaldefinition in § 3 Abs. 1 BDSG ergibt sich außerdem, dass die Datenschutzregeln nur für Daten über »bestimmte oder bestimmbare natürliche Personen« gelten. Datenschutzrechtlich relevant sind die vorgenannten Daten deshalb nur, soweit sie einer bestimmten oder bestimmbaren natürlichen Person zugeordnet werden können. Einen Personenbezug weisen die Daten dann auf, wenn sie mit dem Namen eines Betroffenen verbunden sind oder sich aus dem Inhalt bzw. dem Zusammenhang der Bezug zu einem Betroffenen unmittelbar herstellen lässt.

bestimmte oder bestimmbare natürliche Personen

In letzterem Fall sind also zusätzliche Kenntnisse der speichernden Stelle erforderlich sind, um die betroffene Person zu identifizieren. Die Bestimmbarkeit der Person, auf die sich die Daten beziehen, lässt sich deshalb nicht aus den Daten selbst herleiten sondern ist relativ in Bezug zu den sonstigen Informationsquellen, die dem Dateninhaber zur Verfügung stehen. Für die Bestimmbarkeit der natürlichen Person kommt es also auf sämtliche Kenntnisse, Mittel und Möglichkeiten der speichernden Stelle an. Sie muss den Bezug mit den ihr normalerweise

Anforderungen an die Bestimmbarkeit

zur Verfügung stehenden Hilfsmitteln und ohne unverhältnismäßigen Aufwand durchführen können. Welches Maß an Aufwand zur Identifizierung von Personen ausreicht, um eine Angabe als personenbezogen erscheinen zu lassen, lässt sich mithin nicht generell sagen. Hier ist im Einzelfall vor dem Hintergrund der oben genannten verfassungsrechtlichen Kriterien abzuwägen, welches Risiko für das Schutzgut der informationellen Selbstbestimmung tatsächlich besteht. Jedenfalls reicht die theoretische Möglichkeit, dass sich der Bezug zu einer konkreten Person herstellen lässt, allein nicht aus.

Keine personenbezogenen Daten sind:

Angaben über Verstorbene

- Angaben über Verstorbene;

aggregierte Daten

- für eine Gruppe natürlicher Personen in Summen zusammengefasste Angaben (aggregierte Daten), z.B. die Zahl der Einwohner über 65 Jahre in einem bestimmten Ortsteil;

anonyme Daten

- Daten, die sich nach Fortlassen von Identifizierungsmerkmalen, insbesondere des Namens, weder auf eine bestimmte Person beziehen, noch eine solche erkennen lassen (anonymisierte Daten).

Informationen über juristische Personen

Keine Anwendung finden die Datenschutzvorschriften auch auf Informationen über juristische Personen; etwa über eine GmbH. Insoweit ist aber zu berücksichtigen, dass auch Informationen in Bezug auf Gesellschaften und andere Unternehmen häufig einen Personenbezug aufweisen können. So können die Datenschutzvorschriften zum Beispiel anwendbar sein, wenn die zu juristischen Personen gespeicherten Informationen auch Daten über natürliche Personen, wie z.B. die Namen von Geschäftsführern, Gesellschaftern (insbesondere bei Personenhandelsgesellschaften) und anderen Ansprechpartnern, enthalten. In diesem Fall können die unternehmensbezogenen Daten auf die ihnen angehörenden oder hinter ihnen stehenden natürlichen Personen »durchschlagen«.

Beispiel: Angaben über die finanzielle Situation einer GmbH werden als Teil der Angaben über die Person des alleinigen Gesellschafters und Geschäftsführers der GmbH gespeichert. Die Rechtsprechung hat in diesem Fall ein »Durchschlagen« der Information auf eine natürliche Person, und damit die Anwendbarkeit der Datenschutzregeln bejaht.

Personenbezug von Teilen eines Gesamtdatenbestandes

Zum anderen reicht es für die Anwendbarkeit des BDSG auf Datenverarbeitungsvorgänge im Hinblick auf einen Gesamtdatenbestand aus, dass ein Teil der Daten Personenbezug aufweist, etwa weil ein – wenn auch nur geringer – Teil der Kunden Endverbraucher sind.

Beispiel: Die Industrie- und Handelskammern speichern im Rahmen ihrer gesetzlichen Aufgaben bestimmte Daten über ihre Kammermit-

glieder. Dazu zählen neben juristischen Personen unter anderem auch Einzelkaufleute, also natürliche Personen.

Auch wenn zahlreiche der von den IHKs gespeicherten Daten deshalb nicht personenbezogen sind, sind die datenschutzrechtlichen Vorschriften aber auf den Gesamtdatenbestand und entsprechende Nutzungen und Verarbeitungen dieses Gesamtbestandes anwendbar, da es der Anwendung der datenschutzrechtlichen Vorschriften nicht entgegen steht, dass es sich bei einem Teil der Daten um nicht personenbezogene Daten handelt.

Unerheblich für die Frage, ob es sich bei einer Einzelangabe um ein personenbezogenes Datum handelt, ist dabei der Zweck der Angabe, ihre Herkunft, ihre Form (Sprache, Schrift, Maschinencode) und auch die Darstellung (analog, digital, numerisch, alphanumerisch).

1.1.2. Erhebung, Verarbeitung und Nutzung

Aufgrund der Einbeziehung der Erhebung, Verarbeitung und Nutzung von personenbezogenen Daten ist der Anwendungsbereich des BDSG derart weit gefasst, dass jeder erdenkliche Umgang mit personenbezogenen Daten dem Datenschutzrecht unterfällt. Auch die Begriffe der Erhebung, Verarbeitung und Nutzung von Daten sind in § 3 BDSG definiert: *(erfasste Verarbeitungsschritte)*

Weitere Begriffsbestimmungen § 3 Abs. 3 BDSG

Erheben ist das Beschaffen von Daten über den Betroffenen.

Für das Vorliegen einer Erhebung im vorstehenden Sinne ist es irrelevant, ob die Daten mündlich oder schriftlich beschafft werden und ob sie direkt beim Betroffenen oder bei einem Dritten erfragt werden. Erforderlich ist jedoch ein zielgerichtetes Beschaffen der Daten. *(Datenerhebung)*

Beispiel: Eine Erhebung von Daten liegt nicht vor, wenn Daten aus zufälligen Beobachtungen gewonnen oder diese der verantwortlichen Stelle unaufgefordert zugeleitet werden, da es insoweit an der zielgerichteten Beschaffung der Daten fehlt. An einer Datenerhebung fehlt es auch, wenn Daten aus schon vorhandenem Material herausgesucht werden. *(Bekanntgabe von Daten durch den Betroffenen)*

Weitere Begriffsbestimmungen § 3 Abs. 4 BDSG

Verarbeiten ist das Speichern, Verändern, Übermitteln, Sperren und Löschen personenbezogener Daten.

Unter der »Verarbeitung« von Daten fasst der Gesetzgeber mehrere Datenverarbeitungsschritte zusammen, nämlich das Speichern, Verän- *(Datenverarbeitung)* dern, Übermitteln, Sperren und Löschen von Daten. Im Einzelnen haben diese Datenverarbeitungsschritte folgende Bedeutung:

§ 3 Abs. 4 Nr. 1 BDSG

Weitere Begriffsbestimmungen

(4) Im Einzelnen ist, ungeachtet der dabei angewendeten Verfahren:

1. Speichern das Erfassen, Aufnehmen oder Aufbewahren personenbezogener Daten auf einem Datenträger zum Zwecke ihrer weiteren Verarbeitung oder Nutzung,

Datenspeicherung

Die Erfassung, Aufnahme und Aufbewahrung von Daten werden sich in der Praxis kaum trennscharf voneinander unterscheiden lassen, so dass den einzeln aufgeführten Unterfällen der Datenspeicherung keine eigenständige Bedeutung zukommen dürfte. In der Literatur werden diese Unterfälle wie folgt mit Leben gefüllt:

- Erfassen ist das schriftliche Fixieren der Daten;
- Aufnehmen bedeutet das Fixieren der Daten mittels technischer Verfahren, wie z.B. eine Aufzeichnung auf Datenträger, Ton- und Videobände rund sonstige Medien;
- Aufbewahren meint das Vorhalten der Daten.

Verkörperung auf Datenträgern

Dem weiteren in der Vorschrift genannten Merkmal des Datenträgers kommt keine einschränkende Wirkung zu. Darunter ist jedes Medium zu verstehen, auf welchem Daten gespeichert werden können; egal ob in Schriftform, als elektronische Datei oder in sonstiger Form. Im Ergebnis liegt eine Speicherung im Sinne des Gesetzes also immer vor, wenn die Daten in irgendeiner Form fixiert werden.

§ 3 Abs. 4 Nr. 2 BDSG

Weitere Begriffsbestimmungen

(4) Im Einzelnen ist, ungeachtet der dabei angewendeten Verfahren:

2. Verändern das inhaltliche Umgestalten gespeicherter personenbezogener Daten,

Veränderung von Daten

Eine Veränderung von Daten setzt voraus, dass sie durch die Umgestaltung einen neuen bzw. geänderten Informationswert erhalten. Eine Veränderung kann sich deshalb unter Umständen auch daraus ergeben, dass bisher getrennt voneinander gespeicherte Daten über einen Betroffenen miteinander verbunden werden und die Daten deshalb in einen neuen Kontext gestellt werden.

Änderung der Dateiformate

Eine Veränderung im Sinne des Gesetzes ist nicht gegeben, wenn nur das Format der Daten abgewandelt wird; also wenn z.B., die bisher in einem Text-Dokument enthaltenen Daten in ein Tabellenkalkulationsprogramm überführt werden. Eine Veränderung im Rechtssinne setzt immer eine inhaltliche und nicht nur formale Umgestaltung der Daten voraus.

Weitere Begriffsbestimmungen

(4) Im Einzelnen ist, ungeachtet der dabei angewendeten Verfahren:

3. Übermitteln das Bekanntgeben gespeicherter oder durch Datenverarbeitung gewonnener personenbezogener Daten an einen Dritten in der Weise, dass

a) die Daten an den Dritten weitergegeben werden oder

b) der Dritte zur Einsicht oder zum Abruf bereitgehaltene Daten einsieht oder abruft,

§ 3 Abs. 4 Nr. 3 BDSG

»Übermitteln« meint das Bekanntgeben der gespeicherten Daten an einen Dritten in der Weise, dass entweder die Daten an den Dritten weitergegeben werden oder der Dritte die Daten einsieht oder abruft. Eine Weitergabe erfasst dabei jede Handlung, durch die die in den Daten enthaltenen Informationen in den Bereich des Adressaten gelangen. Es ist unerheblich, wie dies geschieht, z. B. mündlich, durch Datenfernübertragung, Übergabe eines Datenträgers oder einfaches Lesenlassen.

Datenübermittlung

Beispiel: Werden Daten aus einer Datei oder Datenbank an einen Dritten zu dessen Nutzung übergeben, liegt eine Übermittlung ebenso vor wie bei einem Verkauf der Datei oder Datenbank insgesamt an einen Dritten. Unschädlich ist es dabei, wenn nur eine Kopie der Datei oder Datenbank weitergegeben wird und die Originaldatei bzw. die Originaldatenbank zurückbehalten wird. Diese Übergabe einer Kopie steht der des Originals gleich.

Abruf aus Datenbanken

Keine datenschutzrechtliche Privilegierung gilt für Datenweitergaben in einem Unternehmens- oder Konzernverbund. Das BDSG betrachtet die einzelnen konzernangehörigen Unternehmen untereinander als »Dritte« gemäß § 3 Abs. 8 BDSG, behandelt die Konzerngesellschaften also nicht als einheitliche »speichernde Stelle« mit der Folge, dass das Bekanntgeben von Daten an andere Unternehmens- oder Konzerngesellschaften grundsätzlich eine Übermittlung im Rechtssinne darstellt. Dasselbe gilt für den Datenfluss zwischen rechtlich selbständigen Filialbetrieben. Lediglich eine Datenweitergabe zwischen unselbständigen Zweigstellen, Zweigniederlassungen, Filialen, Betriebsstätten und ähnlichen untereinander bzw. mit der Hauptniederlassung stellt keine erlaubnispflichtige Übermittlung dar.

Konzernprivileg

Außerdem sind Datenweitergaben im Rahmen von Auftragsdatenverarbeitungsverhältnissen gesetzlich gemäß § 11 BDSG privilegiert. Bei solchen Datenweitergaben zwischen Auftraggeber und Auftragnehmer handelt es sich nicht um gesondert erlaubnispflichtige Datenübermittlungen.

Auftragsdatenverarbeitung

Datenschutzrechtliche Grundlagen

Datenweitergaben bei Unternehmensfusionen

In der jüngeren datenschutzrechtlichen Literatur ist kontrovers diskutiert worden, ob es sich auch bei der Weitergabe von personenbezogenen Daten bei Unternehmensverschmelzungen um eine Übermittlung an Dritte im Sinne von § 3 Abs. 5 Nr. 3 BDSG und damit um einen erlaubnispflichtigen Datenverarbeitungsvorgang handelt. Nach richtiger Ansicht ist das nicht der Fall, da der neue Rechtsträger gemäß § 20 UmwG die Gesamtrechtsnachfolge des übertragenden Unternehmens antritt, und die Daten deshalb zwar auf ihn übergehen, nicht aber im datenschutzrechtlichen Sinne übermittelt werden. Es steht dem als speichernde Stelle anzusehenden Unternehmen – sofern die Daten nicht vor der Verschmelzung dem übernehmenden Rechtsträger bekannt gegeben werden – keine als Dritter anzusehende, rechtlich selbständige Person gegenüber. Eine gesonderte Erlaubnis für den Übergang der Daten bei einer Verschmelzung ist mithin nach richtiger Ansicht nicht erforderlich.

Veröffentlichung von Daten

Nach einer Ansicht in der datenschutzrechtlichen Literatur und in der Rechtsprechung soll eine Übermittlung auch vorliegen, wenn Daten veröffentlicht werden. Dies sei quasi die intensivste Form der Übermittlung, da die Daten grundsätzlich jedermann bekannt gegeben würden.

Datenweitergaben innerhalb der verantwortlichen Stelle

Die Bereitstellung von Daten an unterschiedliche organisatorische Gliederungen innerhalb einer verantwortlichen Stelle bedingt nicht zwingend eine Übermittlung der Daten im Sinne des Gesetzes. Da aber jede Verwendung der Daten innerhalb einer verantwortlichen Stelle immer eine dem Datenschutzrecht unterliegende Form der Verarbeitung darstellt, müssen bei Nutzung der Daten durch verschiedene organisatorische Gliederungen innerhalb einer verantwortlichen Stelle insbesondere die Vorschriften über die Zweckbindung beachtet werden. Unabhängig von dem Vorliegen einer Übermittlung können dadurch bestimmte Datennutzungen unzulässig sein.

Beispiel: Bauantragsdaten des Bauamtes dienen nur dem Baugenehmigungsverfahren und dürfen nicht der Meldebehörde zugeleitet werden, um eine künftige Ummeldung zu überwachen.

§ 3 Abs. 4 Nr. 4 BDSG

Weitere Begriffsbestimmungen

(4) Im Einzelnen ist, ungeachtet der dabei angewendeten Verfahren:

4. Sperren das Kennzeichnen gespeicherter personenbezogener Daten, um ihre weitere Verarbeitung oder Nutzung einzuschränken,

Auf welche Art und Weise die nach § 3 Abs. 4 Nr. 4 BDSG erforderliche Kennzeichnung gesperrter Daten zu realisieren ist, legt die Regelung nicht fest.

Beispiel: Bei in Dateien gespeicherten Daten kann eine Sperrung etwa dadurch erfolgen, dass zu dem jeweils betroffenen Datum ein gesondertes »Sperrkennzeichen« gesetzt wird, welches den Bearbeiter auf die eingeschränkte Nutzbarkeit hinweist. Darüber hinaus bestünde die Möglichkeit, eine Sperrung unmittelbar softwaretechnisch in der Weise zu realisieren, dass die betroffenen Daten in der Anwendungssoftware nicht mehr bearbeitet werden können.

In welchen Fällen, eine Sperrung von Daten erfolgt, regelt § 4 Abs. 4 BDSG nicht. Verpflichtungen zur Sperrung von Daten sind etwa in § 20 Abs. 3 und 4 sowie § 35 Abs. 3 und 4 BDSG normiert. Danach hat eine Sperrung von Daten unter anderem dann zu erfolgen, wenn die Kenntnis der Daten für die Zweckerreichung nicht mehr erforderlich ist, die Löschung der Daten aber wegen entgegenstehender gesetzlicher Aufbewahrungspflichten ausscheidet.

Sperren von Daten

Weitere Begriffsbestimmungen

(4) Im Einzelnen ist, ungeachtet der dabei angewendeten Verfahren:

5. Löschen das Unkenntlichmachen gespeicherter personenbezogener Daten.

§ 3 Abs. 4 Nr. 5 BDSG

Für die von § 3 Abs. 4 Nr. 5 BDSG verlangte Unkenntlichmachung von Daten ist kein besonderes Verfahren vorgeschrieben. Es kommt entscheidend darauf an, dass die gelöschten Daten nicht mehr lesbar sind. Ausreichend ist deshalb jedenfalls die physische Vernichtung der Daten. Eine Unkenntlichmachung im Sinne der Vorschrift ist hingegen nicht realisiert, wenn die Daten rekonstruierbar sind.

Löschen von Daten

Weitere Begriffsbestimmungen

Nutzen ist jede Verwendung personenbezogener Daten, soweit es sich nicht um Verarbeitung handelt.

§ 3 Abs. 5 BDSG

§ 3 Abs. 5 BDSG ist als Auffangtatbestand zu verstehen, der jeden Umgang mit personenbezogenen Erfassen soll, soweit er nicht als Verarbeitung im Sinne von § 3 Abs. 4 BDSG zu verstehen ist. Erfasst wird somit jeder zweckbestimmte Gebrauch personenbezogener Daten. Dieser weite Anwendungsbereich steht im Einklang mit den europarechtlichen Vorgaben, wonach von der EG-Datenschutzrichtlinie jeder mit oder ohne Hilfe automatisierter Verfahren ausgeführte Vorgang im Zusammenhang mit personenbezogenen Daten erfasst wird (vgl. Art. 3 Abs. lit. b) EG-Datenschutzrichtlinie).

Nutzen von Daten

1.2. Persönlicher Anwendungsbereich

persönlicher Anwendungsbereich

Der persönliche Anwendungsbereich beschreibt die Adressaten der Datenschutzregeln. Diese sind in § 1 Abs. 2 BDSG festgelegt:

§ 1 Abs. 2 BDSG

Zweck und Anwendungsbereich des Gesetzes

Dieses Gesetz gilt für die Erhebung, Verarbeitung und Nutzung personenbezogener Daten durch

1. öffentliche Stellen des Bundes,
2. öffentliche Stellen der Länder, soweit der Datenschutz nicht durch Landesrecht geregelt ist und soweit sie
   a) Bundesrecht ausführen oder
   b) als Organe der Rechtspflege tätig werden und es sich nicht um Verwaltungsangelegenheiten handelt,
3. nicht-öffentliche Stellen, soweit sie die Daten unter Einsatz von Datenverarbeitungsanlagen verarbeiten, nutzen oder dafür erheben oder die Daten in oder aus nicht-automatisierten Dateien verarbeiten, nutzen oder dafür erheben, es sei denn, die Erhebung, Verarbeitung oder Nutzung der Daten erfolgt ausschließlich für persönliche oder familiäre Tätigkeiten.

Danach sind die Datenschutzregeln des BDSG grundsätzlich an drei unterschiedliche Adressaten gerichtet:

- öffentliche Stellen des Bundes,
- öffentliche Stellen der Länder und
- nicht-öffentliche Stellen.

1.2.1. Öffentliche Stellen des Bundes

öffentliche Stellen des Bundes

Durch die unterschiedslose Erwähnung der öffentlichen Stellen des Bundes wird die gesamte öffentlich-rechtliche Tätigkeit des Bundes dem BDSG unterworfen, unabhängig davon, ob die Aufgaben durch Bundesbehörden oder bundesunmittelbare Körperschaften, Anstalten oder Stiftungen ausgeführt werden.

1.2.2. Öffentliche Stellen der Länder

öffentliche Stellen der Länder

Auch wenn die öffentlichen Stellen der Länder in § 1 Abs. 2 Nr. 2 BDSG explizit als Adressaten des BDSG erwähnt sind, finden die Vorschriften auf sie de facto keine Anwendung. Eine Voraussetzung für die Geltung des BDSG für öffentliche Stellen der Länder ist nämlich, dass der Datenschutz nicht durch Landesgesetz geregelt ist. Aufgrund

Datenschutzrechtliche Grundlagen

des Vorhandenseins von Landesdatenschutzgesetzen in jedem Bundesland ist diese Voraussetzung jedoch regelmäßig nicht erfüllt, so dass für öffentliche Stellen der Länder de facto das jeweilige LDSG und nicht das BDSG gilt.

1.2.3. Nicht öffentliche Stellen

Für die Anwendung der Datenschutzvorschriften auf nicht öffentliche Stellen – also vor allem private Unternehmen – normiert § 1 Abs. 2 Nr. 3 BDSG weitere Voraussetzungen. Sie unterliegen dem BDSG nur, soweit sie:

- die Daten unter Einsatz von Datenverarbeitungsanlagen oder
- die Daten in oder aus nicht-automatisierten Dateien verarbeiten, nutzen oder dafür erheben.

nicht öffentliche Stellen

automatisierte Dateien und Datenverarbeitungsanlagen

Soweit Daten also durch nicht öffentliche Stellen mithilfe von IT-Systemen gespeichert und verarbeitet werden, unterfallen sie jedenfalls nach der ersten in Nr. 3 genannten Alternative dem BDSG. Sofern IT-Systeme nicht zum Einsatz kommen, ist entscheiden, ob der Datei-Begriff erfüllt ist. Der Begriff der nicht-automatisierten Datei ist in § 3 Abs. 2 S. 2 BDSG definiert:

Weitere Begriffsbestimmungen

Eine nicht-automatisierte Datei ist jede nicht automatisierte Sammlung personenbezogener Daten, die gleichartig aufgebaut ist und nach bestimmten Merkmalen zugänglich ist und ausgewertet werden kann.

§ 3 Abs. 2 Nr. 2 BDSG

Beispiel: als nicht-automatisierte Datei im Sinne der Vorschrift sind zum Beispiel Lochkarten, Karteikarten, Gehaltslisten etc. anzusehen.

nicht-automatisierte Dateien

Da heute die Verarbeitung von Daten in Datenverarbeitungsanlagen in der Privatwirtschaft jedoch die Regel ist, verliert dieses Anknüpfungsmerkmal für die Anwendung des BDSG zusehend an Bedeutung.

Eine Ausnahme von der Anwendung des BDSG im nicht-öffentlichen Bereich gilt gemäß § 1 Abs. 2 Nr. 3 BDSG allerdings für solche Erhebungen, Verarbeitungen und Nutzungen von Daten, die ausschließlich für persönliche oder familiäre Tätigkeiten erfolgen. Die Anwendung des BDSG ist im Privatsektor deshalb primär auf den kommerziellen Bereich, in dem geschäftsmäßige, berufliche oder gewerbliche Zwecke verfolgt werden, begrenzt.

Datenverarbeitung zu persönlichen oder familiären Zwecken

1.2.4. Verantwortliche Stelle

verantwortliche Stelle

Sämtliche in § 1 Abs. 2 genannten Adressaten des BDSG werden im Gesetz einheitlich als »Verantwortliche Stellen« bezeichnet. Dieser Begriff besitzt gemäß § 3 Abs. 7 BDSG folgende Bedeutung:

§ 3 Abs. 7 BDSG

Weitere Begriffsbestimmungen

Verantwortliche Stelle ist jede Person oder Stelle, die personenbezogene Daten für sich selbst erhebt, verarbeitet oder nutzt oder dies durch andere im Auftrag vornehmen lässt.

Verantwortliche Stelle im Sinne des Gesetzes ist danach nicht nur die Behörde oder juristische Person, deren Beschäftigte personenbezogene Daten erheben, verarbeiten oder nutzen. Es sind auch die jeweils handelnden, funktionalen Untergliederungen dieser Behörden und juristischen Personen, also z.B. ein Dezernat, ein Referat oder eine Unternehmensabteilung. Im Hinblick auf die Eigenverantwortlichkeit für die Datenverarbeitung ist deshalb nach der Rechtsprechung des BAG auch der Betriebsrat eine selbständige »verantwortliche Stelle« im Sinne des Gesetzes.

Auftragsdatenverarbeitung

Zu den verantwortlichen Stellen zählen auch solche Stellen, die die Datenverarbeitung nicht eigenhändig vornehmen, sondern sie im Wege der Auftragsdatenverarbeitung ausgelagert haben. Auch bei Auftragsdatenverarbeitungen bleibt also der Auftraggeber als verantwortliche Stelle für die Einhaltung des BDSG verantwortlich, wie es auch in § 11 Abs. 1 S. 1 BDSG noch einmal klar gestellt ist:

§ 11 Abs. 1 S. 1 BDSG

Erhebung, Verarbeitung oder Nutzung personenbezogener Daten im Auftrag

Werden personenbezogene Daten im Auftrag durch andere Stellen erhoben, verarbeitet oder genutzt, ist der Auftraggeber für die Einhaltung der Vorschriften dieses Gesetzes und anderer Vorschriften über den Datenschutz verantwortlich.

1.3. Räumlicher Anwendungsbereich

räumlicher Anwendungsbereich der Datenschutzvorschriften

Angesichts der – insbesondere im unternehmerischen Bereich – zunehmend international organisierten Datenverarbeitungsverfahren gewinnt auch die Bestimmung des anwendbaren nationalen Datenschutzrechts eine immer größere Bedeutung. Der räumliche Anwendungsbereich des deutschen Datenschutzrechts ist in § 1 Abs. 5 BDSG festgelegt:

Zweck und Anwendungsbereich des Gesetzes §1 Abs. 5 BDSG

Dieses Gesetz findet keine Anwendung, sofern eine in einem anderen Mitgliedstaat der Europäischen Union oder in einem anderen Vertragsstaat des Abkommens über den Europäischen Wirtschaftsraum belegene verantwortliche Stelle personenbezogene Daten im Inland erhebt, verarbeitet oder nutzt, es sei denn, diese erfolgt durch eine Niederlassung im Inland. Dieses Gesetz findet Anwendung, sofern eine verantwortliche Stelle, die nicht in einem Mitgliedstaat der Europäischen Union oder in einem anderen Vertragsstaat des Abkommen über den Europäischen Wirtschaftsraum belegen ist, personenbezogene Daten im Inland erhebt, verarbeitet oder nutzt. Soweit die verantwortliche Stelle nach diesem Gesetz zu nennen ist, sind auch Angaben über im Inland ansässige Vertreter zu machen. Die Sätze 2 und 3 gelten nicht, sofern Datenträger nur zum Zwecke des Transits durch das Inland eingesetzt werden. § 38 Abs. 1 Satz 1 bleibt unberührt.

Nach dieser Vorschrift hängt die Anwendbarkeit des deutschen Datenschutzrechts maßgeblich davon ab, ob die Daten verarbeitende Stelle ihren Sitz innerhalb oder außerhalb des Europäischen Wirtschaftsraumes (EWR) hat.

1.3.1. Sitzprinzip

Gemäß § 1 Abs. 5 BDSG ist für die Bestimmung der Anwendbarkeit des deutschen Datenschutzrechts innerhalb des EWR, also den EU-Mitgliedstaaten zuzüglich Norwegen, Island und Liechtenstein, auf den Sitz der verantwortlichen Stelle abzustellen (Sitzprinzip). Das deutsche Datenschutzrecht findet somit keine Anwendung, wenn die verantwortliche Stelle ihren Sitz in einem EWR-Mitgliedstaat hat. Es ist in diesen Fällen vielmehr das Datenschutzrecht des jeweiligen Sitzstaates anzuwenden.

Sitzprinzip

Das deutsche Datenschutzrecht ist in diesen Fällen nur ausnahmsweise dann anzuwenden, wenn die (ausländische) verantwortliche Stelle eine Niederlassung in der Bundesrepublik besitzt. Für die Datenerhebungen, -verarbeitungen und -nutzungen durch diese Niederlassung gilt dann deutsches Datenschutzrecht.

Ausnahme für inländische Niederlassungen

Eine solche Niederlassung im Sinne von § 1 Abs. 5 S. 1 BDSG erfordert keine bestimmte Rechtsform sondern gemäß Erwägungsgrund 19 der EG-Datenschutzrichtlinie lediglich, dass eine Tätigkeit mittels einer festen Einrichtung effektiv und tatsächlich ausgeübt wird. Insoweit kann auf die Definition in § 42 Abs. 2 Gewerbeordnung (GewO) zurückgegriffen werden, wonach eine Niederlassung vorhanden ist, wenn der Gewerbetreibende einen zum dauernden Gebrauch eingerichteten,

Begriff der Niederlassung

ständig oder in regelmäßiger Wiederkehr von ihm benutzten Raum für den Betrieb seines Gewerbes besitzt.

1.3.2. Territorialitätsprinzip

Territorialitätsprinzip

In Bezug auf Drittstaaten (also alle Nicht-EWR-Mitglieder) gilt das so genannte Territorialitätsprinzip, wonach es für die Anwendbarkeit des deutschen Datenschutzrechts auf den Ort der Datenverarbeitung ankommt.

ORT DER DATENVERARBEITUNG

Ort der Datenverarbeitung

Auf Datenverarbeitungsvorgänge von Unternehmen, die nicht im EWR niedergelassen sind, kann das deutsche Datenschutzrecht nur dann angewandt werden, wenn sich im deutschen Hoheitsgebiet automatisierte oder nicht automatisierte Mittel befinden, auf die bei der Datenverarbeitung zurückgegriffen wird. Dafür kann die Platzierung eines Server-Rechners, aber auch der Betrieb von Übertragungsleitungen oder eines Modems im deutsche Hoheitsgebiet ausreichen. Entscheidend soll darauf abzustellen sein, ob die automatisierten Mittel durch die ausländische Stelle gesteuert bzw. administriert werden, also Einfluss auf die Datenerhebung ausgeübt wird oder werden kann. In diesem Fall ist der für die Verarbeitung Verantwortliche gemäß § 1 Abs. 5 S. 3 BDSG verpflichtet, einen Vertreter zu benennen, der in Deutschland ansässig ist.

Beispiel: Erfolgt die Datenverarbeitung also in der Bundesrepublik, findet deutsches Datenschutzrecht Anwendung, auch wenn die verantwortliche Stelle ihren Sitz beispielsweise in den USA hat.

1.3.3. Datentransfer

Keine Anwendung findet das deutsche Datenschutzrecht gemäß § 1 Abs. 5 S. 4 BDSG allerdings dann, wenn Datenträger nur zum Zwecke des Transits durch das Inland eingesetzt werden.

Beispiel: Das ist zum Beispiel der Fall wenn Daten über einen Rechner oder ein Kommunikationsnetz im Inland geroutet werden und weder Sender noch Empfänger der Datenpakete ihren Sitz im Inland haben.

In der Übersicht lässt sich die Eröffnung des räumlichen Anwendungsbereichs des BDSG anhand des folgenden Schaubildes prüfen:

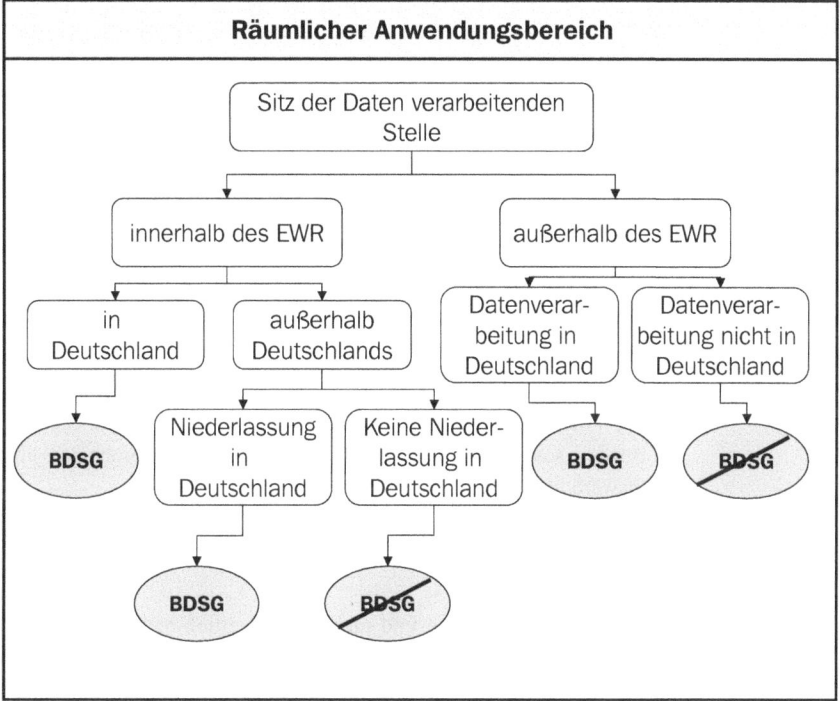

1.3.4. Rechtswahl

Auch durch vertraglich vereinbarte Rechtswahlklauseln lässt sich gemäß Art. 27, 34 Einführungsgesetz zum BGB (EGBGB) die Anwendbarkeit des deutschen Datenschutzrechts nicht abbedingen, da das deutsche Datenschutzrecht insoweit umfangreiche verbindliche Regelungen enthält, deren Geltung nicht ausgeschlossen werden kann. Es handelt sich insoweit um zwingendes Recht.

2. Datenschutz in der öffentlichen Verwaltung

Datenschutz in der öffentlichen Verwaltung

Aufgrund unterschiedlicher Gesetzgebungszuständigkeiten existieren für den Datenschutz im Bereich der öffentlichen Verwaltung je nach Verwaltungsträger andere datenschutzrechtliche Regelungen: für den Schutz personenbezogener Daten durch Bundesbehörden sowie bundesunmittelbare Körperschaften, Anstalten und Stiftungen des öffentlichen Rechts gilt das BDSG. Den Datenschutz im Bereich der Landesverwaltungen regeln die jeweiligen Landesdatenschutzgesetze der Bundesländer. Daneben existieren einige spezielle Datenschutzvorschriften für bestimmte Verwaltungsbereiche, wie z.B. für Sozialdaten, Steuerdaten und Meldedaten, die von allen betroffenen Verwaltungsträgern zu berücksichtigen sind.

Datenschutz in der Landesverwaltung

2.1. Bundesrecht

Datenschutz in der Bundesverwaltung

Der Anwendungsbereich der Vorschriften des zweiten Abschnitts des BDSG über die Datenverarbeitung im öffentlichen Bereich ist in § 12 Abs. 1 und 2 BDSG wie folgt festgelegt:

§ 12 Abs. 1-2 BDSG

Anwendungsbereich

(1) Die Vorschriften dieses Abschnittes gelten für öffentliche Stellen des Bundes, soweit sie nicht als öffentlich-rechtliche Unternehmen am Wettbewerb teilnehmen.

(2) Soweit der Datenschutz nicht durch Landesgesetz geregelt ist, gelten die §§ 12 bis 16, 19 bis 20 auch für die öffentlichen Stellen der Länder, soweit sie

1. Bundesrecht ausführen und nicht als öffentlich-rechtliche Unternehmen am Wettbewerb teilnehmen oder
2. als Organe der Rechtspflege tätig werden und es sich nicht um Verwaltungsangelegenheiten handelt.

Danach kann der zweite Abschnitt des BDSG somit grundsätzlich sowohl auf öffentliche Stellen des Bundes, als auch – unter einschränkenden Voraussetzungen – auf solche der Länder Anwendung finden.

2.1.1. Öffentliche Stellen des Bundes

Die Vorschriften über die Datenverarbeitung im öffentlichen Bereich gelten grundsätzlich für alle öffentlichen Stellen des Bundes im Sinne von § 1 Abs. 2 Nr. 1 BDSG. Eine Ausnahme gilt jedoch für solche öffentlichen Stellen, die am Wettbewerb teilnehmen. Diese werden gemäß § 27 Abs. 1 Nr. 2 a BDSG aus Gründen der Chancengleichheit den für den nicht-öffentlichen Bereich – and damit für die (potentiellen) Konkurrenten – geltenden Datenschutzvorschriften unterworfen.

Am Wettbewerb nehmen öffentliche Stellen dann teil, wenn sie Leistungen erbringen, die auch von privaten Anbietern erbracht werden könnten, und die öffentliche Stelle keine rechtlich abgesicherte Monopolstellung innehat. Dabei muss weder ein tatsächlicher Wettbewerb stattfinden, noch ist eine Gewinnerzielungsabsicht der öffentlichen Stelle erforderlich.

Beispiel: für öffentlich-rechtlich organisierte Datenzentralen, Telekommunikationsunternehmen etc. gelten die Vorschriften des dritten Teils des BDSG über Datenverarbeitung durch nicht-öffentliche Stellen, weil sie Leistungen erbringen, die grundsätzlich auch durch private Unternehmen im Wettbewerb erbracht werden können.

am Wettbewerb teilnehmende öffentliche Stellen

2.1.2. Öffentliche Stellen der Länder

Wie bereits oben ausgeführt, existieren in sämtlichen Bundesländern Landesdatenschutzgesetze, so dass eine der in § 12 Abs. 2 BDSG normierten Voraussetzungen für die Anwendung des BDSG auf Landesbehörden regelmäßig nicht vorliegt. Auf eine vertiefte Erläuterung dieser Vorschrift wird hier deshalb verzichtet.

öffentliche Stellen der Länder

2.2. Landesrecht

Die Datenerhebung, -verarbeitung und -nutzung durch Landesbehörden unterfällt deshalb generell dem jeweiligen LDSG. Beispielhaft sei hier der Anwendungsbereich der Landesdatenschutzgesetze anhand von § 3 LDSG Schleswig-Holstein illustriert:

Anwendung der Landesdatenschutzgesetze

Anwendungsbereich

§ 3 LDSG SH

(1) Dieses Gesetz gilt für öffentliche Stellen. Öffentliche Stellen im Sinne dieses Gesetzes sind

1. Behörden und sonstige öffentliche Stellen der im Landesverwaltungsgesetz genannten Träger der öffentlichen Verwaltung,
2. Vereinigungen des privaten Rechts, soweit sie Aufgaben der öffentlichen Verwaltung wahrnehmen und an der Vereinigung einem oder mehreren der im Landesverwaltungsgesetz genannten Träger

der öffentlichen Verwaltung die absolute Mehrheit der Anteile gehört oder die absolute Mehrheit der Stimmen zusteht.

(2) Soweit öffentlich-rechtliche, der Aufsicht des Landes unterstehende Unternehmen mit eigener Rechtspersönlichkeit am Wettbewerb teilnehmen, gilt für sie von diesem Gesetz nur § 23; im Übrigen gelten für sie die Vorschriften des Bundesdatenschutzgesetzes für nichtöffentliche Stellen.

(3) Soweit besondere Rechtsvorschriften den Umgang mit personenbezogenen Daten regeln, gehen sie den Vorschriften dieses Gesetzes vor.

Die landesrechtlichen Datenschutzvorschriften gelten nach Absatz 1 Nr. 1 LDSG SH insbesondere für:

- Landesbehörden im Sinne von §§ 4 bis 10 Landesverwaltungsgesetz (LVwG);
- Organe der kommunalen Gebietskörperschaften im Sinne von § 11 LVwG;
- Organe der sonstigen Körperschaften, Anstalten und Stiftungen des öffentlichen Rechts im Sinne von § 13 LVwG und für
- Beliehene Unternehmer im Sinne von § 13 LVwG.

sonstige öffentliche Stellen

Daneben werden auch »sonstige öffentliche Stellen« den Vorschriften des LDSG unterstellt. Das sind solche Organisationseinheiten unterhalb der Behördenebene, denen besondere Aufgaben und Rechte übertragen worden sind, die ihnen eine eigene Verantwortung für die Datenverarbeitungsvorgänge auferlegen. Hierzu zählen z.B. die Personalräte im Verhältnis zu ihrer Dienststelle. Auch die Gerichte und der Landesrechnungshof haben die Vorschriften des LDSG bei ihrer Tätigkeit einzuhalten.

Mit der Regelung in Nr. 2 werden solche privatrechtlichen Vereinigungen (z.B. Vereine, Personen- und Kapitalgesellschaften) dem Anwendungsbereich des LDSG unterstellt, die von juristischen Personen des öffentlichen Rechts beherrscht werden und die zudem Aufgaben der öffentlichen Verwaltung wahrnehmen.

Beispiel: Die Stadtwerke, Verkehrs- und Entsorgungsbetriebe vieler größerer Kommunen sind als GmbH organisiert und betreiben ihrerseits häufig verschiedene Tochtergesellschaften, die ebenfalls privatrechtlich organisiert sind und deren Geschäftszwecke im Bereich der Energie- und Wasserversorgung sowie in der Durchführung des öffentlichen Personennahverkehrs liegen. Soweit diese privatrechtlich organisierten Gesellschaften Aufgaben der öffentlichen Verwaltung wahrnehmen, werden sie den öffentlichen Stellen gleichgestellt, so dass der Anwendungsbereich des LDSG eröffnet ist. Die Rechtfertigung dafür besteht darin, dass sich die Exekutive nicht durch die Wahl privat-

rechtlicher Handlungsformen ihrer öffentlich-rechtlichen Bindungen entziehen können soll. Entscheidendes Kriterium für die Anwendbarkeit des LDSG ist die Erfüllung öffentlicher Aufgaben. Eine solche ist im Bereich der Daseinsvorsorge zu bejahen. Insbesondere die Ver- und Entsorgungsbetriebe der Strom-, Gas-, Wasser- und Abfallwirtschaft sowie die Einrichtungen des öffentlichen Personennahverkehrs sind dem Bereich der Daseinsvorsorge zuzurechnen. Etwas Anderes gilt etwa für die Erbringung von Telekommunikationsdienstleistungen, welche nicht zur Erfüllung eines öffentlichen Zweckes, sondern als rein privatwirtschaftliche Tätigkeit erfolgt, die dem Bundesdatenschutzgesetz (BDSG) unterfällt.

Öffentlich-rechtliche Unternehmen mit eigener Rechtspersönlichkeit, die der Aufsicht des Landes unterstehen und am Wettbewerb teilnehmen, werden dagegen datenschutzrechtlich wie private Stellen behandelt und unterliegen deshalb den Vorschriften des BDSG für nichtöffentliche Stellen. Ergänzend findet insoweit nur die Vorschrift über die Zulässigkeit der Datenverarbeitung bei Dienst- und Arbeitsverhältnissen gemäß § 23 LDSG SH Anwendung.

öffentlich-rechtliche Unternehmen

Beispiel: Zu den vorstehend genannten Stellen gehören z.B. öffentlich-rechtliche Sparkassen. Sie sind als Anstalten des öffentlichen Rechts organisiert. Ihre Tätigkeit ist erwerbsorientiert und steht im Wettbewerb mit anderen Kreditinstituten. Deshalb unterliegen sie den gleichen Datenschutzvorschriften wie entsprechende Unternehmen der Privatwirtschaft.

Ebenso wie im Bereich der bundesgesetzlichen Regelungen treten die Datenschutzvorschriften des LDSG zurück, soweit bereichsspezifische Vorschriften, wie etwa das Melderecht, das Schulrecht, das Archivrecht, das Sozialrecht (§§ 67 bis 85a SGB X), das Steuerrecht (§ 30 AO) etc., Sonderregelungen über den Umgang mit personenbezogenen Daten enthalten.

Spezialität

3. Datenschutz in der Privatwirtschaft

Datenschutz in der Privatwirtschaft

Die speziell für den Datenschutz in der Privatwirtschaft geltenden Regelungen sind im dritten Abschnitt des BDSG enthalten. Der Anwendungsbereich der Vorschriften dieses Abschnitts über die Datenverarbeitung im nicht-öffentlichen Bereich ist in § 27 wie folgt festgelegt:

§ 27 BDSG

Anwendungsbereich

(1) Die Vorschriften dieses Abschnittes finden Anwendung, soweit personenbezogene Daten unter Einsatz von Datenverarbeitungsanlagen verarbeitet, genutzt oder dafür erhoben werden oder die Daten in oder aus nicht-automatisierten Dateien verarbeitet, genutzt oder dafür erhoben werden durch

1. nicht öffentliche Stellen,
2. a) öffentliche Stellen des Bundes, soweit sie als öffentlich-rechtliche Unternehmen am Wettbewerb teilnehmen,
   b) öffentlichen Stellen der Länder, soweit sie als öffentlich-rechtliche Unternehmen am Wettbewerb teilnehmen, Bundesrecht ausführen und der Datenschutz nicht durch Landesgesetz geregelt ist.

Dies gilt nicht, wenn die Erhebung, Verarbeitung oder Nutzung der Daten ausschließlich für persönliche oder familiäre Tätigkeiten erfolgt. In den Fällen der Nummer 2 Buchstabe a gelten anstelle des § 38 die §§ 18, 21 und 24 bis 26.

(2) Die Vorschriften dieses Abschnittes gelten nicht für die Verarbeitung und Nutzung personenbezogener Daten außerhalb von nicht-automatisierten Dateien, soweit es sich nicht um personenbezogene Daten handelt, die offensichtlich aus einer automatisierten Verarbeitung entnommen worden sind.

Daten in Akten

Einen über den in § 1 Abs. 2 BDSG, in dem der Anwendungsbereich des gesamten BDSG im nicht-öffentlichen Bereich definiert wird, hinausgehenden Regelungsgehalt besitzt dabei die Regelung in § 27 Abs. 2 BDSG. Danach finden die Vorschriften des dritten Abschnitts über die Datenverarbeitung nicht-öffentlicher Stellen keine Anwendung, wenn die Verarbeitung und Nutzung außerhalb von nicht-automatisierten Dateien erfolgt. Damit ist klar gestellt, dass eine reine Verarbeitung personenbezogener Daten in Akten im nicht-öffentlichen Bereich nicht vom BDSG erfasst wird (es sei denn, die Daten sind aus einer automatisierten Verarbeitung entnommen). Darin besteht ein wesentlicher Unterschied zu den für den öffentlichen Bereich geltenden Datenschutzvorschriften des zweiten Abschnitts des BDSG: öffentliche Stellen müssen das BDSG auch bei der Speicherung von in Akten enthaltenen Daten beachten, wie es z.B. § 20 Abs. 6 BDSG zum Ausdruck bringt.

4. Wiederholungsfragen

1. Welche Datenverarbeitungsphasen werden im BDSG unterschieden? Lösung S. 22 ff.
2. Was bedeutet der Begriff »verantwortliche Stelle«? Lösung S. 32
3. Was besagt das so genannte Sitzprinzip? Lösung S. 33
4. Lässt sich die Anwendung des deutschen Datenschutzrechts durch Rechtswahl abbedingen? Lösung S. 35
5. Welche Bedeutung hat die Unterscheidung in »öffentliche Stellen« und »nicht öffentliche Stellen«? Lösung S. 36 ff.

Grundprinzipien des Datenschutzrechts

1.	**Datenverarbeitungsverbot mit Erlaubnisvorbehalt**	**45**
1.1.	Erlaubnis durch Rechtsvorschrift des BDSG	45
1.2.	Erlaubnis durch andere Rechtsvorschrift	46
1.2.1.	Bereichsspezifische Rechtsvorschriften	46
1.2.2.	Betriebsvereinbarungen	46
1.3.	Einwilligung des Betroffenen	47
2.	**Grundsatz der Direkterhebung**	**48**
3.	**Zweckbindungsgrundsatz**	**50**
3.1.	Grundsätzliches	50
3.2.	Besondere Zweckbindung	51
3.2.1.	Zweckbindung bei Berufs- und Amtsgeheimnissen	51
3.2.2.	Zweckbindung bei Datenschutzkontrolle und Datensicherung	52
3.3.	Gewährleistung der Zweckbindung durch technische Maßnahmen	53
3.4.	Durchbrechung der Zweckbindung	54
4.	**Erforderlichkeit**	**57**
5.	**Datenvermeidung und Datensparsamkeit**	**58**
6.	**Transparenz**	**61**
6.1.	Transparenzpflichten gegenüber den Betroffenen	61
6.1.1.	Allgemeine Informations- und Benachrichtigungspflichten	61
6.1.2.	Besondere Informations- und Benachrichtigungspflichten	63
6.2.	Organisatorische Transparenzpflichten	66
7.	**Wiederholungsfragen**	**68**

Datenschutzrechtliche Grundprinzipien

Das Datenschutzrecht wird von einigen Grundprinzipien beherrscht, die generell für den Umgang mit personenbezogenen Daten gelten und die deshalb im Folgenden sozusagen »vor die Klammer« gezogen werden können.

Den Ausgangspunkt für diese Grundprinzipien bilden unter anderem die Anforderungen an eine rechtmäßige Datenverarbeitung, die das BVerfG im Volkszählungsurteil aufgestellt hat. Darin hatte das Gericht insbesondere ausgeführt:

Recht auf informationelle Selbstbestimmung

»Das Grundrecht gewährleistet insoweit die Befugnis des Einzelnen, grundsätzlich selbst über die Preisgabe und Verwendung seiner persönlichen Daten zu bestimmen. [...] Individuelle Selbstbestimmung setzt [...] voraus, dass dem Einzelnen Entscheidungsfreiheit über vorzunehmende oder zu unterlassene Handlungen einschließlich der Möglichkeit gegeben ist, sich auch entsprechend dieser Entscheidung tatsächlich zu verhalten.«

Auf Basis dieser Gestaltungsanforderungen haben das BVerfG und die Gesetzgeber die folgenden datenschutzrechtlichen Grundprinzipien etabliert:

- das Datenverarbeitungsverbot mit Erlaubnisvorbehalt, wonach personenbezogene Daten nur verarbeitet und genutzt werden dürfen, wenn der Betroffene eingewilligt hat oder eine gesetzliche Erlaubnisvorschrift eingreift;
- den Grundsatz der Direkterhebung, wonach personenbezogene Daten grundsätzlich beim Betroffenen selbst zu erheben sind;
- den Zweckbindungsgrundsatz, der die Zulässigkeit von Datenverarbeitungen und -nutzungen an eindeutig definierte Zwecke bindet;
- das Verhältnismäßigkeits- oder Erforderlichkeitsprinzip, wonach Datenverarbeitungen aufgrund von gesetzlichen Erlaubnisvorschriften nur zulässig sind, soweit sie für die jeweiligen Zwecke erforderlich sind;
- den Grundsatz der Datenvermeidung und der Datensparsamkeit, wonach die Daten verarbeitende Stelle bereits im Vorfeld bei der Auswahl und Gestaltung technischer Systeme dem Datenschutz Rechnung tragen soll;
- das Transparenzgebot, welches in Informations-, Unterrichtungs- und Auskunftspflichten der verantwortlichen Stelle Ausdruck findet und sicherstellen soll, dass der Betroffene jederzeit Kenntnis über Art, Umfang und Zwecke der ihn betreffenden Datenverarbeitungen besitzt.

Diese Grundprinzipien werden im Folgenden näher erläutert:

1. Datenverarbeitungsverbot mit Erlaubnisvorbehalt

Das deutsche Datenschutzrecht wird beherrscht von dem in § 4 Abs. 1 BDSG verankerten Grundsatz eines generellen Datenverarbeitungsverbots mit Erlaubnisvorbehalt.

Datenverarbeitungsverbot mit Erlaubnisvorbehalt

Danach ist die Erhebung, Verarbeitung und Nutzung personenbezogener Daten nur zulässig, soweit eine Rechtsvorschrift dies erlaubt oder der Betroffene, also diejenige natürliche Person, auf die sich die Daten beziehen, eingewilligt hat:

Zulässigkeit der Datenerhebung, -verarbeitung und -nutzung — *§ 4 Abs. 1 BDSG*

Die Erhebung, Verarbeitung und Nutzung personenbezogener Daten sind nur zulässig, soweit dieses Gesetz oder eine andere Rechtsvorschrift dies erlaubt oder anordnet oder der Betroffene eingewilligt hat.

Aufgrund der Einbeziehung der Erhebung, Verarbeitung und Nutzung ist der Anwendungsbereich der Datenschutzgesetze derart weit gefasst, dass jeder erdenkliche Umgang mit personenbezogenen Daten dem Datenverarbeitungsverbot mit Erlaubnisvorbehalt unterfällt. Dabei muss jeder von der verantwortlichen Stelle auch tatsächlich praktizierte Umgang mit den Daten durch die jeweils einschlägige Erlaubnis gedeckt sein. Deshalb muss das Vorliegen des Erlaubnistatbestandes für jede einzelne Phase der Datenerhebung, -verarbeitung und -nutzung gesondert geprüft und sichergestellt werden.

Erhebung, Verarbeitung und Nutzung von Daten

Die Verwendung personenbezogener Daten ist nach der abschließenden Aufzählung der Erlaubnistatbestände in § 4 Abs. 1 BDSG deshalb nur zulässig, wenn:

- das BDSG die Datenverarbeitung erlaubt;
- eine andere Rechtsvorschrift die Datenverarbeitung erlaubt oder
- der Betroffene in die Datenverarbeitung eingewilligt hat.

1.1. Erlaubnis durch Rechtsvorschrift des BDSG

Die Erlaubnisvorschriften des BDSG befinden sich im Wesentlichen im zweiten Abschnitt (für den öffentlichen Bereich) und im dritten Abschnitt (für den nicht-öffentlichen Bereich) des BDSG (siehe dazu unten, S. 72 ff.).

gesetzliche Erlaubnisvorschriften

1.2. Erlaubnis durch andere Rechtsvorschrift

Betriebsvereinbarungen, Tarifverträge etc.

Als andere Rechtsvorschriften, die eine Datenverarbeitung zulassen können, kommen vor allem bereichsspezifische Rechtsvorschriften aus Sondergesetzen, aber auch Regelungen in Satzungen, Verordnungen, Tarifverträgen und Betriebsvereinbarungen in Betracht.

1.2.1. Bereichsspezifische Rechtsvorschriften

Bereichsspezifische Rechtsvorschriften, die eine Verarbeitung personenbezogener Daten gestatten, finden sich in zahlreichen Fachgesetzen. Eine die Datenverarbeitung rechtfertigende Wirkung geht insoweit von allen Rechtsvorschriften aus, die in fach- und bereichsspezifischer Weise auf personenbezogene Daten einschließlich deren Veröffentlichung anzuwenden sind; insbesondere auch dem BDSG nachrangige Vorschriften wie landes- und kommunalrechtliche Vorschriften.

1.2.2. Betriebsvereinbarungen

Betriebsvereinbarungen

Andere Rechtsvorschriften im Sinne von § 4 Abs. 1 BDSG können auch Regelungen in Betriebs- oder Dienstvereinbarungen sein, die die Zulässigkeit der Erhebung, Verarbeitung und Nutzung personenbezogener Daten der Mitarbeiter bzw. Bediensteten regeln. In der Praxis existieren solche Regelungen vor allem in Bezug auf Datenverarbeitungen im Zusammenhang mit der Telefon- oder der Internet- und E-Mail-Nutzung durch die Arbeitnehmer. Wesentliche Punkte sind dabei unter anderem die Zulässigkeit der Aufzeichnung von Kommunikationsvorgängen und die Verwendung von »Protokolldaten«. Dabei gilt

erforderlicher Schutzstandard

zwar grundsätzlich, dass nach Ansicht des Bundesarbeitsgerichts (BAG) in diesen Vereinbarungen der Datenschutzstandard des BDSG auch unterschritten werden kann. Im Endeffekt dürfte eine spürbare Absenkung des BDSG-Schutzstandards jedoch nicht zulässig sein, denn das BAG hat auch postuliert, dass eine Datenschutzregelung in einer Betriebsvereinbarung den grundgesetzlichen Wertungen, zwingenden Vorschriften des Gesetzesrechts und allgemeinen Grundsätzen des Arbeitsrechts genügen müsse. Insbesondere die verfassungsrechtliche Verbürgung des Rechts auf informationelle Selbstbestimmung, die auch auf privatrechtliche Rechtsverhältnisse ausstrahlt, verbietet deshalb eine signifikante Unterschreitung des BDSG-Schutzstandards in Betriebs- oder Dienstvereinbarungen.

1.3. Einwilligung des Betroffenen

Schließlich lässt sich jede Art der Datenerhebung, -verarbeitung oder -nutzung durch eine entsprechende Einwilligung des Betroffenen rechtfertigen.

Wirksamkeit der Einwilligung

Nach überwiegender Ansicht ist es für die Wirksamkeit der Einwilligung ausreichend, dass der Betroffene die notwendige Einsichtsfähigkeit in die Tragweite seiner Entscheidung besitzt; Geschäftsfähigkeit ist nicht erforderlich. Aus dem Begriff der »Einwilligung« folgt, dass es sich um eine vorherige Zustimmung des Betroffenen handeln muss. Für das Vorliegen der Einwilligung trägt die verantwortliche Stelle die Beweislast. Die weiteren, formalen und materiellen Anforderungen an eine wirksame Einwilligungserklärung sind in § 4 a BDSG niedergelegt:

Einwilligung § 4 a Abs. 1 BDSG

Die Einwilligung ist nur wirksam, wenn sie auf der freien Entscheidung des Betroffenen beruht. Er ist auf den vorgesehenen Zweck der Erhebung, Verarbeitung oder Nutzung sowie, soweit nach den Umständen des Einzelfalles erforderlich oder auf Verlangen, auf die Folgen der Verweigerung der Einwilligung hinzuweisen. Die Einwilligung bedarf der Schriftform, soweit nicht wegen besonderer Umstände eine andere Form angemessen ist. Soll die Einwilligung zusammen mit anderen Erklärungen schriftlich erteilt werden, ist sie besonders hervorzuheben.

Die sich daraus ergebenden formalen und materiellen Anforderungen an eine wirksame Einwilligungserklärung werden im Detail in Abschnitt 3 des Kapitels »Zulässigkeit der Verarbeitung personenbezogener Daten« (S. 129 ff.) behandelt.

2. Grundsatz der Direkterhebung

Datenerhebung beim Betroffenen

Ungeachtet des Vorliegens einer Ermächtigungsgrundlage setzt eine rechtmäßige Datenerhebung gemäß § 4 Abs. 2 BDSG grundsätzlich voraus, dass die personenbezogenen Daten bei den Betroffenen mit ihrer Kenntnis erhoben werden. Ohne Mitwirkung des Betroffenen dürfen Daten über ihn nur in gesetzlich festgelegten Ausnahmefällen erhoben werden:

§ 4 Abs. 2 BDSG

Zulässigkeit der Datenerhebung, -verarbeitung und -nutzung

Personenbezogene Daten sind beim Betroffenen zu erheben. Ohne seine Mitwirkung dürfen sie nur erhoben werden, wenn

1. eine Rechtsvorschrift dies vorsieht oder zwingend voraussetzt oder
2. a) die zu erfüllende Verwaltungsaufgabe ihrer Art nach oder der Geschäftszweck eine Erhebung bei anderen Personen oder Stellen erforderlich macht oder
   b) die Erhebung beim Betroffenen einen unverhältnismäßigen Aufwand erfordern würde

und keine Anhaltspunkte dafür bestehen, dass überwiegende schutzwürdige Interessen des Betroffenen beeinträchtigt werden.

DIREKTERHEBUNGSGRUNDSATZ

Ausnahmen vom Direkterhebungsgrundsatz

Nach der datenschutzrechtlichen Literatur soll keine Dritterhebung vorliegen, wenn Daten mit einem so genannten Doppelbezug erhoben werden. Dabei handelt es sich um Daten, die nicht nur dem Betroffenen, bei dem die Daten erhoben werden, sondern zugleich auch einem Dritten zugeordnet werden können.

Beispiel: in einem Personalfragebogen ist eine Frage über den Ehegatten enthalten. Das Verlangen nach Informationen über den Ehegatten ist nicht als »Dritterhebung« in Bezug auf die Person des Ehegatten anzusehen.

3. Zweckbindungsgrundsatz

Zweckbindung

Der Zweckbindungsgrundsatz, der neben dem nationalen Datenschutzrecht auch in Art. 6 Abs. 1 lit. b) der EG-Datenschutzrichtlinie verankert ist, verpflichtet die Daten verarbeitende Stelle dazu, personenbezogene Daten für festgelegte, eindeutige und rechtmäßige Zwecke zu erheben und sie nur für diese Zwecke weiterzuverarbeiten.

3.1. Grundsätzliches

Die Zwecke der Datenverarbeitung müssen bei der ersten Datenverarbeitungsmaßnahme – also in der Regel der Erhebung – bestimmt sein. Die Zweckbestimmung ergibt sich deshalb grundsätzlich aus der für die Datenerhebung in Anspruch genommenen Rechtsgrundlage:

§ 14 Abs. 1 BDSG

Datenspeicherung, -veränderung und -nutzung

Das Speichern, Verändern oder Nutzen personenbezogener Daten ist zulässig, wenn es zur Erfüllung der in der Zuständigkeit der verantwortlichen Stelle liegenden Aufgaben erforderlich ist und es für die Zwecke erfolgt, für die die Daten erhoben worden sind. Ist keine Erhebung vorausgegangen, dürfen die Daten nur für die Zwecke geändert oder genutzt werden, für die sie gespeichert worden sind.

Zweckänderung

Auch bei einer umfangreichen Aufgabenzuweisung dürfen personenbezogene Information nicht undifferenziert auch für jeden erdenklichen Zweck verarbeitet und genutzt werden. Vielmehr ist die Datenerhebung, -speicherung und -nutzung an jeweils spezifische Zwecke und Aufgaben gebunden, zu deren Wahrnehmung diese Daten erforderlich sind. Es hat deshalb im Rahmen der zugewiesenen Aufgaben der verantwortlichen Stelle eine weitere Unterteilung nach spezifischen Zwecken zu erfolgen. Soweit einzelne Daten für verschiedene dieser Zwecke genutzt werden sollen, wäre zu untersuchen, ob die Ermächtigungsgrundlage sämtliche dieser spezifischen Zwecke umfasst. Andernfalls käme nur eine Zweckänderung kraft Sachzusammenhangs in Betracht: werden in einem Gesetz mehrere Aufgaben vorgegeben, zu deren Erfüllung personenbezogene Daten benötigt werden, dann können die Daten, die zunächst nur zur Erfüllung einer Aufgabe erhoben und gespeichert worden waren, auch zur Erfüllung der anderen herangezogen werden, sofern der Sachzusammenhang beider Aufgaben eindeutig erkennbar und daraus ableitbar ist, dass der Gesetzgeber bewusst und gewollt beide Aufgaben so zusammengefasst hat, um die personenbezogenen Daten für beide Zwecke nutzbar machen zu können.

Andernfalls liegt eine Zweckänderung vor, für die es einer gesonderten Erlaubnis bedarf, wie es § 28 Abs. 2 BDSG zum Ausdruck bringt:

Datenerhebung, -verarbeitung und -nutzung für eigene Zwecke § 28 Abs. 2 BDSG

Für einen anderen Zweck dürfen sie nur unter den Voraussetzungen des Absatzes 1 Satz 1 Nr. 2 und 3 übermittelt oder genutzt werden.

3.2. Besondere Zweckbindung

Gesteigerte Bedeutung besitzt die Zweckbindung bei solchen Daten, die z.B. aufgrund eines Amtsgeheimnisses einer besonderen Geheimhaltung unterliegen, wie etwa im Bereich der Steuer- und Sozialverwaltung. Das hat zur Folge, dass die Zweckbindung der Datenverarbeitung in diesen Bereichen strenger ist als nach den soeben dargestellten allgemeinen Regelungen.

3.2.1. Zweckbindung bei Berufs- und Amtsgeheimnissen

Eine besondere Zweckbindung ist z.B. in § 39 BDSG in Bezug auf Daten vorgesehen, die einem Berufs- oder Amtsgeheimnis unterliegen:

Zweckbindung bei personenbezogenen Daten, die einem Berufs- oder besonderen Amtsgeheimnis unterliegen § 39 BDSG

(1) Personenbezogene Daten, die einem Berufs- oder besonderen Amtsgeheimnis unterliegen und die von der zur Verschwiegenheit verpflichteten Stelle in Ausübung ihrer Berufs- oder Amtspflicht zur Verfügung gestellt worden sind, dürfen von der verantwortlichen Stelle nur für den Zweck verarbeitet oder genutzt werden, für den sie sie erhalten hat. In die Übermittlung an eine nicht-öffentliche Stelle muss die zur Verschwiegenheit verpflichtete Stelle einwilligen.

(2) Für einen anderen Zweck dürfen die Daten nur verarbeitet oder genutzt werden, wenn die Änderung des Zwecks durch besonderes Gesetz zugelassen ist.

Zu den Berufs- und Amtsgeheimnissen im Sinne dieser Vorschrift zählen: Berufs- und Amtsgeheimnisse

- spezielle Geheimhaltungsvorschriften wie das Steuergeheimnis gemäß § 30 AO;
- das Statistikgeheimnis gemäß § 16 Bundesstatistikgesetz;
- das Sozialgeheimnis gemäß § 35 SGB I;
- das Fernmeldegeheimnis gemäß § 88 TKG;

- Berufsgeheimnisse bestimmter Berufsgruppen, wie etwa der Ärzte, Berufspsychologen und Rechtsanwälte (§ 43a Abs. 2 BRAO), der Steuerberater (§ 83 Steuerberatungsgesetz), der Wirtschaftsprüfer (§ 64 Wirtschaftsprüferordnung) und der weiteren in § 203 Abs. 1 und 3 StGB genannten Berufsgruppen.

Nicht zu den besonderen Berufs- und Amtsgeheimnissen gehören das allgemeine Amtsgeheimnis, die beamtenrechtlichen und arbeitsrechtlichen Verschwiegenheitspflichten, das Personalaktengeheimnis sowie das gesetzlich nicht normierte Bankgeheimnis (siehe dazu Abschnitt 4 des Kapitels »Sektorenspezifischer Datenschutz«).

Die besondere Zweckbindungsregelung in § 39 BDSG richtet sich nicht an diejenige Stelle, die dem besonderen Berufs- oder Amtsgeheimnis unterworfen ist, sondern an diejenige Stelle, der die Daten übermittelt wurden, die dem Geheimnis unterliegen.

Nach Absatz 2 der Vorschrift ist eine Zweckänderung in Abweichung von den allgemeinen Regelungen bei solchen Daten nur zulässig, wenn dafür eine explizite gesetzliche Ermächtigung vorliegt. Diese können sich zum Beispiel aus spezialgesetzlich normierten Auskunftspflichten gegenüber staatlichen Stellen ergeben. Von der Regelung in Absatz 2 unberührt bleibt aber natürlich die Möglichkeit des Betroffenen, seine Einwilligung zu einer zweckändernden Nutzung der Daten zu erteilen.

3.2.2. Zweckbindung bei Datenschutzkontrolle und Datensicherung

Zweckbindung bei Datenschutzkontrolle und Datensicherung

Keine zweckfremde Verwendung ist für solche personenbezogenen Daten zugelassen, die ausschließlich zur Datenschutzkontrolle oder zur Datensicherung gespeichert werden. Für den öffentlichen Bereich ergibt sich dies aus § 14 Abs. 4 BDSG:

§ 14 Abs. 4 BDSG

Datenspeicherung, -veränderung und -nutzung

Personenbezogene Daten, die ausschließlich zu Zwecken der Datenschutzkontrolle, der Datensicherung oder zur Sicherstellung eines ordnungsgemäßen Betriebes einer Datenverarbeitungsanlage gespeichert werden, dürfen nur für diese Zwecke verwendet werden.

Die Parallelvorschrift für die privatwirtschaftliche Datenverarbeitung findet sich in § 31 BDSG:

§ 31 BDSG

Besondere Zweckbindung

Personenbezogene Daten, die ausschließlich zur Zwecken der Datenschutzkontrolle, der Datensicherung oder zur Sicherstellung eines ordnungsgemäßen Betriebes einer Datenverarbeitungsanlage gespeichert werden, dürfen nur für diese Zwecke verwendet werden.

Im Unterschied zu den vorgenannten Regelungen sehen §§ 14 Abs. 4 und 31 BDSG ein striktes Zweckbindungsgebot vor, welches nicht durch eine gesetzliche Ausnahmevorschrift eingeschränkt ist. Diese Vorschrift soll verhindern, dass beispielsweise Log-Dateien einer EDV-Anlage zur allgemeinen Leistungskontrolle von Mitarbeiterinnen und Mitarbeitern oder für sonstige Zwecke verwendet werden.

zweckfremde Verwendung zur Leistungskontrolle

Nach dem Wortlaut der Vorschrift unterfallen ihr allerdings nur solche Daten, die ausschließlich für die genannten Kontroll- und Sicherungszwecke gespeichert werden. Dass die Daten parallel auch noch für einen weiteren Zweck erhoben und gespeichert werden, ist von Gesetzes wegen nicht ausgeschlossen. Soweit die verantwortliche Stelle die Daten zulässiger Weise zugleich noch für einen anderen Zweck erhebt und speichert, greift die strenge Zweckbindung nicht.

Beispiel: im Rahmen einer Zugangskontrolle gespeicherte Zutritts- und Abgangsdaten werden zugleich für die Zwecke der Arbeitszeiterfassung und Arbeitslohnabrechnung genutzt. In diesem Fall wäre § 31 BDSG nicht anwendbar.

3.3. Gewährleistung der Zweckbindung durch technische Maßnahmen

Zur Gewährleistung der Zweckbindung kommen insbesondere technische Maßnahmen in Betracht. Gemäß Ziffer 8 der Anlage zu § 9 BDSG über technische und organisatorische Datenschutzmaßnahmen sind die Datenverarbeitungsanlagen insbesondere so zu gestalten, dass zu unterschiedlichen Zwecken erhobene Daten getrennt verarbeitet werden können. Das bedeutet allerdings nicht, dass die Daten räumlich getrennt, also auf unterschiedlichen Hardware-Systemen gespeichert und verarbeitet werden müssten. Eine logische Trennung im Rahmen eines besonderen Berechtigungskonzepts ist ausreichend. Dazu kann beispielsweise ein zentraler Authentifizierungsserver eingesetzt werden, der die Zugriffsberechtigungen verwaltet.

technische Maßnahmen

3.4. Durchbrechung der Zweckbindung

Durchbrechung der Zweckbindung

Der Grundsatz der Zweckbindung gilt, abgesehen von den Daten die gemäß §§ 14 Abs. 4 oder 31 BDSG einer besonderen Zweckbindung unterliegen, nicht absolut. Nach verschiedenen Vorschriften im BDSG kann das Speichern, Verarbeiten oder Nutzen personenbezogener Daten unter bestimmten – gesetzlich definierten – Voraussetzungen auch für andere als die der ursprünglich der Datenerhebung zugrunde liegenden Zecke zulässig sein. Für die Datenverarbeitung der öffentlichen Verwaltung ergibt sich dies etwa aus § 14 Abs. 2 BDSG:

§ 14 Abs. 2 BDSG

Datenspeicherung, -veränderung und -nutzung

Das Speichern, Verändern oder Nutzen für andere Zwecke ist nur zulässig, wenn

1. eine Rechtsvorschrift dies vorsieht oder zwingend voraussetzt,
2. der Betroffene eingewilligt hat,
3. offensichtlich ist, daß es im Interesse des Betroffenen liegt, und kein Grund zu der Annahme besteht, daß er in Kenntnis des anderen Zwecks seine Einwilligung verweigern würde,
4. Angaben des Betroffenen überprüft werden müssen, weil tatsächliche Anhaltspunkte für deren Unrichtigkeit bestehen,
5. die Daten allgemein zugänglich sind oder die verantwortliche Stelle sie veröffentlichen durfte, es sei denn, daß das schutzwürdige Interesse des Betroffenen an dem Ausschluss der Zweckänderung offensichtlich überwiegt,
6. es zur Abwehr erheblicher Nachteile für das Gemeinwohl oder einer Gefahr für die öffentliche Sicherheit oder zur Wahrung erheblicher Belange des Gemeinwohls erforderlich ist,
7. es zur Verfolgung von Straftaten oder Ordnungswidrigkeiten, zur Vollstreckung oder zum Vollzug von Strafen oder Maßnahmen im Sinne des § 11 Abs. 1 Nr. 8 des Strafgesetzbuches oder von Erziehungsmaßregeln oder Zuchtmitteln im Sinne des Jugendgerichtsgesetzes oder zur Vollstreckung von Bußgeldentscheidungen erforderlich ist,
8. es zur Abwehr einer schwerwiegenden Beeinträchtigung der Rechte einer anderen Person erforderlich ist oder
9. es zur Durchführung wissenschaftlicher Forschung erforderlich ist, das wissenschaftliche Interesse an der Durchführung des Forschungsvorhabens das Interesse des Betroffenen an dem Ausschluss der Zweckänderung erheblich überwiegt und der Zweck der Forschung auf andere Weise nicht oder nur mit unverhältnismäßigem Aufwand erreicht werden kann.

Außerdem finden sich entsprechende Regelungen vereinzelt in besonderen Verwaltungsrechtsvorschriften. So haben öffentliche Stellen beispielsweise den Ausländerbehörden gemäß § 76 Abs. 1 AuslG auf Ersuchen ihnen bekannt gewordene Umstände mitzuteilen, wozu auch personenbezogene Daten zählen, die zur Erfüllung der Aufgaben der Ausländerbehörde erforderlich sind. Auch die dem Steuergeheimnis unterliegenden Daten dürfen gemäß § 30 Abs. 4 Nr. 5 AO bei Vorliegen eines zwingenden öffentlichen Interesses an Dritten für andere Zwecke weitergegeben werden.

Im Bereich der Privatwirtschaft existiert z.B. mit § 28 Abs. 2 und 3 BDSG eine vergleichbare Vorschrift:

Datenerhebung, -verarbeitung und -nutzung für eigene Zwecke § 28 Abs. 2 und 3 BDSG

(2) Für einen anderen Zweck dürfen sie nur unter den Voraussetzungen des Absatzes 1 Satz 1 Nr. 2 und 3 übermittelt oder genutzt werden.

(3) Die Übermittlung oder Nutzung für einen anderen Zweck ist auch zulässig:

1. soweit es zur Wahrung berechtigter Interessen eines Dritten oder

2. zur Abwehr von Gefahren für die staatliche und öffentliche Sicherheit sowie zur Verfolgung von Straftaten erforderlich ist, oder

3. für Zwecke der Werbung, der Markt- oder Meinungsforschung, wenn es sich um listenmäßig oder sonst zusammengefasste Daten über Angehörigen einer Personengruppe handelt, die sich auf

    a) eine Angabe über die Zugehörigkeit des Betroffenen zu dieser Personengruppe,

    b) Berufs-, Branchen- oder Geschäftsbezeichnung,

    c) Namen,

    d) Titel,

    e) akademische Grade,

    f) Anschrift,

    g) Geburtsjahr

    beschränken

und kein Grund zur der Annahme besteht, dass der Betroffene ein schutzwürdiges Interesse an dem Ausschluss der Übermittlung oder Nutzung hat, oder

4. wenn es im Interesse einer Forschungseinrichtung zur Durchführung wissenschaftlicher Forschung erforderlich ist, das wissenschaftliche Interesse an der Durchführung des Forschungsvorhabens das Interesse des Betroffenen an dem Ausschluss der Zweckänderung erheblich überwiegt und der Zweck der Forschung auf

andere Weise nicht oder nur mit unverhältnismäßigem Aufwand erreicht werden kann.

In den Fällen des Satzes 1 Nr. 2 ist anzunehmen, dass dieses Interesse besteht, wenn im Rahmen der Zweckbestimmung eines Vertragsverhältnisses oder vertragsähnlichen Vertrauensverhältnisses gespeicherte Daten übermittelt werden sollen, die sich

1. auf strafbare Handlungen,
2. auf Ordnungswidrigkeiten sowie
3. bei Übermittlung durch den Arbeitgeber auf arbeitsrechtliche Rechtsverhältnisse

beziehen.

Danach ist die ursprüngliche Festlegung auf bestimmte Nutzungs- und Verarbeitungszwecke nicht abschließend. Vielmehr gestattet § 28 Abs. 2 BDSG auch spätere Zweckänderungen oder -erweiterungen. Voraussetzung dafür ist allerdings, dass die verantwortliche Stelle sich auch für diese (neuen) Zwecke auf einen der in § 28 Abs. 1 BDSG normierten Erlaubnistatbestände berufen kann oder einer der besonderen Erlaubnistatbestände des Absatzes 3 gegeben ist. Hierzu zählt insbesondere das berechtigte Interesse eines Dritten oder das allgemeine Interesse der Abwehr von Gefahren für die öffentliche Sicherheit sowie der Verfolgung von Straftaten. Zweckänderungen sind unter besonderen Voraussetzungen auch für Werbung und Forschung zulässig.

4. Erforderlichkeit

Der Grundsatz der Erforderlichkeit knüpft an die Zweckbindung der Datenverarbeitung an und besagt, dass die Erhebung, Verarbeitung und Nutzung von Daten auf das für die Erreichung der jeweiligen Zwecke notwendige Maß zu beschränken ist. Der Erforderlichkeitsgrundsatz ist z.B. in § 28 Abs. 1 BDSG normiert:

Erforderlichkeit

Datenerhebung, -verarbeitung und -nutzung für eigene Zwecke

§ 28 Abs. 1 Nr. 2 BDSG

(1) Das Erheben, Speichern, Verändern oder Übermitteln personenbezogener Daten oder ihre Nutzung als Mittel für die Erfüllung eigener Geschäftszwecke ist zulässig, [...]

2. soweit es zur Wahrung berechtigter Interessen der verantwortlichen Stelle erforderlich ist und kein Grund zu der Annahme besteht, dass das schutzwürdige Interesse des Betroffenen an dem Ausschluss der Verarbeitung oder Nutzung überwiegt, oder ... .

Die Erforderlichkeit der Datenverarbeitung setzt voraus, dass die berechtigten Interessen auf andere Weise nicht angemessen gewahrt werden können. Die Erforderlichkeit wäre in jedem Fall abzulehnen, wenn die Zwecke auch gänzlich ohne die Erhebung, Verarbeitung oder Nutzung personenbezogener Daten erreicht werden könnten oder Daten nur vorsorglich ohne konkreten Verwendungszweck erhoben würden.

Interessenabwägung

Die Erforderlichkeit ist aber auch nicht mit einer zwingenden Notwendigkeit gleichzusetzen. Erforderlich im Sinne der datenschutzrechtlichen Vorschriften bedeutet also nicht, dass die Erhebung, Verarbeitung oder Nutzung der Daten aus technischen, wirtschaftlichen oder sonstigen Gründen unverzichtbar sein muss; vielmehr genügt es, wenn nach den Gesamtumständen ein anderes Mittel zur Zweckerreichung nicht sinnvoll oder unzumutbar wäre und deshalb keine zumutbare, das Persönlichkeitsrecht des Betroffenen weniger beeinträchtigende Alternative besteht.

5. Datenvermeidung und Datensparsamkeit

Datenvermeidung und Datensparsamkeit

In § 3 a BDSG und auch in einigen LDSGen ist ein weiterer datenschutzrechtlicher Grundsatz verankert: derjenige der Datenvermeidung und der Datensparsamkeit. Der Grundsatz der Datenvermeidung und Datensparsamkeit ist nicht identisch mit dem Grundsatz der Erforderlichkeit. Während die Erforderlichkeit als rechtliche Anforderung den Umfang der Datenverarbeitung in jedem Einzelfall beschränkt, sind die Regelungen zur Datenvermeidung und zur Datensparsamkeit vor allem als Gestaltungsanforderungen für Datenverarbeitungssysteme zu verstehen:

§ 3 a BDSG

Datenvermeidung und Datensparsamkeit
Gestaltung und Auswahl von Datenverarbeitungssystemen haben sich an dem Ziel auszurichten, keine oder so wenig personenbezogene Daten wie möglich zu erheben, zu verarbeiten oder zu nutzen. Insbesondere ist von den Möglichkeiten der Anonymisierung und Pseudonymisierung Gebrauch zu machen, soweit dies möglich ist und der Aufwand in einem angemessenen Verhältnis zu dem angestrebten Schutzzweck steht.

Gestaltung und Auswahl von IT-Systemen

Nach diesem Grundsatz sind die Daten verarbeitenden Stellen dazu angehalten, bereits bei Gestaltung und Auswahl der Datenverarbeitungssysteme und auch bei der Ausgestaltung der konkreten Datenverarbeitungsverfahren darauf hinzuwirken, dass keine oder so wenig Daten wie möglich erhoben, verarbeitet und genutzt werden. Den Anwendern sollen dadurch technische Möglichkeiten gegeben werden, die Erhebung und Verarbeitung personenbezogener Daten soweit wie möglich von vornherein zu vermeiden.

Nutzung datenschutzfreundlicher Technologien

Es gilt damit ein allgemeines Gestaltungsprinzip, wonach – je nach technischer Realisierbarkeit – das Entstehen personenbezogener Daten von vornherein möglichst unterbunden werden soll. Durch die Nutzung datenschutzfreundlicher Technologien und Organisationsstrukturen soll einer unzulässigen Datenverarbeitung vorgebeugt und so präventiver Datenschutz gewährleistet werden. Zu den konkreten technischen und organisatorischen Maßnahmen zur Erreichung des Ziels hat der Gesetzgeber keine Festlegungen getroffen, sondern die Wahl der Mittel in die Hände der verantwortlichen Stelle gelegt. Zu denken ist dabei an eine Daten einsparende Organisation durch Benutzung von Passwörtern und Codes sowie einer Abschottung von Verarbeitungsbereichen.

Beispiel: Der Grundsatz der Datenvermeidung kann zum Beispiel einem Einsatz so genannter »Aktiver Inhalte« oder Cookies in einem Internet-Angebot entgegenstehen. Außerdem könnte es mit diesem Grundsatz unvereinbar sein, wenn man bei der Registrierung für ein kostenloses Web-Mail-Account zwingend seine Personalien (Vor- und Nachname) angeben muss.

Generell sollte gemäß § 3 a BDSG von etwaigen Möglichkeiten zur Anonymisierung und Pseudonymisierung Gebrauch gemacht werden. Bei einer Anonymisierung wird jeglicher Bezug zu einer natürlichen Person endgültig gelöscht:

Anonymisierung und Pseudonymisierung

Weitere Begriffsbestimmungen

§ 3 Abs. 6 BDSG

Anonymisieren ist das Verändern personenbezogener Daten derart, dass die Einzelangaben über persönliche oder sachliche Verhältnisse nicht mehr oder nur mit einem unverhältnismäßig großen Aufwand an Zeit, Kosten und Arbeitskraft einer bestimmten oder bestimmbaren natürlichen Person zugeordnet werden können.

Beispiel: Eine Anonymisierung lässt sich bei Bezahlverfahren insbesondere durch die Verwendung vorbezahlter Chipkarten realisieren.

Verwendung vorbezahlter Chipkarten

Im Rahmen einer so genannten Pseudonymisierung wird das Identifizierungsmerkmal (also beispielsweise der Name) lediglich durch einen Referenzwert ersetzt, der allerdings eine spätere Wiederherstellung des Personenbezugs gestattet (und sich dadurch von einer Anonymisierung unterscheidet):

Weitere Begriffsbestimmungen

§ 3 Abs. 6 a BDSG

Pseudonymisieren ist das Ersetzen eines Namens und anderer Identifikationsmerkmale durch ein Kennzeichen zu dem Zweck, die Bestimmung des Betroffenen auszuschließen oder wesentlich zu erschweren.

In der Praxis erfolgt die Pseudonymisierung häufig in der Weise, dass die die Person identifizierenden Teile eines Datenbestandes durch Kennzeichen (Pseudonyme) ersetzt werden, die keinen Rückschluss auf die betreffende Person zulassen, dabei jedoch eine Verknüpfung aller Daten ermöglichen, die zu dieser Person gespeichert sind. Diese Kennzeichen werden in der Regel von der Daten verarbeitenden Stelle vergeben.

Vergabe von Pseudonymen

Eine Pseudonymisierung erfolgt z.B. durch die Vergabe von Personalnummern, Kundennummern etc. in Verbindung mit einer Abschottung der einzelnen Datenverarbeitungsbereiche.

Beispiel: Die Finanzämter liefern dem Statistischen Landesamt Datensätze für die Steuerstatistiken. Damit auch berichtigte Steuerveranlagungen berücksichtigt werden können, dient die Steuernummer als Pseudonym. Im Falle einer Berichtigung wird der gespeicherte Datensatz durch den aktuellen Datensatz mit der gleichen Steuernummer ersetzt. Entdeckt andererseits das Statistische Landesamt Fehler in einem Datensatz, kann es unter Nennung der Steuernummer eine Überprüfung durch das Finanzamt veranlassen, ohne die Identität des Steuerpflichtigen zu kennen. Für die Finanzämter, die über die Zuordnungsfunktion (Namen zu Steuernummer) verfügen, handelt es sich um personenbezogene Daten. Für das Statistische Landesamt ist dies nicht der Fall.

Verhältnismäßigkeit

Eine Anonymisierung bzw. Pseudonymisierung hat nach dem Gesetzeswortlaut generell nur dann zu erfolgen, wenn der Aufwand in einem angemessenen Verhältnis zu dem Schutzzweck steht. Dadurch wird die Daten verarbeitende Stelle insbesondere davor geschützt, eine mit unverhältnismäßig hohen Kosten oder hohem technischen oder personellen Aufwand verbundene Anonymisierung oder Pseudonymisierung durchführen zu müssen.

6. Transparenz

Einen weiteren datenschutzrechtlichen Grundsatz stellt das Transparenzgebot dar. Dieses Transparenzgebot liegt verschiedenen, im BDSG verankerten Pflichten der verantwortlichen Stelle zugrunde; und zwar sowohl Verpflichtungen gegenüber den Betroffenen, als auch organisatorischen Verpflichtungen der verantwortlichen Stelle.

Transparenz

6.1. Transparenzpflichten gegenüber den Betroffenen

So hat das aufgrund der EG-Datenschutzrichtlinie novellierte BDSG etwa den Grundsatz der Direkterhebung der Daten beim Betroffenen besonders betont und sieht hierzu bestimmte Unterrichtungs-, Hinweis- und Aufklärungspflichten bei der Datenerhebung vor. Der Betroffene soll dadurch in die Lage versetzt werden, darüber entscheiden zu können, ob er die Daten gegenüber der erhebenden Stelle bekannt geben will oder nicht. Auch zur Wahrnehmung der Rechte auf Auskunft über sowie gegebenenfalls Berichtigung, Sperrung und Löschung der gespeicherten Daten muss der Betroffene genaue Kenntnis über den Umfang der Datenspeicherung und -verarbeitung besitzen.

Unterrichtungs-, Hinweis- und Auskunftspflichten

6.1.1. Allgemeine Informations- und Benachrichtigungspflichten

Als Ausfluss dieses Transparenzgebots verpflichten sowohl das BDSG als auch einige bereichsspezifische Datenschutzgesetze öffentliche und nicht-öffentliche verantwortliche Stelle deshalb dazu, die Betroffenen umfassend über die Verarbeitung ihrer Daten zu informieren, wie es z.B. in § 4 Abs. 3 oder auch § 19 a BDSG zum Ausdruck kommt:

Information des Betroffenen

Zulässigkeit der Datenerhebung, -verarbeitung und -nutzung   § 4 Abs. 3 BDSG

Werden personenbezogene Daten beim Betroffenen erhoben, so ist er, sofern er nicht bereits auf andere Weise Kenntnis erlangt hat, von der verantwortlichen Stelle über

1. die Identität der verantwortlichen Stelle,
2. die Zweckbestimmung der Erhebung, Verarbeitung oder Nutzung und
3. die Kategorien von Empfängern nur, soweit der Betroffene nach den Umständen des Einzelfalls nicht mit einer Übermittlung an diese rechnen muss,

zu unterrichten.

Werden personenbezogene Daten beim Betroffenen aufgrund einer Rechtsvorschrift erhoben, die zur Auskunft verpflichtet, oder ist die Erteilung der Auskunft Voraussetzung für die Gewährung von Rechtsvorteilen, so ist der Betroffene hierauf, sonst auf die Freiwilligkeit seiner Angaben hinzuweisen. Soweit nach den Umständen des Einzelfalls erforderlich oder auf Verlangen, ist er über die Rechtsvorschrift und über die Folgen der Verweigerung von Angaben aufzuklären.

Beispiel: Eine Gefährdung des Transparenz-Gebots und der Erfüllung der Informations- und Auskunftsverpflichtung könnte unter anderem aus einer Speicherung verschlüsselter Informationen resultieren, für die weder das Datenverarbeitungssystem noch die verantwortliche Stelle eine Referenztabelle vorgibt.

§ 19 a BDSG

Benachrichtigung

(1) Werden Daten ohne Kenntnis des Betroffenen erhoben, so ist er von der Speicherung, der Identität der verantwortlichen Stelle sowie über die Zweckbestimmungen der Erhebung, Verarbeitung oder Nutzung zu unterrichten. Der Betroffene ist auch über die Empfänger oder Kategorien von Empfängern von Daten zu unterrichten, soweit er nicht mit der Übermittlung an diese rechnen muss. Sofern eine Übermittlung vorgesehen ist, hat die Unterrichtung spätestens bei der ersten Übermittlung zu erfolgen.

(2) Eine Pflicht zur Benachrichtigung besteht nicht, wenn

1. der Betroffene auf andere Weise Kenntnis von der Speicherung oder der Übermittlung erlangt hat,
2. die Unterrichtung des Betroffenen einen unverhältnismäßigen Aufwand erfordert oder
3. die Speicherung oder Übermittlung der personenbezogenen Daten durch Gesetze ausdrücklich vorgesehen ist.

Die verantwortliche Stelle legt schriftlich fest, unter welchen Voraussetzungen von einer Benachrichtigung nach Nummer 2 oder 3 abgesehen werden kann.

(3) § 19 Abs. 2 bis 4 gilt entsprechend.

Identität und Verarbeitungszweck

Hinsichtlich der Identität der verantwortlichen Stelle sind der Name und die Anschrift anzugeben. Der Hinweis auf den Zweck der Erhebung soll den Betroffenen darüber unterrichten, wozu die Daten benötigt werden, soweit die Zweckbestimmung nicht ohnehin offensichtlich ist. Dabei sind generell sämtliche Verarbeitungszwecke anzugeben.

Beispiel: sollen die im Rahmen eines Vertragsverhältnisses mit dem Betroffenen erhobenen und verarbeiteten Daten auch für Werbezwecke verwendet werden, ist der Betroffenen darüber ausdrücklich zu informieren.

Offenzulegen sind auch die Kategorien von Empfängern der Daten, also solche Dritte, die regelmäßig Daten erhalten. Empfänger, an die nur im Einzelfall Daten weitergegeben werden, sind nicht ausdrücklich zu benennen. Umstritten ist, ob die Betroffenen auch über Datenweitergaben im Rahmen von Auftragsdatenverarbeitungen zu informieren sind. Grundsätzlich dürfte es insoweit ausreichend sein, den Betroffenen darüber zu unterrichten, dass für bestimmte Datenverarbeitungen Dienstleistungsunternehmen eingeschaltet werden. Die konkrete Benennung des IT-Dienstleisters und der von ihm im Einzelnen vorgenommenen Datenverarbeitungsprozesse ist nicht erforderlich.

Kategorien von Datenempfängern

Die Unterrichtungspflicht entfällt, wenn die betroffene Person von der Information, die sie erhalten soll, bereits auf andere Weise Kenntnis erlangt hat. Die verantwortliche Stelle muss dies, wenn sie sich hierauf berufen will, allerdings nachweisen können. Nur hinsichtlich der Empfänger der Daten genügt es, dass der Betroffene nach den Umständen des Einzelfalles hiermit rechnen musste. Hierzu genügt es nicht, dass die Datenübermittlung (beispielsweise eine Bonitätsanfrage bei einer Auskunftei) oder sonstige Datenweitergabe »branchenüblich« ist; erforderlich ist auch, dass dies den Betroffenen bekannt ist. Es empfiehlt sich daher, den Betroffenen im Zweifelsfall zu unterrichten.

anderweitige Kenntnis des Betroffenen

Branchenüblichkeit

Vorstehend genannte Pflichten treffen die verantwortliche Stelle nicht nur bei einwilligungspflichtigen Datenerhebungen, sondern auch dort, wo die Datenerhebung aufgrund gesetzlicher Erlaubnis geschieht. Bei jeder Datenerhebung müssen die Betroffenen deshalb grundsätzlich entsprechend informiert werden. Insbesondere bei Internet-Angeboten ist die Praxis deshalb dazu übergegangen, sämtliche erforderlichen Informationen über die Erhebung und Verarbeitung der Daten in einer Datenschutzerklärung (»Privacy Policy«) zusammenzufassen und auf der Internet-Seite zu veröffentlichen.

Privacy Policy

6.1.2. Besondere Informations- und Benachrichtigungspflichten

Ergänzende Hinweispflichten können bei besonderen Datenerhebungen bestehen. So ist etwa bei einer Videoüberwachung an öffentlichen Plätzen vorgesehen, dass der Umstand der Beobachtung und die verantwortliche Stelle den Passanten gegenüber transparent gemacht wird:

Videoüberwachung

§ 6 b Abs. 2 BDSG	**Beobachtung öffentlich zugänglicher Räume mit optisch-elektronischen Einrichtungen**
	Der Umstand der Beobachtung und die verantwortliche Stelle sind durch geeignete Maßnahmen erkennbar zu machen.
Chipkarten	Die Information kann z.B. durch deutlich sichtbare Hinweisschilder am Ort der Aufzeichnung erfolgen.

Mit der Novelle im Jahre 2001 in das BDSG aufgenommen wurde auch die Regelung in § 6 c BDSG über besondere Transparenzpflichten beim Einsatz von Chipkarten, die in der Gesetzesterminologie als »mobile Speicher- und Verarbeitungsmedien« bezeichnet werden:

§ 6 c BDSG	**Mobile personenbezogene Speicher- und Verarbeitungsmedien**

(1) Die Stelle, die ein mobiles personenbezogenes Speicher- und Verarbeitungsmedium ausgibt oder ein Verfahren zur automatisierten Verarbeitung personenbezogener Daten, da ganz oder teilweise auf einem solchen Medium abläuft, auf das Medium aufbringt, ändert oder hierzu bereithält, muss den Betroffenen

1. über ihre Identität und Anschrift,
2. in allgemein verständlicher Form über die Funktionsweise des Mediums einschließlich der Art der zu verarbeitenden personenbezogenen Daten,
3. darüber, wie er seine Rechte nach den §§ 19, 20, 34 und 35 ausüben kann, und
4. über die bei Verlust oder Zerstörung des Mediums zu treffenden Maßnahmen

unterrichten, soweit der Betroffene nicht bereits Kenntnis erlangt hat.

(2) Die nach Absatz 1 verpflichtete Stelle hat dafür Sorge zu tragen, dass die zur Wahrnehmung des Auskunftsrechts erforderlichen Geräte oder Einrichtungen in angemessenem Umfang zum unentgeltlichen Gebrauch zur Verfügung stehen.

(3) Kommunikationsvorgänge, die auf dem Medium eine Datenverarbeitung auslösen, müssen für den Betroffenen eindeutig erkennbar sein.

Die Regelung zu mobilen (personenbezogenen) Speicher- und Verarbeitungsmedien beschränkt sich darauf, den ausgebenden Stellen und den Stellen, die auf das Medium Datenverarbeitungsverfahren aufbringen, besondere Informationspflichten aufzuerlegen. Die Zulässigkeit der entsprechenden Datenverarbeitungen bestimmt sich also nach den allgemeinen Vorschriften (also insbesondere § 28 BDSG).

Eine Definition des Begriffs »mobile personenbezogene Speicher- und Verarbeitungsmedien ist in § 3 Abs. 10 BDSG enthalten:

Definition: Chipkarten

Weitere Begriffsbestimmungen

§ 3 Abs. 10 BDSG

Mobile personenbezogene Speicher- und Verarbeitungsmedien sind Datenträger,
1. die an den Betroffenen ausgegeben werden,
2. auf denen personenbezogene Daten über die Speicherung hinaus durch die ausgebende oder eine andere Stelle automatisiert verarbeitet werden können und
3. bei denen der Betroffene diese Verarbeitung nur durch den Gebrauch des Mediums beeinflussen kann.

Die vorstehend genannten drei Merkmale, die Datenträger zu mobilen, personenbezogenen Speicher- und Verarbeitungsmedien macht, müssen kumulativ vorliegen.

Erfasst werden ausschließlich Medien, auf denen personenbezogene Daten über die reine Speicherung hinaus verarbeitet werden können, die also mit einem Prozessorchip ausgestattet sind. Reine Speichermedien wie CDs oder Magnetkarten werden nicht erfasst.

Darüber hinaus kommt es maßgeblich darauf an, dass der Betroffene die Verarbeitung der Daten selbst nicht steuern kann. Eine derartige Einflussnahme auf die Datenverarbeitung ergibt sich nicht schon daraus, dass er über den Gebrauch des Mediums insgesamt – z.B. durch eingeben der Chipkarte in ein Lesegerät – entscheiden kann.

Beispiel: Um mobile, personenbezogene Speicher- und Verarbeitungsmedien handelt es sich z.B. bei EC-Karten mit Geldkartenfunktion. Dagegen unterfallen z.B. tragbare Personalcomputer / Notebooks und Mobiltelefone nicht der Regelung des § 6 c BDSG, da der Nutzer bei diesen Geräten vielfältige Möglichkeiten zur Steuerung der Datenverarbeitung besitzt.

Die in § 6 c Abs. 1 BDSG verankerte Informationspflicht geht über die in § 4 Abs. 3 BDSG normierte Informationsverpflichtung insbesondere dadurch hinaus, dass der Betroffene beim Einsatz von Chipkarten nicht nur über die verantwortliche Stelle und die Art der verarbeiteten Daten, sondern auch über die Funktionsweise des Mediums und die Ausübung seiner Rechte aus Auskunft, Berichtigung, Löschung etc. der Daten unter Berücksichtigung der Besonderheiten des Mediums zu informieren ist.

Information über Funktionsweise und Rechteausübung

Die Unterrichtung über die Funktionsweise hat in allgemein verständlicher Form zu erfolgen. Es sollten also keine detaillierten technischen

Beschreibungen erfolgen, sondern für den technischen Laien verständliche, prägnante Informationen gegeben werden.

Die Unterrichtung darüber, wie die Betroffenen ihre Rechte auf Auskunft, Berichtigung, Löschung und Sperrung geltend machen können, soll sich insbesondere auf die Standorte und Funktionen der Geräte und Einrichtungen im Sinne von Absatz 2 beziehen.

anderweitige Kenntnis

Die in § 6 c Abs. 1 BDSG normierten Informationspflichten bestehen nicht, wenn und soweit der Betroffene bereits auf andere Weise Kenntnis über die entsprechenden Sachverhalte erlangt hat. Regelmäßig entbehrlich dürfte deshalb eine Unterrichtung über die Identität und die Anschrift gemäß Abs. 1 Nr. 1 sein, wenn Chipkarten von Unternehmen, die dem Betroffenen bekannt sind (etwa weil er Kunde dieses Unternehmens ist), herausgegeben werden. Im Übrigen erfolgen die nach Absatz 1 erforderlichen Informationen üblicher Weise durch die Aushändigung von Broschüren, Merkblättern etc. im Zusammenhang mit der Ausgabe der Chipkarte.

Während § 6 c Abs. 1 BDSG zur einmaligen Information der Betroffenen über die Einzelheiten der Datenverarbeitung mittels der Chipkarte verpflichtet, normiert Absatz 3 eine einzelfallbezogene Informationspflicht, wenn Kommunikationsvorgänge auf dem Medium eine Datenverarbeitung auslösen. Die Art und Weise der Information schreibt die Regelung nicht vor. Sie hat sich an dem Zweck auszurichten, dass Datenverarbeitungen nicht von dem Betroffenen unbemerkt, z.B. durch Passieren eines Lesegerätes, erfolgen.

6.2. Organisatorische Transparenzpflichten

Daneben bestehen organisatorische Pflichten der verantwortlichen Stelle, die sich aus dem Transparenzgrundsatz herleiten lassen.

Zur Herstellung von Transparenz und zur Kontrollierbarkeit der Datenverarbeitung ist für jedes von einer Daten verarbeitenden Stelle betriebene automatisierte Verfahren ein so genanntes Verfahrensverzeichnis aufzustellen, dem betrieblichen Datenschutzbeauftragen zu übergeben und von ihm gegebenenfalls zu veröffentlichen, wie es § 4 g Abs. 2 BDSG festschreibt:

§ 4 g Abs. 2 BDSG **Aufgaben des Beauftragten für den Datenschutz**

Dem Beauftragten für den Datenschutz ist von der verantwortlichen Stelle eine Übersicht über die in § 4 e Satz 1 genannten Angaben sowie über zugriffsberechtigte Personen zur Verfügung zu stellen. Im Fall des

§ 4 d Abs. 2 macht der Beauftragte für den Datenschutz die Angaben nach § 4 e Satz 1 Nr. 1 bis 8 auf Antrag jedermann in geeigneter Weise verfügbar. Im Fall des § 4 d Abs. 3 gilt Satz 2 entsprechend für die verantwortliche Stelle.

Das Verfahrensverzeichnis muss folgende Informationen beinhalten:

- Name oder Firma der verantwortlichen Stelle (Nr. 1);
- Inhaber, Vorstände, Geschäftsführer oder sonstige gesetzliche oder nach der Verfassung des Unternehmens berufene Leiter und die mit der Leitung der Datenverarbeitung beauftragten Personen (Nr. 2);
- Anschrift der verantwortlichen Stelle (Nr. 3);
- Zweckbestimmungen der Datenerhebung, -verarbeitung oder -nutzung (Nr. 4);
- Eine Beschreibung der betroffenen Personengruppen und der diesbezüglichen Daten oder Datenkategorien (Nr. 5);
- Empfänger oder Kategorien von Empfängern, denen die Daten mitgeteilt werden können (Nr. 6);
- Regelfristen für die Löschung der Daten (Nr. 7);
- Eine geplante Datenübermittlung in Drittstaaten (Nr. 8);
- Eine allgemeine Beschreibung, die es ermöglicht, vorläufig zu beurteilen, ob die technischen und organisatorischen Maßnahmen nach § 9 BDSG zur Gewährleistung der Sicherheit der Datenverarbeitung ausreichend sind (Nr. 9).

Erstellung eines Verfahrensverzeichnisses

Sämtliche vorstehend aufgezählten Informationen benötigt der Datenschutzbeauftragte, um sie auf Antrag jedem Betroffenen zugänglich machen zu können und auf diese Weise die Publizität / Transparenz der Verarbeitung personenbezogener Daten sicherzustellen.

Übergabe an den Datenschutzbeauftragten

7. Wiederholungsfragen

1. Nennen Sie einige Grundprinzipien des deutschen Datenschutzrechts! Lösung S. 44
2. Was besagt das Datenverarbeitungsverbot mit Erlaubnisvorbehalt? Lösung S. 45
3. Welche Rechtsvorschriften können als Erlaubnistatbestand für Datenverarbeitungen dienen? Lösung S. 46 f.
4. Was besagt das Direkterhebungsgebot? Lösung S. 48
5. Was besagt der Zweckbindungsgrundsatz? Lösung S. 50
6. Unter welchen Voraussetzungen sind Ausnahmen von der Zweckbindung der Datenverarbeitung möglich? Lösung S. 54
7. Was besagt der Grundsatz der Erforderlichkeit? Lösung S. 57 f.
8. Was besagt der Grundsatz der Datenvermeidung und Datensparsamkeit? Lösung S. 58
9. Was ist Inhalt des Transparenzgebots? Lösung S. 61 ff.

Zulässigkeit der Verarbeitung personenbezogener Daten

1.	**Gesetzliche Erlaubnisnormen**	**72**
1.1.	Bundesdatenschutzgesetz	72
1.2.	Spezialgesetzliche Regelungen	73
1.3.	Betriebsvereinbarungen	73
1.4.	Zulässigkeit bestimmter Verarbeitungszwecke	74
1.4.1.	Datenverarbeitung im Rahmen von Verträgen	75
1.4.2.	Datenverarbeitung aufgrund Interessenabwägung	77
1.4.3.	Verarbeitung allgemein zugänglicher Daten	82
1.4.4.	Werbung, Markt- und Meinungsforschung	86
1.4.5.	Adresshandel und Auskunfteien	88
1.4.6.	Datenschutzkontrolle und Datensicherung	92
2.	**Sonderfälle**	**95**
2.1.	Auftragsdatenverarbeitung	95
2.1.1.	Vorliegen einer Auftragsdatenverarbeitung	97
2.1.2.	Abgrenzung zur Funktionsübertragung	98
2.1.3.	Pflichten im Auftragsverhältnis	99
2.2.	Internationaler Datentransfer	101
2.2.1.	Datentransfers innerhalb der EU / des EWR	101
2.2.2.	Datentransfers außerhalb der EU / des EWR	102
2.3.	Besondere Arten personenbezogener Daten	109
2.4.	Automatisierte Einzelentscheidungen	112
2.4.1.	Tatbestandsvoraussetzungen	112
2.4.2.	Zulässigkeit automatisierter Einzelentscheidungen	114
2.4.3.	Scoring-Verfahren	114
2.5.	Videoüberwachung	115
2.5.1.	Bestimmung des Anwendungsbereichs	116
2.5.2.	Zulässigkeit von Videoüberwachungen	118
2.5.3.	Informationspflichten	119
2.5.4.	Zweckbindung	120
2.5.5.	Löschung der aufgezeichneten Daten	120

2.6.	Automatisierte Abrufverfahren	120
2.6.1.	Bestimmung des Anwendungsbereichs	122
2.6.2.	Zulässigkeit des automatisierten Abrufverfahrens	122
2.6.3.	Maßnahmen zur Abrufkontrolle	123
2.6.4.	Unterrichtungs- und Genehmigungspflichten	124
2.7.	Datenverarbeitung zu Forschungszwecken	124
2.7.1.	Bestimmung des Anwendungsbereichs	125
2.7.2.	Zweckbindung von Forschungsdaten	126
2.7.3.	Datenvermeidung und Datensparsamkeit	126
2.7.4.	Veröffentlichung von Daten	126
2.8.	Datenverarbeitung durch die Medien	127
3.	**Einwilligungserklärung**	**129**
3.1.	Inhaltliche Anforderungen an eine wirksame Einwilligung	129
3.1.1.	Rechtscharakter der Einwilligungserklärung	130
3.1.2.	Freiwilligkeit der Einwilligung	130
3.1.3.	Informierte Einwilligung	131
3.2.	Formale Anforderungen an eine wirksame Einwilligung	132
3.2.1.	Zeitpunkt der Einwilligung	132
3.2.2.	Schriftlichkeitserfordernis	132
3.2.3.	Optische Hervorhebung	133
4.	**Wiederholungsfragen**	**135**

Die Zulässigkeit der Erhebung, Verarbeitung und Nutzung personenbezogener Daten kann sich gemäß dem in § 4 Abs. 1 BDSG verankerten Datenverarbeitungsverbot mit Erlaubnisvorbehalt nur aus einer gesetzlichen Erlaubnisvorschrift oder einer Einwilligung des Betroffenen ergeben:

Zulässigkeit der Datenerhebung, -verarbeitung und -nutzung

Zulässigkeit der Datenerhebung, -erarbeitung und -nutzung

§ 4 Abs. 1 BDSG

Die Erhebung, Verarbeitung und Nutzung personenbezogener Daten ist nur zulässig, soweit dieses Gesetz oder eine andere Rechtsvorschrift dies erlaubt oder anordnet oder der Betroffene eingewilligt hat.

Dabei sehen die gesetzlichen Erlaubnisvorschriften für bestimmte Datenverarbeitungen zum Teil Einschränkungen und zum Teil Privilegierungen vor, die an späterer Stelle in diesem Kapitel im Einzelnen erläutert werden. Im Überblick lässt sich die Zulässigkeit der Erhebung, Verarbeitung und Nutzung personenbezogener Daten wie folgt systematisieren:

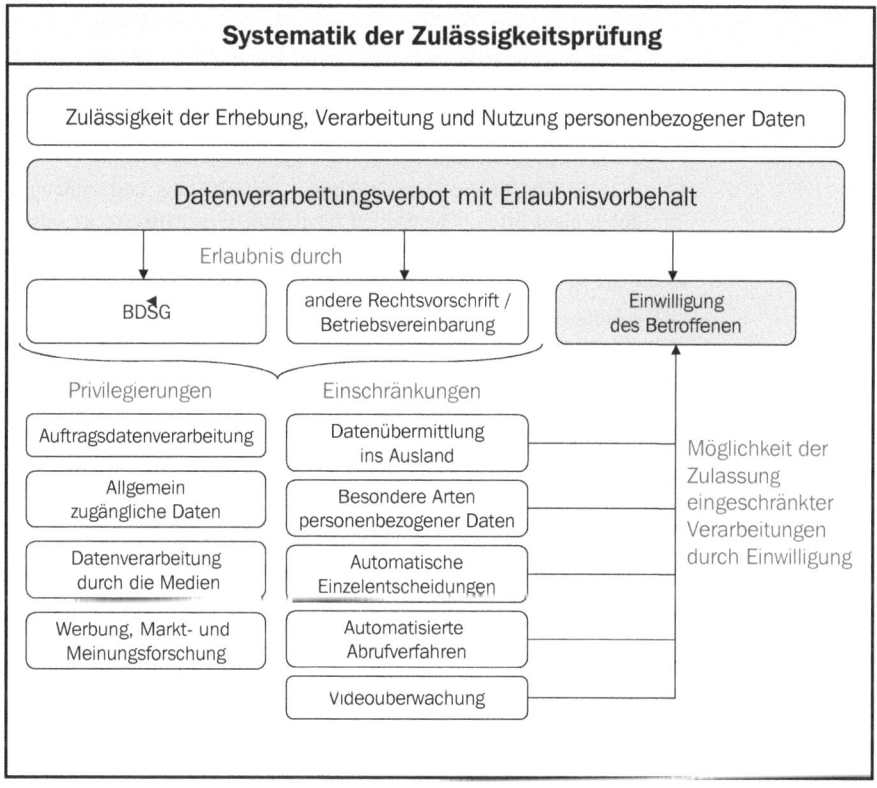

1. Gesetzliche Erlaubnisnormen

gesetzliche Erlaubnisnormen

Als gesetzliche Erlaubnisvorschriften im Sinne von § 4 Abs. 1 BDSG kommen solche des BDSG und solche aus anderen Gesetzen in Betracht. Daneben zählen zu den sonstigen Vorschriften gemäß § 4 Abs. 1 BDSG auch Regelungen in Betriebs- oder Dienstvereinbarungen.

1.1. Bundesdatenschutzgesetz

Erlaubnisvorschriften des BDSG

Das Bundesdatenschutzgesetz enthält Erlaubnisvorschriften sowohl im zweiten Abschnitt des Gesetzes (für den öffentlichen Sektor) und im dritten Abschnitt des Gesetzes (für die Privatwirtschaft). Im Überblick sind insbesondere die folgenden Erlaubnistatbestände in der Praxis relevant:

Erlaubnisvorschriften für öffentliche Stellen

- § 13 BDSG für die Datenerhebung durch öffentliche Stellen;
- § 14 BDSG für die Datenverarbeitung und -nutzung durch öffentliche Stellen;
- §§ 15 und 16 BDSG für die Datenübermittlung durch öffentliche Stellen;

Erlaubnisvorschriften für nicht öffentliche Stellen

- § 28 BDSG für die Datenerhebung, -verarbeitung und -nutzung durch nicht-öffentliche Stellen für eigene Geschäftszwecke;
- § 29 BDSG für die Datenerhebung, -verarbeitung und -nutzung durch nicht-öffentliche Stellen für fremde Geschäftszwecke (also zum Zwecke der Übermittlung);
- § 40 BDSG für die Datenverarbeitung und -nutzung durch Forschungseinrichtungen und
- § 41 BDSG für die Datenerhebung, -verarbeitung und -nutzung durch die Medien.

Den Erlaubnisvorschriften des BDSG für Datenerhebung, -verarbeitung und -nutzung durch nicht-öffentliche Stellen in §§ 28 und 29 BDSG liegt die generelle Unterscheidung zwischen Datenverarbeitungen für eigene Zwecke (§ 28 BDSG) und für fremde Zwecke (§ 29 BDSG) zugrunde.

Datenverarbeitung für eigene Zwecke

Datenverarbeitung für eigene Zwecke im Sinne von § 28 BDSG erfasst sämtliche Datenverarbeitungen, die als Hilfsmittel zur Erfüllung anderer Zwecke, die die Daten verarbeitende Stelle erreichen möchte, dienen, also z.B. zur Abwicklung von Verträgen zwischen der Daten verarbeitenden Stelle und dem Betroffenen, zur Betreuung von Kunden etc. Die Datenverarbeitung dient hier also als Mittel zum Zweck, bildet aber nicht selbst einen eigenständigen Geschäftszweck.

Im Gegensatz dazu regelt § 29 BDSG das geschäftsmäßige Erheben und Verarbeiten personenbezogener Daten, bei der die Datenverarbeitung Selbstzweck ist. Eine solche geschäftsmäßige Datenverarbeitung betreiben insbesondere Handels- und Wirtschaftsauskunfteien, Informationsdienste, Unternehmen, die im Adresshandel tätig sind, etc.

fremdnützige Datenverarbeitung

1.2. Spezialgesetzliche Regelungen

Spezialgesetzliche Regelungen, die eine Verarbeitung personenbezogener Daten gestatten, finden sich in zahlreichen Fachgesetzen. Eine die Datenverarbeitung rechtfertigende Wirkung geht insoweit von allen Rechtsvorschriften aus, die in fach- und bereichsspezifischer Weise auf personenbezogene Daten einschließlich deren Veröffentlichung anzuwenden sind; insbesondere auch dem BDSG nachrangige Vorschriften wie landes- und kommunalrechtliche Vorschriften. Da diese Vorschriften aufgrund ihrer Vielzahl hier nicht sämtlich aufgeführt werden können, seien die folgenden, praxisrelevanten Regelungen exemplarisch genannt:

spezialgesetzliche Erlaubnisvorschriften

- § 95 TKG für die Erhebung und Verwendung von Bestandsdaten durch Anbieter von Telekommunikationsdiensten;
- § 96 TKG für die Erhebung und Verwendung von Verkehrsdaten durch Anbieter von Telekommunikationsdiensten;
- § 98 TKG für die Verarbeitung von Standortdaten durch Anbieter von Telekommunikationsdiensten;
- § 5 TDDSG für die Erhebung, Verarbeitung und Nutzung von Bestandsdaten durch Telediensteanbieter;
- § 6 TDDSG für die Erhebung, Verarbeitung und Nutzung von Nutzungsdaten durch Telediensteanbieter;
- § 9 IHKG über die Datenverarbeitung durch die IHKs;
- § 14 SigG für die Datenverarbeitung durch Zertifizierungsdiensteanbieter.

1.3. Betriebsvereinbarungen

Gemäß § 4 Abs. 1 BDSG ist die Erhebung, Verarbeitung und Nutzung personenbezogener Daten nur zulässig, soweit das BDSG oder eine andere Rechtsvorschrift dies erlaubt oder eine Einwilligung des Betroffenen vorliegt.

Betriebsvereinbarungen

In Rechtsprechung und Literatur besteht insoweit die einhellige Auffassung, dass eine »andere Rechtsvorschrift« im Sinne von § 4 Abs. 1 BDSG auch die normativen Bestimmungen einer Betriebs- oder Dienstvereinbarung sein können. Dabei können solche Betriebs- und

Inhalt von Betriebsvereinbarungen zum Datenschutz

Dienstvereinbarungen den Datenschutz von Arbeitnehmern nach der Rechtsprechung des Bundesarbeitsgerichts (BAG) auch abweichend von den gesetzlichen Datenschutzvorschriften regeln und das danach gewährte Datenschutzniveau auch unterschreiten. Sie müssen allerdings die grundgesetzlichen Wertungen, zwingendes Gesetzesrecht und die allgemeinen Grundsätze des Arbeitsrechts beachten, so dass sie im Ergebnis eine ausgewogene Regelung enthalten müssen.

Solche Betriebsvereinbarungen mit datenschutzrechtlichem Bezug werden üblicherweise im Hinblick auf die Telefon-, Internet- und E-Mail-Nutzung durch Arbeitnehmer und den Einsatz technischer Verfahren, die zur Leistungskontrolle der Arbeitnehmer eingesetzt werden können.

Beispiel: Nach einer Entscheidung des BAG im Hinblick auf die Datenschutzkonformität einer Aufzeichnung von Telefondaten durch den Arbeitgeber hält sich die Regelung der Erfassung von Telefondaten im Rahmen der Regelungsautonomie der Betriebspartner für eine Betriebsvereinbarung. Sie berücksichtige die Grundsätze für den Persönlichkeitsschutz des Arbeitnehmers im Arbeitsverhältnis und die grundgesetzliche Wertentscheidung für einen freien und unbehinderten Fernsprechverkehr. Rechtsvorschriften, die eine solche Telefondatenerfassung verbieten, bestünden nicht. Eine Telefondatenerfassung kann daher den Arbeitnehmern gegenüber datenschutzrechtlich durch eine Betriebsvereinbarung legalisiert werden.

1.4. Zulässigkeit bestimmter Verarbeitungszwecke

Erlaubnisvorschriften für bestimmte Verarbeitungszwecke

Im Folgenden sollen Erlaubnisvorschriften für bestimmte Verarbeitungszwecke, die besonders praxisrelevant sind, detailliert erläutert werden. Besonders relevant sind dabei die in §§ 28 und 29 BDSG enthaltenen Erlaubnisvorschriften.

§ 28 Abs. 1 BDSG normiert dabei folgende drei Zulässigkeitsalternativen für die Erhebung, Verarbeitung und Nutzung personenbezogener Daten für eigen Zwecke:

Datenverarbeitung zu vertraglichen Zwecken

- Die Datenverarbeitung dient der Zweckbestimmung eines Vertragsverhältnisses oder eines vertragsähnlichen Vertrauensverhältnisses (Nr. 1);

Datenverarbeitung aufgrund Interessenabwägung

- Die Datenverarbeitung ist zur Wahrung berechtigter Interessen der verantwortlichen Stelle erforderlich und es besteht kein Grund zu der Annahme, dass das schutzwürdige Interesse der Betroffenen an dem Ausschluss der Verarbeitung oder Nutzung überwiegt (Nr. 2) oder

- Die Daten sind allgemein zugänglich oder die Daten verarbeitende Stelle dürfte die Daten veröffentlichen, es sei denn, dass das schutzwürdige Interesse des Betroffenen an dem Ausschluss der Verarbeitung oder Nutzung gegenüber dem berechtigten Interesse der verantwortlichen Stelle offensichtlich überwiegt (Nr. 3).

Verarbeitung allgemein zugänglicher Daten

Nach herrschender Meinung stehen die vorgenannten Zulässigkeitstatbestände grundsätzlich selbständig nebeneinander, so dass eine Datenverarbeitung z.B. auch dann auf die zweite oder dritte Zulässigkeitsalternative gestützt werden kann, wenn zwar ein Vertragsverhältnis zwischen dem Betroffenen und der verantwortlichen Stelle besteht, die Zulässigkeitsvoraussetzungen der ersten Alternative aber nicht erfüllt sind. In diesem Fall sind die zweite und dritte Zulässigkeitsalternative jedoch eng auszulegen. Dies gilt insbesondere bei Arbeitsverträgen.

Eigenständigkeit der Erlaubnistatbestände

1.4.1. Datenverarbeitung im Rahmen von Verträgen

Eine für die Rechtfertigung von Datenverarbeitungsvorgängen in der Privatwirtschaft sehr häufig herangezogene Erlaubnisvorschrift findet sich in § 28 Abs. 1 Nr. 1 BDSG, die die Erhebung, Verarbeitung und Nutzung von Daten im Rahmen von Verträgen regelt:

Datenverarbeitung im Rahmen von Verträgen

Datenerhebung, -verarbeitung und -nutzung für eigene Zwecke

(1) Das Erheben, Speichern, Verändern oder Übermitteln personenbezogener Daten oder ihre Nutzung als Mittel für die Erfüllung eigener Geschäftszwecke ist zulässig,

1. wenn es der Zweckbestimmung eines Vertragsverhältnisses oder vertragsähnlichen Vertrauensverhältnisses mit dem Betroffenen dient,

Bei der Erhebung personenbezogener Daten sind die Zwecke, für die die Daten verarbeitet oder genutzt werden sollen, konkret festzulegen.

§ 28 Abs. 1 Nr. 1 BDSG

Besteht ein Vertragsverhältnis (oder ein vertragsähnliches Vertrauensverhältnis) zwischen der verantwortlichen Stelle und dem Betroffenen, so bestimmt sich nach dem jeweiligen Vertragszweck, welche personenbezogenen Daten insoweit erhoben, verarbeitet und genutzt werden dürfen. Welche Daten im Einzelfall der jeweiligen Zweckbestimmung »dienen« sagt das Gesetz selbst nicht. In der juristischen Literatur existieren unterschiedliche Auffassungen bezüglich der Voraussetzungen, die dieses Merkmal beinhaltet. Die wohl herrschende Meinung setzt für eine rechtmäßige Datenverarbeitung voraus, dass die Daten zur Erfül-

Bestehen eines Vertragsverhältnisses

lung der Pflichten oder zur Wahrnehmung der Rechte aus dem jeweiligen Vertrag gespeichert und verarbeitet werden müssen.

Zweckbestimmung des Vertragsverhältnisses

In den Rahmen der Zweckbestimmung eines Vertragsverhältnisses fallen nur Verarbeitungs- und Nutzungsvorgänge, die in einem unmittelbaren inneren Zusammenhang mit dem Vertragsverhältnis stehen, z.B. weil sie der Erfüllung der Pflichten aus dem konkreten Vertragsverhältnis dienen.

Data Warehouses und Data Mining

Beispiel: Die Verarbeitung von Kundendaten in Data Warehouses oder Data Mining-Anwendungen kann über die nach § 28 Abs. 1 Nr. 1 BDSG zugelassene Nutzung der Daten hinausgehen. Denn datenschutzrechtlich ist dem Unternehmen nach § 28 Abs. 1 S. 1 Nr. 1 BDSG die Nutzung der Vertragsdaten seiner Kunden und Mitarbeiter grundsätzlich nur gestattet, wenn und soweit es der Zweckbestimmung des Vertragsverhältnisses dient. Die Verarbeitung der Daten in Datawarehouses z.B. zur Klassifikation bestimmter Kundentypen und deren Nutzung zu darauf aufbauenden Werbemaßnahmen ist von der Zweckbestimmung des Vertragsverhältnisses hingegen nicht mehr umfasst. Für die Legitimation des Data Warehouse- und Data-Mining-Einsatzes kommen dann nur die Abwägungsklausel des § 28 Abs. 1 S. 1 Nr. 2 BDSG oder eine Einwilligung der Betroffenen in Betracht.

mittelbare Zweckbestimmung

Die Zweckbestimmung kann sich dabei sowohl unmittelbar als auch mittelbar aus dem jeweiligen Vertragsverhältnis ergeben. Es ist jedenfalls nicht erforderlich, dass jede Datenverarbeitung in dem Vertrag explizit genannt ist.

Beispiel: Soll einem Arbeitnehmer sein Gehalt nach den Regelungen im Arbeitsvertrag direkt auf ein Girokonto überwiesen werden, so ergibt sich die Zulässigkeit der Erhebung von Kontoinformationen und deren Weiterleitung an die die Überweisung ausführende Bank des Arbeitgebers unmittelbar aus der Zweckbestimmung des Arbeitsvertrages.

Zweckbestimmung bei bei Arbeitsverträgen

Bei Arbeitsverträgen ist neben der Zweckbestimmung des Arbeitsvertrages zusätzlich das Persönlichkeitsrecht des Arbeitnehmers zu berücksichtigen und im Rahmen einer Interessenabwägung bei der Frage nach der Zulässigkeit der Datenverarbeitung einzubeziehen. Im Hinblick auf die Zulässigkeit der Speicherung so genannter »Krankenläufe«, also einer Aufstellung über krankheitsbedingte Fehlzeiten eines Arbeitnehmers hat das BAG folgende Interessenabwägung durchgeführt:

»Der Zweck des Arbeitsverhältnisses ist der Austausch von Arbeitsleistung gegen Zahlung von Arbeitsentgelt. Von daher entspricht es einem berechtigten Interesse des Arbeitgebers, festzustellen, inwieweit dieses Austauschverhältnis durch Krankheits- und Fehlzeiten gestört ist.« Diesem Interesse kann und konnte zwar in der Vergangenheit auch dadurch genügt werden, dass solche Aussagen und Erkenntnisse auch ohne Einsatz technischer Hilfsmittel erarbeitet wurden, es ist aber auch ein berechtigtes Interesse des Arbeitgebers, sich diejenigen Kenntnisse, die er berechtigter Weise benötigt, in wirtschaftlich sinnvoller Weise schnell und kostengünstig zu verschaffen.«

Im Ergebnis hielt es das Gericht deshalb für zulässig, dass ein Arbeitgeber Informationen über Krankheits- und Fehlzeiten von Arbeitnehmern in einem elektronischen Datenverarbeitungssystem vorhält.

Neben der Speicherung und der internen Verwendung der gespeicherten Daten kann es die Zweckbestimmung eines Vertragsverhältnisses auch gestatten, personenbezogene Daten an einen Dritten zu übermitteln, etwa bei so genannten Streckengeschäften oder bei einem Forderungsübergang.

Datenübermittlungen zu Vertragszwecken

Streckengeschäfte und Forderungsübergang

Beispiel: Im Falle einer (zulässigen) Vertragsübernahme dürfen dem neuen Vertragspartner gemäß § 28 Abs. 1 Nr. 1 BDSG diejenigen Daten über das Rechtsverhältnis mitgeteilt werden, die für eine Fortführung des Vertragsverhältnisses erforderlich sind; also etwa sämtliche Informationen über offene Bestellungen, Zahlungsforderungen etc. Eine Übermittlung von Daten an einen Dritten darf auf Basis von § 28 Abs. 1 Nr. 1 BDSG auch erfolgen, soweit die Einschaltung des Empfängers der Daten vom Vertragszweck gedeckt ist; so darf ein Reisebüro etwa Daten über die Reisebuchung an die Fluggesellschaft, das gebuchte Hotel etc. weiterleiten.

Auch die Zweckbestimmung eines »vertragsähnlichen Vertrauensverhältnisses« kann eine Erhebung, Verarbeitung und Nutzung personenbezogener Daten rechtfertigen. Als ein solches vertragsähnliches Vertrauensverhältnis sind insbesondere vorvertragliche Schuldverhältnisse zu verstehen, die durch die Aufnahme von Vertragsverhandlungen zwischen den Parteien begründet werden. Kein vertragsähnliches Vertrauensverhältnis besteht bei reinen »Gefälligkeitsverhältnissen«, denen es an einer rechtsgeschäftlichen Bindung mangelt.

vertragsähnliche Vertrauensverhältnisse

1.4.2. Datenverarbeitung aufgrund Interessenabwägung

Große Bedeutung kommt in der Praxis außerdem dem Erlaubnistatbestand in § 28 Abs. 1 Nr. 2 BDSG zu, wonach das Erheben, Verarbeiten und Nutzen personenbezogener Daten als Mittel für die Erfüllung eigener Geschäftszwecke zulässig ist, soweit es zur Wahrung berechtigter Interessen der verantwortlichen Stelle erforderlich ist und kein Grund zu der Annahme besteht, dass das schutzwürdige Interesse des Betroffenen an dem Ausschluss der Verarbeitung oder Nutzung überwiegt:

§ 28 Abs. 1 Nr. 2 BDSG

Datenerhebung, -verarbeitung und -nutzung für eigene Zwecke

(1) Das Erheben, Speichern, Verändern oder Übermitteln personenbezogener Daten oder ihre Nutzung als Mittel für die Erfüllung eigener Geschäftszwecke ist zulässig,

2. soweit es zur Wahrung berechtigter Interessen der verantwortlichen Stelle erforderlich ist und kein Grund zu der Annahme besteht, dass das schutzwürdige Interesse des Betroffenen an dem Ausschluss der Verarbeitung oder Nutzung überwiegt, oder [...]

Bei der Erhebung personenbezogener Daten sind die Zwecke, für die die Daten verarbeitet oder genutzt werden sollen, konkret festzulegen.

INTERESSENABWÄGUNG

Berechtigtes Interesse der verantwortlichen Stelle

wirtschaftliches oder ideelles Interesse

Ein berechtigtes Interesse im Sinne von § 28 Abs. 1 Nr. 2 BDSG ist ein nach vernünftiger Erwägung durch die Sachlage gerechtfertigtes, also ein tatsächliches Interesse, welches auch rein wirtschaftlicher oder ideeller Natur sein kann. Eine Datenverarbeitung erfolgt demnach schon dann zur Wahrung berechtigter Interessen, wenn sie zur Erreichung der Geschäftszwecke der speichernden Stelle im weitesten Sinne erforderlich sind. Zu den wirtschaftlichen Interessen zählen insbesondere alle Aktivitäten, die zur Optimierung des satzungsmäßigen oder gesellschaftsvertraglichen Unternehmensgegenstandes dienen. Im Ergebnis wird deshalb die Zulässigkeit einer Datenverarbeitung kaum jemals am Vorliegen dieses Tatbestandsmerkmals scheitern.

Erforderlichkeit der Datenverarbeitung

Die Datenerhebung und -verarbeitung muss zur Wahrung der berechtigten Interessen auch erforderlich sein. Der Begriff der Erforderlichkeit bedeutet in diesem Zusammenhang nicht, dass die Datenverarbeitung zwingend notwendig sein muss. Ausreichend ist es, dass die Datenverarbeitung ein sinnvolles Mittel zur Wahrung der berechtigten Interessen darstellt. Davon ist in den meisten Fällen zwanglos auszugehen.

Überwiegendes schutzwürdiges Interesse des Betroffenen

Ergänzend hat eine Abwägung mit den schutzwürdigen Interessen des Betroffenen zu erfolgen. Was unter einem schutzwürdigen Interesse zu verstehen ist, sagt das Gesetz selbst nicht. Es handelt sich um einen wertbezogenen Begriff, der im Einzelfall zu konkretisieren ist. Nach Wortlaut und Zweck der Vorschrift ist davon allerdings nicht jedes denkbare schutzwürdige Interesse des Betroffenen abgedeckt. Gemäß der amtlichen Begründung zum BDSG soll mit diesem Begriff vielmehr der Bereich der Privatsphäre und des Persönlichkeitsrechts erfasst werden. Sinn dieser Regelung ist der Schutz der Privat-, Intim- und Vertraulichkeitssphäre des Betroffenen. Der BGH stellt für die Frage, ob schutzwürdige Interessen betroffen sind, maßgeblich auf Art, Inhalt und Aussagekraft der Daten ab. Insgesamt kommt es zur Beantwortung der Frage, ob die Betroffenen ein schutzwürdiges Interesse am Ausschluss der Erhebung und Speicherung personenbezogener Daten haben, somit entscheidend auf Art und Umfang der Informationen, die Möglichkeiten ihrer technischen Auswertung und deren Verwendungszweck an.

Art, Inhalt und Aussagekraft der Daten

Nach der Rechtsprechung bestehen insbesondere Einschränkungen bei der Verarbeitung und Übermittlung besonders sensibler, die Privat- und Intimsphäre betreffender Daten, wie z.B. Gesundheitsinformationen, Angaben zu persönlichen Vorlieben und Gewohnheiten, religiöse Anschauungen etc.

Verarbeitung sensibler Daten

Soweit es sich bei den zu erhebenden und zu verarbeitenden personenbezogenen Daten um objektive Informationen handelt, die aus der

Informationen aus dem wirtschafts- oder politischen Leben	Teilnahme des Betroffenen am Wirtschafts- oder auch am politischen Leben resultieren, wie etwa die Funktionen in Unternehmen und Verbänden oder die Zugehörigkeit zu Parteien, Ausschüssen und sonstigen Gremien, dürfte die Privat- oder Intimsphäre in der Regel nicht betroffen sein. Dies dürfte auch der Ansicht des BGH entsprechen, der zumindest Bedenken geäußert hat, ob es sich bei der Mitteilung von Dienstzeiten eines Notfallarztes überhaupt um eine Bekanntgabe persönlicher Lebenssachverhalte handele. Diese Daten betreffen nach Ansicht des Gerichts weniger die Person als vielmehr die berufliche Betätigung des Betroffenen, was im Rahmen der Interessenabwägung zu berücksichtigen ist.
Daten außerhalb des Privat- und Persönlichkeitsbereichs	Auch das BVerfG hat anerkannt, dass ein überwiegendes schutzwürdiges Interesse der Betroffenen ausscheiden kann, wenn keine unzumutbaren intimen Angaben betroffen sind. Wo die Datenerhebung nur an das Verhalten des Menschen in der Außenwelt anknüpft, werde die menschliche Persönlichkeit von ihr in aller Regel noch nicht in ihrem unantastbaren Bereich privater Lebensgestaltung erfasst. Informationen, auch soweit sie personenbezogen sind, stellen auch ein Abbild sozialer Realität dar, das nicht ausschließlich dem Betroffenen allein zugeordnet werden könne. Die Ablehnung eines schutzwürdigen Interesses der Betroffenen setzt dabei jedoch voraus, dass keinerlei personenbezogene Daten erhoben und gespeichert werden, die ausschließlich dem Privat- bzw. Persönlichkeitsbereich dieser Personen zuzuordnen sind, also etwa die Privatanschrift, private Telefonnummern und E-Mail, private Vereinsmitgliedschaften etc.
Persönlichkeitsprofile	Bei der Interessenabwägung ist ergänzend zu berücksichtigen, welchen Aussagewert die Daten besitzen; also insbesondere, ob personenbezogen Daten aus unterschiedlichen Zusammenhängen miteinander derart verknüpft werden sollen, dass »Profile« über die betroffenen Personen erzeugt werden. Nach der Rechtsprechung des BVerfG ergibt sich die persönlichkeitsrechtliche Bedeutung einer Information nicht nur daraus, ob sie intime Vorgänge betrifft, sondern auch aus ihrem Verwendungszusammenhang, das heißt, zu welchem Zweck die Informationen gespeichert und verarbeitet werden und welche Verknüpfungs- und Verwendungsmöglichkeiten bestehen. Ein schutzwürdiges Interesse der Betroffenen am Ausschluss der Datenerhebung und -speicherung ist vor diesem Hintergrund insbesondere denkbar, wenn die personenbezogenen Daten der Betroffenen derart miteinander kombiniert und verknüpft werden, dass ein Persönlichkeitsprofil des Betroffenen oder ein Teilabbild davon entsteht.
	In der juristischen Literatur wird die Erstellung solcher Persönlichkeitsprofile ganz überwiegend im Hinblick auf Konsumentenprofile zu Marketingzwecken diskutiert. In diesem Zusammenhang findet sich

der Hinweis, dass von einem (verbotenen) Persönlichkeitsprofil nur die Rede sein kann, wenn tatsächlich eine Veränderung von Daten im Sinne von § 3 Abs. 4 Nr. 2 BDSG erfolgt, also deren »inhaltliche Umgestaltung« auf ein bestimmtes Ziel hin, wie z. B. die Abbildung der Konsumentenpersönlichkeit. Dort, wo Daten nur als Einzeldaten in Dateien gesammelt werden, ohne dass das »Dossier« mehr Informationen enthält als die Summe der Einzelinformationen, soll eine Verarbeitung im Rahmen der Erlaubnistatbestände der §§ 28 und 29 BDSG zulässig sein können.

Nach einer Entscheidung des OLG Frankfurt kann eine Datenspeicherung bzw. -verarbeitung aufgrund einer Interessenabwägung letztlich zulässig sein, auch wenn sich aus der Gesamtzahl der ermittelten Lebensumstände ein relativ detailliertes Gesamtbild eines Persönlichkeitsprofils erstellen lässt.

Das Landgericht Hamburg hingegen hat in einer Entscheidung aus dem Jahre 1996 im Hinblick auf die Übernahme von Daten der bundesdeutschen Telefonbücher in eine CD-ROM-Datenbank entschieden, dass eine Beeinträchtigung der schutzwürdigen Interessen der Betroffenen vorliege, weil wegen der bestehenden Such- und Selektionsalternativen und der sich hieraus ergebenden vielfältigen Nutzungsmöglichkeiten der Daten für Käufer der CD-ROM-Datenbank eine Vielzahl von Beeinträchtigungen zu befürchten seien.

Beispiel: Die Verarbeitung und Nutzung personenbezogener Daten in Data Warehouses und in Data Mining-Anwendungen wäre nach der Abwägungsklausel gemäß § 28 Abs. 1 S. 1 Nr. 2 BDSG zulässig, soweit es zur Wahrung berechtigter Interessen des Unternehmens erforderlich ist und kein Grund zu der Annahme besteht, dass das schutzwürdige Interesse der Betroffenen an dem Ausschluss der Verarbeitung oder Nutzung überwiegt. Im Rahmen der Abwägung ist insbesondere die Sensibilität der Daten zu berücksichtigen. Handelt es sich um Informationen, die besonderen Geheimhaltungspflichten unterliegen (z.B. Arzt-, Bank- oder Steuergeheimnis) wird die Abwägung regelmäßig zugunsten der Betroffenen ausfallen. Auch wenn es sich nur teilweise um besondere Arten personenbezogener Daten im Sinne von § 3 Abs. 9 BDSG (z. B. Informationen über politische Meinungen, Gesundheit oder Sexualleben) handelt, wäre gemäß § 28 Abs. 6 BDSG regelmäßig eine ausdrückliche Einwilligung der Betroffenen erforderlich. Ein überwiegendes schutzwürdiges Interesse der Betroffenen soll nach Stellungnahmen in der juristischen Literatur außerdem bereits dann vorliegen, wenn mithilfe des Data Warehouses Kundenprofile erstellt werden, die z.B. Kaufverhalten, Vorlieben und Zahlungsverhalten offen legen.

Data Warehouse und Data Mining

Die Verarbeitung und Nutzung der Daten im Data Warehouse zu Marketingzwecken hätte aber zu unterbleiben, soweit ein Betroffener der Nutzung seiner Daten zu Zwecken der Werbung gemäß § 28 Abs. 4 S. 1 BDSG widersprochen hat. Auf dieses Widerspruchsrecht sind die Betroffenen gemäß § 28 Abs. 4 S. 2 spätestens bei der Ansprache zum Zwecke der Werbung ausdrücklich hinzuweisen.

Teledienstedaten

Eine Erlaubnis durch § 28 Abs. 1 S. 1 Nr. 2 BDSG scheidet auch aus, soweit es sich um Daten über die Inanspruchnahme von Telediensten (z.B. Internet-Diensten) handelt. Eine Verarbeitung solcher Nutzungsdaten zum Zwecke der Werbung, der Marktforschung und der bedarfsgerechten Gestaltung der Dienste ist ohne eine Einwilligung der Betroffenen gemäß § 6 Abs. 3 S. 1 TDDSG nur zulässig, wenn die generierten Nutzungsprofile pseudonymisiert werden. Die Nutzungsprofile dürfen nicht mit den Daten über den Träger des Pseudonyms zusammengeführt werden. Auch im Hinblick auf die Erstellung solcher pseudonymen Nutzungsprofile haben die Betroffenen ein Widerspruchsrecht, über das sie vorab zu unterrichten sind.

Einzelfälle

Datenweitergaben bei Betriebsveräußerungen

In der datenschutzrechtlichen Literatur wird überwiegend vertreten, dass der Veräußerer eines Betriebes oder eines Unternehmens ein berechtigtes Interesse im Sinne von § 28 Abs. 1 Nr. 2 BDSG an der Übermittlung seiner Kundenliste an den Erwerber hat. Je nach Art, Umfang und Verwendungszusammenhang kann jedoch ein schutzwürdiges Interesse der Betroffenen am Ausschluss der Datenübermittlung bestehen.

Einschränkungen aufgrund besonderer Berufsgeheimnisse

Insoweit ergeben sich Einschränkungen insbesondere hinsichtlich einzelner, vertraulicher Informationen. So verlangt der BGH in ständiger Rechtsprechung bei Datenübertragungen im Zusammenhang mit der Übernahme von Arztpraxen sowie Rechtsanwalts- und Steuerberatungskanzleien eine explizite Einwilligung der Patienten bzw. Mandanten in die Übermittlung ihrer Daten. Nach der ständigen Rechtsprechung des BGH ist eine Bestimmung in einem Kanzleiübernahmevertrag, die den Veräußerer auch ohne Einwilligung der betroffenen Mandanten verpflichtet, seine Akten dem Erwerber zu überlassen, wegen Verletzung des informationellen Selbstbestimmungsrechts sogar nach § 134 BGB nichtig.

Nichtigkeit des Veräußerungsvertrages

1.4.3. Verarbeitung allgemein zugänglicher Daten

Die Datenerhebung und -speicherung ist gemäß § 28 Abs. 1 Nr. 3 BDSG auch dann von Gesetzes wegen zulässig – ohne dass es einer ausdrücklichen Einwilligung der betroffenen Personen bedarf –, wenn die Daten allgemein zugänglich sind oder die verantwortliche Stelle sie veröffentlichen dürfte, es sei denn, dass das schutzwürdige Interesse der Betroffenen an dem Ausschluss der Verarbeitung oder Nutzung das berechtigte Interesse des Datenbankherstellers an der Erhebung und Speicherung der Daten offensichtlich überwiegt:

allgemein zugängliche Daten

Datenerhebung, -verarbeitung und -nutzung für eigene Zwecke

§ 28 Abs. 1 Nr. 3 BDSG

(1) Das Erheben, Speichern, Verändern oder Übermitteln personenbezogener Daten oder ihre Nutzung als Mittel für die Erfüllung eigener Geschäftszwecke ist zulässig,

3. wenn die Daten allgemein zugänglich sind oder die verantwortliche Stelle sie veröffentlichen dürfte, es sei denn, dass das schutzwürdige Interesse des Betroffenen an dem Ausschluss der Verarbeitung oder Nutzung gegenüber dem berechtigten Interesse der verantwortlichen Stelle offensichtlich überwiegt.

Bei der Erhebung personenbezogener Daten sind die Zwecke, für die die Daten verarbeitet oder genutzt werden sollen, konkret festzulegen.

Allgemeine Zugänglichkeit der Daten

Eine datenschutzrechtskonforme Erhebung und Speicherung der Daten setzt danach voraus, dass sämtliche personenbezogenen Daten, die erhoben und verarbeitet werden sollen, allgemein zugänglich sind. Das heißt, sie müssen in Informationsquellen verfügbar sein, die sich sowohl ihrer technischen Ausgestaltung als auch ihrer Zielsetzung nach dazu eignen, einem individuell nicht bestimmbaren Personenkreis Informationen zu vermitteln. Solche allgemein zugänglichen Quellen sind insbesondere Zeitungen, Zeitschriften, Rundfunk und Fernsehen, Adress- und Telefonbücher, Bücher und andere Publikationen, Internet, Ausstellungen und Messen sowie Vorträge, die auf Veranstaltungen gehalten werden, die dem Publikum geöffnet sind.

allgemeine Zugänglichkeit der Daten

Beispiel: Daten, die im Handelsregister eingetragen sind, sind öffentlich zugänglich. Da die Einsicht in das Handelsregister und in die zum Handelsregister eingereichten Schriftstücke gemäß § 9 Abs. 1 HGB jedem zu Informationszwecken gestattet ist, ist grundsätzlich davon auszugehen, dass schutzwürdige Interessen der Betroffenen einer Weitergabe dieser Daten nicht entgegen stehen.

Handelsregisterdaten

In diesem Zusammenhang oft schwierig zu beurteilen ist die allgemeine Zugänglichkeit von »halböffentlichen« Informationen, also solchen, die zwar keiner besonderen Geheimhaltung unterliegen, rein fak-

»halböffentliche« Daten

tisch aber nicht ohne weiteres außerhalb bestimmter Fachkreise verfügbar sind. Weder der datenschutzrechtlichen Rechtsprechung noch der entsprechenden juristischen Literatur sind insoweit konkrete Beurteilungsmaßstäbe zu entnehmen. Als allgemein zugänglich dürften im Ergebnis auch solche personenbezogenen Daten anzusehen sein, die zwar tatsächlich nur einem begrenzten Personenkreis zugänglich gemacht werden (etwa im Rahmen eines Fachinformationsdienstes, eines Newsletters, einem Vortrag etc.), bei denen der Empfängerkreis aber grundsätzlich nicht beschränkt ist und jedermann (etwa über eine rein formale Anmeldung oder Registrierung) in den Empfängerkreis aufgenommen werden kann. Nicht allgemein zugänglich dürften demgegenüber solche Daten sein, die gezielt nur so genannten »geschlossenen Personengruppen« zugänglich sind, bei denen also eine qualitative Auswahl des Adressatenkreises erfolgt.

<small>geschlossene Personengruppen</small>

Beispiel: Informationen, die nur an Mitglieder eines bestimmten Verbandes oder Vereins weitergegeben werden, haben in der Regel als nicht allgemein zugänglich zu gelten.

Es ist dabei nicht erforderlich, dass die Daten unmittelbar aus den allgemein zugänglichen Quellen gewonnen worden sind. Es genügt für die Erfüllung des gesetzlichen Erlaubnistatbestandes bereits, dass die Daten überhaupt allgemein zugänglich sind. Sie können faktisch also auch aus anderen, nicht allgemein zugänglichen Quellen entnommen worden sein.

Befugnis zur Veröffentlichung der Daten

Soweit die Daten nicht öffentlich zugänglich sind, könnte die verantwortliche Stelle gleichwohl berechtigt sein, diese zu erheben und zu speichern, wenn die Daten von ihr veröffentlicht werden dürften. Ob dies der Fall ist, lässt sich nur im Einzelfall beurteilen.

Der BGH hat es im Zusammenhang mit dem Schutz des Persönlichkeitsrechts für zulässig gehalten, Name, Anschrift und Telefonnummer von zum Notfalldienst eingeteilten Ärzten in einer Tageszeitung zu veröffentlichen, obwohl die Angabe, welcher Arzt zum Notfalldienst eingeteilt war, in dem der Entscheidung zugrunde liegenden Fall nicht allgemein zugänglich war. Nach Auffassung des OLG Nürnberg muss es ein Arzt außerdem hinnehmen, dass er in einer Veröffentlichung (wie z.B. einem Ärzteverzeichnis) mit Anschrift, Fachgebiet und Hinweis auf besondere Behandlungsmethoden genannt wird, ohne dass er dagegen datenschutzrechtlich vorgehen könnte.

Interessenabwägung

In beiden vorgenannten Fällen muss ergänzend eine Abwägung mit den schutzwürdigen Interessen des Betroffenen erfolgen. Die Datenerhebung und -speicherung ist deshalb nur zulässig, wenn die Betroffenen kein offensichtlich überwiegendes schutzwürdiges Interesse am Ausschluss der Datenerhebung und -speicherung besitzen. Für die Interessenabwägung gelten prinzipiell die gleichen Grundsätze wie bei § 28 Abs. 1 Nr. 2 BDSG. Allerdings muss hier das etwaige Gegeninteresse des Betroffenen »offensichtlich überwiegen«. Ein solches *offensichtlich* überwiegendes Interesse der Betroffenen soll nach der datenschutzrechtlichen Literatur ausnahmsweise nur dann vorliegen, wenn ein unvoreingenommener, verständiger Beobachter ohne weiteres die Verletzung der Interessen des Betroffenen erkennen kann. Eine intensivere Einzelfallprüfung durch die verantwortliche Stelle sei nur notwendig, wenn ein schutzwürdiges Gegeninteresse als Möglichkeit auf der Hand liegt, z. B. wenn der Betroffene der Datenverwendung ausdrücklich widersprochen hat.

<small>offensichtliches Überwiegen des Schutzinteresses</small>

Bezüglich der Abwägung gemäß § 28 Abs. 1 Nr. 3 BDSG findet sich in der datenschutzrechtlichen Literatur darüber hinaus die Ansicht, dass das schutzwürdige Interesse eines Betroffenen, dessen Daten zwar in allgemein zugänglichen Quellen gespeichert sind, jetzt aber entweder in grenzenlos zugängliche Datenspeicher (z.B. Internet) eingestellt werden, oder auf CD-ROM mit beliebigen Verknüpfungsmöglichkeiten gespeichert werden, das berechtigte Interesse an der Vermarktung dieser Daten regelmäßig überwiege.

<small>Verknüpfungsmöglichkeiten von Daten</small>

Auch das LG Hamburg vertritt in einer Entscheidung aus dem Jahre 1996 im Hinblick auf die Übernahme von Daten der bundesdeutschen Telefonbücher in eine CD-ROM-Datenbank die Auffassung, dass eine Beeinträchtigung der schutzwürdigen Interessen der Betroffenen vorliege, weil wegen der bestehenden Such- und Selektionsalternativen (der so genannten Inverssuche) und der sich hieraus ergebenden vielfältigen Nutzungsmöglichkeiten der Daten für Käufer der CD-ROM-Datenbank eine Vielzahl von Beeinträchtigungen für die Betroffenen zu befürchten seien.

Im Hinblick auf die konkrete Zulässigkeit einer so genannten Inverssuche ist jedoch zu berücksichtigen, dass mit der Novellierung des Telekommunikationsgesetzes im Jahre 2004 in § 105 Abs. 3 TKG insoweit eine gesetzliche Regelung erfolgt ist. In Abkehr von der alten Rechtslage ist deshalb nunmehr die Auskunft des Namens und gegebenenfalls der Anschrift eines Teilnehmers zulässig, von dem nur die Rufnummer bekannt ist. Das noch in § 14 Abs. 4 der früheren Telekommunikations-Datenschutzverordnung enthaltene Verbot der Inverssuche gilt

<small>Inverssuche</small>

nicht mehr. Die Zulässigkeit der Inverssuche ist allerdings an bestimmte Voraussetzungen geknüpft: die Inverssuche ist nur dann gestattet, wenn der Teilnehmer in ein Teilnehmerverzeichnis (Telefonbuch) eingetragen ist und nach einem entsprechenden Hinweis des TK-Unternehmens der Nutzung seiner Daten zur Inverssuche nicht widersprochen hat.

1.4.4. Werbung, Markt- und Meinungsforschung

Werbung, Markt- und Meinungsforschung

Eine Übermittlung personenbezogener Daten, die z.B. im Rahmen eigener Vertragszwecke erhoben wurden, an Dritte zu Werbezwecken kann gemäß § 28 Abs. 3 Nr. 3 BDSG grundsätzlich zulässig sein:

§ 28 Abs. 3 Nr. 3 BDSG

Datenerhebung, -verarbeitung und -nutzung für eigene Zwecke

(3) Die Übermittlung oder Nutzung für einen anderen Zweck ist auch zulässig: ...

3. für Zwecke der Werbung, der Markt- oder Meinungsforschung, wenn es sich um listenmäßig oder sonst zusammengefasste Daten über Angehörigen einer Personengruppe handelt, die sich auf
   a) eine Angabe über die Zugehörigkeit des Betroffenen zu dieser Personengruppe,
   b) Berufs-, Branchen- oder Geschäftsbezeichnung,
   c) Namen,
   d) Titel,
   e) akademische Grade,
   f) Anschrift,
   g) Geburtsjahr
   beschränken

und kein Grund zur der Annahme besteht, dass der Betroffene ein schutzwürdiges Interesse an dem Ausschluss der Übermittlung oder Nutzung hat, oder ...

Diese Regelung firmiert unter dem Schlagwort »Listenprivileg«. Die Zulässigkeit der Übermittlung setzt nach dem Wortlaut der Vorschrift voraus, dass die Daten listenmäßig zusammengefasst sind und die Liste mit den Daten über die Betroffenen lediglich *eine* zusätzliche Angabe über die Zugehörigkeit des Betroffenen zu einer Personengruppe enthält.

Beispiel: Als Beispiel für eine unzulässige Gruppenbeschreibung im Rahmen von § 28 Abs. 3 Nr. 3 BDSG wird in der datenschutzrechtlichen Literatur insbesondere der Fall genannt, in dem ein Unternehmen die zu Werbezwecken übermittelten Daten seiner Kunden zusätzlich mit Angaben des mit dem Kunden erzielten Umsatzes versieht. Dies ist unzulässig, weil die Information über den Umsatz oder die Zugehörigkeit zu einer bestimmten Umsatzklasse neben der Information über die Kundeneigenschaft als solche die zweite ihn klassifizierende Angabe ist.

Soll also über die Gruppenzugehörigkeit hinaus ein weiteres, nicht im Wortlaut der Vorschrift genanntes Merkmal zu dem Betroffenen übermittelt werden, so würde dies die Anwendung von § 28 Abs. 3 Nr. 3 BDSG ausschließen und eine ausdrückliche Einwilligung des Betroffenen erforderlich machen.

<small>Angabe weiterer Gruppenmerkmale</small>

Für zweckändernde Datenübermittlung im Rahmen von § 28 Abs. 3 Nr. 3 BDSG sieht das Gesetz in § 28 Abs. 3 S. 2 eine Vermutungsregelung für das Vorliegen eines berechtigten Gegeninteresses vor:

<small>Zweckänderungen</small>

Datenerhebung, -verarbeitung und -nutzung für eigene Zwecke

<small>§ 28 Abs. 3 S. 3 BDSG</small>

In den Fällen des Satzes 1 Nr. 3 ist anzunehmen, dass dieses Interesse besteht, wenn im Rahmen der Zweckbestimmung eines Vertragsverhältnisses oder vertragsähnlichen Vertrauensverhältnisses gespeicherte Daten übermittelt werden sollen, die sich

1. auf strafbare Handlungen,
2. auf Ordnungswidrigkeiten sowie
3. bei Übermittlung durch den Arbeitgeber auf arbeitsrechtliche Rechtsverhältnisse

beziehen.

Diese gesetzliche Vermutungswirkung kann nur beim Vorliegen besonderer Umstände entkräftet werden.

<small>Widerspruchsrecht des Betroffenen</small>

Die Erleichterung der Datenübermittlung durch das Listenprivileg wird kontrastiert durch ein insoweit bestehendes Widerspruchsrecht der Betroffenen:

Datenerhebung, -verarbeitung und -nutzung für eigene Zwecke

<small>§ 28 Abs. 4 BDSG</small>

Widerspricht der Betroffene bei der verantwortlichen Stelle der Nutzung oder Übermittlung seiner Daten für Zwecke der Werbung oder der Markt- oder Meinungsforschung, ist eine Nutzung oder Übermittlung für diese Zwecke unzulässig. Der Betroffene ist bei der Ansprache zum Zwecke der Werbung oder der Markt- oder Meinungsforschung über die verantwortliche Stelle sowie über da Widerspruchsrecht nach Satz 1 zu unterrichten; soweit der Ansprechende personenbezogene Daten des Betroffenen nutzt, die bei einer ihm nicht bekannten Stelle gespeichert sind, hat er auch sicherzustellen, dass der Betroffene Kenntnis über die Herkunft der Daten erhalten kann.

Widerspricht der Betroffene bei dem Dritten, dem die Daten nach Absatz 3 übermittelt werden, der Verarbeitung oder Nutzung zum Zwecke der Werbung oder der Markt- oder Meinungsforschung, hat dieser die Daten für diese Zwecke zu sperren.

Information über das Widerspruchsrecht

Nach dieser Regelung ist der Betroffene bei der erstmaligen Ansprache zum Zwecke der Werbung oder der Markt- und Meinungsforschung über das Widerspruchsrecht zu informieren; nicht also schon im Zeitpunkt der Übermittlung der Daten. Folge eines Widerspruchs durch den Betroffenen ist die Unzulässigkeit der Verwendung seiner Daten für Zwecke der Werbung und der Markt- und Meinungsforschung.

1.4.5. Adresshandel und Auskunfteien

Adresshandel und Auskunfteien

Wie bereits oben dargestellt, unterscheidet das BDSG zwischen der Datenverarbeitung für eigene Zwecke, für die insbesondere die in § 28 BDSG enthaltenen Erlaubnistatbestände eingreifen, und der geschäftsmäßigen (also fremdnützigen) Datenverarbeitung, die den Regelungen in § 29 BDSG unterworfen ist.

fremdnützige Datenverarbeitung

§ 29 BDSG ist im Unterschied zur Regelung des § 28 BDSG dann einschlägig, wenn die Datenerhebung, -verarbeitung und -nutzung Selbstzweck im Rahmen geschäftsmäßiger Datenverarbeitungen ist und keinen lediglich akzessorischen Charakter hat. Das ist der Fall, wenn die Datenverarbeitung kein Hilfsmittel für die Erfüllung anderer Geschäftszwecke darstellt; vielmehr muss die Unternehmenstätigkeit speziell auf die Datenübermittlung angelegt, die Datenverarbeitung also Selbstzweck sein.

Geschäftsmäßigkeit

Für eine geschäftsmäßige Datenverarbeitung ist dabei nicht erforderlich, dass die Datenübermittlung entgeltlich oder zum Zweck der Einnahmenerzielung erfolgt. Eine geschäftsmäßige Datenerhebung, -speicherung oder -veränderung liegt vor, wenn die Datenverarbeitung für andere Personen oder Stellen erfolgt und eine Wiederholungsabsicht im Hinblick auf diese Tätigkeit vorliegt. Eine Entgeltlichkeit der Tätigkeit (und damit eine »Gewerblichkeit«) wird nicht vorausgesetzt.

Der Begriff der Geschäftsmäßigkeit entspricht demjenigen in § 157 ZPO oder § 1 Rechtsberatungsgesetz.

Das klassische Anwendungsgebiet von § 29 BDSG sind Auskunfteien und andere privatwirtschaftliche Informationszentren. Die Vorschrift dient aber auch als Rechtsgrundlage für die Tätigkeit von Direktmarketing-Unternehmen, die Daten – in der Regel nach verschiedenen Bearbeitungen durch Scoring-, Targeting-, und Cluster-Verfahren – an dritte Unternehmen für deren Werbungszwecke übermitteln.

Auskunfteien und Direktmarketing-Unternehmen

Teilweise kann die Zuordnung einer Datenverarbeitung zu § 28 bzw. § 29 BDSG Schwierigkeiten bereiten. Dies gilt insbesondere für die Fälle, in denen Daten sowohl für eigene Zwecke, als auch zum Zweck der Übermittlung gespeichert und verarbeitet werden. In solchen Fällen ist auf den Schwerpunkt der Zwecksetzung des jeweiligen Datenverarbeitungsschrittes abzustellen. Werden danach Daten primär für eigene Zwecke verarbeitet und nur gelegentlich an Dritte weitergegeben, bleibt insoweit § 28 BDSG anwendbar.

Schwerpunkt der Zwecksetzung

Bespiel: Ein Versandhaus speichert Daten über seine Kunden und nutzt diese für die Abwicklung der Bestellungen, übermittelt diese aber auch an die Muttergesellschaft. In diesem Fall unterliegt die Datenübermittlung nicht § 29 BDSG. Dasselbe gilt für die Übermittlung von Daten über Kreditnehmer an die SCHUFA oder bei der Erteilung von Bankauskünften durch Kreditinstitute. Demgegenüber unterfällt die Übermittlung von Daten über Einzelpersonen durch die SCHUFA an die ihr angeschlossenen Kreditinstitute der Regelung in § 29 BDSG.

Geschäftsmäßige Datenerhebung, und -speicherung zum Zwecke der Übermittlung

§ 29 Abs. 1 BDSG

Das geschäftsmäßige Erheben, Speichern oder Verändern personenbezogener Daten zum Zwecke der Übermittlung, insbesondere wenn dies der Werbung, der Tätigkeit von Auskunfteien, dem Adresshandel oder der Markt- und Meinungsforschung dient, ist zulässig, wenn

1. kein Grund zu der Annahme besteht, dass der Betroffene ein schutzwürdiges Interesse an dem Ausschluss der Erhebung, Speicherung oder Veränderung hat, oder
2. die Daten aus allgemein zugänglichen Quellen entnommen werden können oder die verantwortliche Stelle sie veröffentlichen dürfte, es sei denn, dass das schutzwürdige Interesse des Betroffenen an dem Ausschluss der Erhebung, Speicherung oder Veränderung offensichtlich überwiegt.

§ 28 Abs. 1 Satz 2 ist anzuwenden.

Interessenabwägung	Danach ist das geschäftsmäßige Erheben, Speichern oder Verändern personenbezogener Daten zum Zwecke der Übermittlung zulässig, wenn kein Grund zu der Annahme besteht, dass der Betroffene ein schutzwürdiges Interesse an dem Ausschluss der Erhebung, Speicherung oder Veränderung hat oder wenn die Daten aus allgemein zugänglichen Quellen entnommen werden können oder die verantwortliche Stelle sie veröffentlichen dürfte, es sei denn, dass das schutzwürdige Interesse des Betroffenen an dem Ausschluss der Erhebung, Speicherung oder Veränderung offensichtlich überwiegt. Insoweit gelten also dieselben Zulässigkeitsvoraussetzungen wie nach § 28 Abs. 1 Nr. 2 und 3 BDSG für die Erhebung, Speicherung und Übermittlung der Daten.
Datenübermittlung	Besondere Zulässigkeitsvoraussetzungen bestehen für die Übermittlung von Daten im Rahmen von § 29 BDSG:
§ 29 Abs. 2 BDSG	**Geschäftsmäßige Datenerhebung, und -speicherung zum Zwecke der Übermittlung**

Die Übermittlung im Rahmen der Zwecke nach Absatz 1 ist zulässig, wenn

1. a) der Dritte, dem die Daten übermittelt werden, ein berechtigtes Interesse an ihrer Kenntnis glaubhaft dargelegt hat oder

   b) es sich um listenmäßig oder sonst zusammengefasste Daten nach § 28 Abs. 2 Nr. 3 handelt, die für Zwecke der Werbung oder der Markt- oder Meinungsforschung übermittelt werden sollen.

2. kein Grund zu der Annahme besteht, dass der Betroffene ein schutzwürdiges Interesse an dem Ausschluss der Übermittlung hat.

§ 28 Abs. 2 Satz 2 gilt entsprechend. Bei der Übermittlung nach Nummer 1 Buchstabe a sind die Gründe für das Vorliegen eines berechtigten Interesses und die Art und Weise ihrer glaubhaften Darlegung von der übermittelnden Stelle aufzuzeichnen. Bei der Übermittlung im automatisierten Abrufverfahren obliegt die Aufzeichnungspflicht dem Dritten, dem die Daten übermittelt werden.

Ähnlich wie schon im Rahmen von § 28 BDSG verlangt § 29 Abs. 2 BDSG alternativ die Glaubhaftmachung eines berechtigten Interesses (§ 29 Abs. 2 Ntr. 1 a BDSG) oder eine listenmäßige Zusammenfassung der zu übermittelnden Daten (§ 29 Abs. 2 Nr. 1 b BDSG) und zusätzlich eine Interessenabwägung (§ 29 Abs. 2 Nr. 2 BDSG).

Interessenabwägung Glaubhaftmachung des berechtigen Interesses	Aus dem Erfordernis eines berechtigten Interesses ergibt sich, dass ein vollständig »freier« Vertrieb von Daten, die nicht listenmäßig zusammengefasst sind, an jedermann nicht ohne Einwilligung der Betroffenen erfolgen kann. Das berechtigte Interesse muss gegenüber dem

Übermittler in jedem Einzelfall glaubhaft dargelegt werden. Nicht erforderlich ist es dabei, dass das berechtigte Interesse von dem Dritten bewiesen wird. Die Anforderungen an das Glaubhaftmachen orientieren sich mehr an den tatsächlichen Möglichkeiten und Zumutbarkeiten der Praxis und den Handelsgebräuchen der Wirtschaft. Insbesondere bedarf es keiner Vorlage von Urkunden, sondern es kann der bloße Hinweis auf das Ziel der Kenntnis genügen.

Je nach Bekanntheitsgrad des Dritten werden an die Glaubhaftmachung unterschiedliche Anforderungen gestellt. Je besser der Dritte der Auskunft gebenden Stelle bekannt ist, desto geringer sind die Anforderungen. Bei regelmäßigen Datenübermittlungen im Rahmen fester Geschäftsbeziehungen wird im Allgemeinen ein solches Vertrauensverhältnis existieren, dass ein ausdrückliches Glaubhaftmachen nicht mehr bei jedem Übermittlungsvorgang erforderlich ist.

Beispiel: Dies dürfte beispielsweise der Fall sein, wenn zwischen einem Datenbankhersteller und dem Dritten ein Vertrag über die regelmäßige Lieferung von Updates einer Datenbank besteht. Dann wäre nur beim erstmaligen Bezug des Grundwerkes der Datenbank ein berechtigtes Interesse glaubhaft zu machen, aber nicht mehr bei den Folgelieferungen.

Der Übermittler ist nicht verpflichtet nachzuprüfen, ob die Darlegungen des Dritten richtig sind oder nicht, sofern sie nur nach allgemeiner Lebenserfahrung glaubhaft sind. Er hat die angegebenen Gründe allerdings gemäß § 29 Abs. 2 S. 2 BDSG aufzuzeichnen. Eine stichwortartige Aufzeichnung insbesondere bei einer Vielzahl von Übermittlungen dürfte ausreichen. Werden entgegen § 29 Abs. 2 S. 2 BDSG die Gründe für das Vorliegen eines berechtigten Interesses oder die Mittel für ihre glaubhafte Darlegung nicht aufgezeichnet, begeht die übermittelnde Stelle eine Ordnungswidrigkeit gemäß § 43 Abs. 1 Nr. 5 BDSG. Diese Ordnungswidrigkeit könnte mit einer Geldbuße von bis zu EUR 25.000,00 geahndet werden.

Nachprüfungspflicht

Eine Sondervorschrift besteht mit § 29 Abs. 3 BDSG für die Aufnahme personenbezogener Daten in elektronische oder gedruckte Verzeichnisse:

Adress-, Telefon- und Branchenverzeichnisse

Geschäftsmäßige Datenerhebung, und -speicherung zum Zwecke der Übermittlung

§ 29 Abs. 3 BDSG

Die Aufnahme personenbezogener Daten in elektronische oder gedruckte Adress-, Telefon-, Branchen- oder vergleichbare Verzeichnisse hat zu unterbleiben, wenn der entgegenstehende Wille des Betroffenen aus dem zugrunde liegenden elektronischen oder gedruckten Verzeichnis oder Register ersichtlich ist. Der Empfänger der Daten hat sicherzustellen, dass Kennzeichnungen aus elektronischen oder gedruckten Verzeichnissen oder Registern bei der Übernahme in Verzeichnisse oder Register übernommen werden.

Danach hat die Aufnahme personenbezogener Daten in elektronische Verzeichnisse, wie z. B. CD-ROMs oder Online-Datenbanken, zu unterbleiben, wenn der entgegenstehende Wille des Betroffenen aus dem zugrunde liegenden elektronischen oder gedruckten Verzeichnis oder Register ersichtlich ist.

Beispiel: Sollen also in eine Datenbank Informationen aus anderen, bereits bestehenden Verzeichnissen übernommen werden – also etwa Telefondaten aus den entsprechenden öffentlichen Fernsprechverzeichnissen –, wäre der gegenüber dem TK-Unternehmen geäußerte Wille der Betroffenen, die Daten nicht für Nachfolgeverzeichnisse zu nutzen, auch von dem Datenbankhersteller zu beachten.

1.4.6. Datenschutzkontrolle und Datensicherung

In der Praxis sehr bedeutsam sind auch Datenerhebungen und -speicherungen zur Gewährleistung einer wirksamen Datenschutzkontrolle und Datensicherung. Als Rechtsgrundlage für die Erhebung, Verarbeitung und Nutzung personenbezogener Daten zum Zwecke der Datenschutzkontrolle und der Datensicherung kommt insbesondere § 9 BDSG in Betracht:

§ 9 BDSG

Technische und organisatorische Maßnahmen
Öffentliche und nicht-öffentliche Stellen, die selbst oder im Auftrag personenbezogene Daten erheben, verarbeiten oder nutzen, haben die technischen und organisatorischen Maßnahmen zu treffen, die erforderlich sind, um die Ausführung der Vorschriften dieses Gesetzes, insbesondere die in der Anlage zu diesem Gesetz genannten Anforderungen, zu gewährleisten. Erforderlich sind Maßnahmen nur, wenn ihr Aufwand in einem angemessenen Verhältnis zu dem angestrebten Schutzzweck steht.

Gemäß Nr. 5 der Anlage zu § 9 BDSG ist danach insbesondere zu gewährleisten, dass nachträglich überprüft und festgestellt werden kann, ob und von wem personenbezogene Daten in Datenverarbeitungssysteme eingegeben, verändert oder entfernt worden sind (Eingabekontrolle). Eine wirksame technische und organisatorische Maßnahme zur Umsetzung dieser Eingabekontrolle stellt insbesondere die Aufzeichnung von Systemnachrichten und auch -eingaben in der Form von Protokolldateien dar. Üblicherweise erfolgt beim Einsatz von Datenverarbeitungsanlagen hard- oder softwareseitig eine automatische Protokollierung der Nutzungen und Bearbeitungen von Datenbeständen.

Nach dem Wortlaut von § 9 BDSG dürfen solche Protokolldateien jedoch nur im Rahmen des zur Datensicherung Erforderlichen erzeugt und genutzt werden. Einer Empfehlung des Bundesbeauftragten für den Datenschutz zufolge setzt dies voraus, dass die Protokolldateien auch tatsächlich genutzt werden, und nicht lediglich auf Vorrat gespeichert werden. Ergänzend ist die strenge Zweckbindungsregelung in § 31 BDSG zu beachten, nach der personenbezogene Daten, die ausschließlich zu Zwecken der Datenschutzkontrolle, der Datensicherung oder zur Sicherung eines ordnungsgemäßen Betriebs einer Datenverarbeitungsanlage gespeichert werden, nur für diese Zwecke verwandt werden dürfen.

Beispiel: ausschließlich zum Zwecke der Gewährleistung der Datensicherheit angefertigte Protokolldateien über die Nutzung bestimmter Datenbestände durch Mitarbeiter dürfen nicht zur Verhaltens- oder Leistungskontrolle der Mitarbeiter genutzt werden.

Welche personenbezogenen Daten danach für welche Dauer zum Zwecke der Datensicherung gespeichert und verarbeitet werden dürfen, legt das Gesetz selbst nicht fest. In Umsetzung des Erforderlichkeitsgrundsatzes wird es in der juristischen Literatur für ausreichend angesehen, wenn die Protokollierung auf Aktivitäten und Daten mit erhöhtem Schutzbedarf begrenzt wird, so dass danach nicht jeder lesende Zugriff protokolliert werden soll, sondern z.B. nur ändernde Zugriffe, oder nur solche, die bestimmte, sensible Datenfelder betreffen. Als maximale Speicherdauer wird in der Regel ein Jahr angesehen.

Teilweise enthalten landesgesetzliche Datenschutzvorschriften (für die Datenverarbeitung im öffentlichen Bereich) genauere Regelungen zum Umfang der für Datensicherungszwecke anzufertigenden Protokolldateien und zur zulässigen Speicherdauer, wie z.B. § 6 Abs. 4 LDSG SH:

Besondere Maßnahmen zur Datensicherheit bei Einsatz automatisierter Verfahren

§ 6 Abs. 4 LDSG SH

Sollen personenbezogene Daten ausschließlich automatisiert gespeichert werden, ist zu protokollieren, wann, durch wen und in welcher Weise die Daten gespeichert wurden. Entsprechendes gilt für die Veränderung und Übermittlung von Daten. Die Protokolldatenbestände sind ein Jahr zu speichern. Es ist sicherzustellen, dass die Verfahren und Geräte, mit denen die Daten lesbar gemacht werden können, verfügbar sind.

Nach dieser landesrechtlichen Spezialvorschrift ist also bei ausschließlich automatisierter Datenverarbeitung für jede Speicherung, Veränderung und Übermittlung eines personenbezogenen Datums zu speichern:
- Der Zeitpunkt des betreffenden Verarbeitungsschrittes;
- Die Person, die den entsprechenden Verarbeitungsschritt vorgenommen hat und
- Die Art und Weise, wie der entsprechende Verarbeitungsschritt erfolgt ist (also z.B. welche konkrete Information geändert oder an wen eine bestimmte Information übermittelt wurde).

2. Sonderfälle

Ergänzend zu den vorstehend beschriebenen Erlaubnisvorschriften finden sich im BDSG einige speziell normierte Sonderfälle der Verarbeitung von Daten, für die entweder besondere Zulässigkeitsvoraussetzungen gelten oder bei denen den verantwortlichen Stellen besondere Pflichten obliegen. Folgende Sonderfälle werden im Folgenden näher beleuchtet:

Sonderfälle

- Datenverarbeitung im Auftrag gemäß § 11 BDSG;
- Übermittlung personenbezogener Daten ins Ausland gemäß §§ 4 b f. BDSG;
- Verarbeitung besonderer Arten personenbezogener Daten gemäß §§ 3 Abs 9 und 28 Abs. 6 – 9 BDSG;
- Automatisierte Einzelentscheidungen gemäß § 6 a BDSG;
- Videoüberwachung öffentlich zugänglicher Räume gemäß § 6 b BDSG;
- Einsatz mobiler Speicher- und Verarbeitungsmedien gemäß § 6 c BDSG;
- Einrichtung automatisierter Abrufverfahren gemäß § 10 BDSG;
- Datenverarbeitung zu Forschungszwecken gemäß § 40 BDSG und
- Datenverarbeitung durch die Medien gemäß § 41 BDSG.

2.1. Auftragsdatenverarbeitung

Eine sehr praxisrelevante, spezielle Ausformung der Datenverarbeitung stellt dabei die so genannte Auftragsdatenverarbeitung dar.

Auftragsdatenverarbeitung

Die Weitergabe personenbezogener Daten an einen Dritten stellt gemäß § 3 Abs. 4 Nr. 3 BDSG grundsätzlich eine so genannte Datenübermittlung dar, die nur zulässig ist, wenn eine entsprechende gesetzliche Erlaubnisvorschrift eingreift oder der Betroffene in die Übermittlung eingewilligt hat. Auch für Datenweitergaben in einem Konzernverbund existiert insoweit keine datenschutzrechtliche Privilegierung. Das BDSG betrachtet die einzelnen konzernangehörigen Unternehmen untereinander als »Dritte« gemäß § 3 Abs. 9 BDSG, behandelt den Unternehmensverbund also nicht als einheitliche »Verantwortliche Stelle«. Dasselbe gilt für den Austausch personenbezogener Daten zwischen rechtlich selbständigen Filialbetrieben. Lediglich eine Datenweitergabe zwischen unselbständigen Zweigstellen, Zweigniederlassungen, Filialen, Betriebsstätten u. ä. untereinander bzw. mit der Hauptniederlassung stellt keine erlaubnispflichtige Übermittlung dar.

Datenübermittlungen im Unternehmerverbund

Kunden- und Mitarbeiterdaten dürfen also auch in einem Konzernverbund grundsätzlich nicht frei zirkulieren, ohne dass eine gesetzliche

Konzernprivileg

Übermittlungserlaubnis oder eine Einwilligung sämtlicher Betroffener vorliegt.

Outsourcing

Diese gesetzlichen Anforderungen würden aber die Auslagerung von Datenverarbeitungsvorgängen – etwa im Rahmen eines Outsourcing – erheblich erschweren. Denn je nachdem, welche Anwendungen oder Systeme ausgelagert werden sollen, könnten von der Auslagerung die Daten über sämtliche Kunden oder Mitarbeiter eines Unternehmens betroffen sein. Dass vor einer geplanten Ausgliederungsmaßnahme das Einholen von schriftlichen Einwilligungen sämtlicher dieser Personen äußerst unpraktikabel ist, liegt auf der Hand.

Ohne gesonderte Einwilligung der Betroffenen bliebe nur ein Rückgriff auf einen der in § 28 BDSG normierten Erlaubnistatbestände. Im Regelfall käme insoweit wohl allein § 28 Abs. 1 Nr. 2 BDSG in Betracht, wonach über die Zulässigkeit der Übermittlung im Rahmen einer Interessenabwägung zu entscheiden ist.

Um insofern für Rechtssicherheit zu sorgen und solchen Auslagerungen eine klare Rechtsgrundlage zu geben, sieht das BDSG eine Privilegierung für Datenübermittlungen an Personen oder Stellen vor, die personenbezogene Daten im Auftrag verarbeiten:

§ 3 Abs. 8 BDSG

Weitere Begriffsbestimmungen

Dritter ist jede Person oder Stelle außerhalb der verantwortlichen Stelle. Dritte sind nicht der Betroffene sowie Personen und Stellen, die im Inland, in einem Mitgliedstaat der Europäischen Union oder in einem anderen Vertragsstaat des Abkommens über den Europäischen Wirtschaftsraum personenbezogene Daten im Auftrag erheben, verarbeiten oder nutzen.

Die Bekanntgabe von Daten an und deren Verarbeitung und Nutzung durch solche Auftragsdatenverarbeiter stellt deshalb keine erlaubnispflichtigen Verarbeitungsvorgänge im Sinne von § 3 Abs. 4 BDSG dar.

Geltungsbereich des Privilegs für Auftragsdatenverarbeiter

Dieses Privileg gilt allerdings nur, wenn der Beauftragte die Datenerhebung, -verarbeitung oder -nutzung innerhalb der EU oder einem anderen Vertragsstaat des EWR durchführt. Es gilt deshalb z.B. nicht für einen Auftragsdatenverarbeiter in den USA. Das hat zur Folge, dass Datenweitergaben an einen solchen Auftragsdatenverarbeiter außerhalb des EWR eine erlaubnispflichtige Datenübermittlung darstellen.

2.1.1. Vorliegen einer Auftragsdatenverarbeitung

In welchen Fällen eine solche privilegierte Auftragsdatenverarbeitung vorliegt, ergibt sich nicht unmittelbar aus dem Gesetz.

Nach der einhelligen Auffassung in der Rechtsprechung und dem Schrifttum liegt eine Auftragsdatenverarbeitung nur dann vor, wenn die verantwortliche Stelle »Herr der Daten« bleibt und der Dienstleister im Hinblick auf Art und Umfang der Datenverarbeitung und deren Verwendung den Weisungen des Outsourcers unterworfen ist. Entscheidend ist insoweit, dass der Dienstleister keine eigenen Nutzungsrechte an den Daten erhält und neben der reinen Datenverarbeitung keine weiteren Funktionen für die verantwortliche Stelle übernimmt.

Weisungsbefugnis der verantwortlichen Stelle

Eine Auftragsdatenverarbeitung liegt somit nur vor, wenn der Hauptzweck der Auslagerung ausschließlich auf die Verarbeitung von Daten für einen anderen gerichtet ist.

Erkennungsmerkmale für eine Auftragsdatenverarbeitung sind:

- fehlende Entscheidungsbefugnis des Datenverarbeitenden;
- der Datenverarbeitende unterliegt einem Nutzungsverbot an den Daten;
- weisungsgebundene Unterstützung durch den Datenverarbeitenden;
- fehlende (vertragliche) Beziehung des Datenverarbeitenden zum Betroffenen;
- Umgang des Datenverarbeitenden nur mit Daten, die der Auftraggeber zur Verfügung stellt
- Der Auftrag ist auf die praktisch-technische Durchführung einer Datenverarbeitung gerichtet, die nach außen hin vom Auftrageber vertreten wird;
- Der Datenverarbeitende tritt nicht mit den von der Datenverarbeitung Betroffenen in Kontakt.

Erkennungsmerkmale einer Auftragsdatenverarbeitung

Beispiel: Im Hinblick auf die Auslagerung reiner Rechenzentrumsleistungen herrscht im juristischen Schrifttum die Auffassung vor, dass es sich sowohl technisch als auch organisatorisch grundsätzlich um eine Auftragsdatenverarbeitung handelt. Gegenstand solcher reinen Rechenzentrumsleistungen ist üblicherweise die Übernahme und der Betrieb der Hard- und Software, die Speicherung der Datenbestände sowie die Übernahme von Installations-, Administrations- und Supportleistungen.

Auslagerung von Rechenzentrumsleistungen

Weitere Beispiele, in denen bei entsprechender Beauftragung Dritter regelmäßig Auftragsdatenverarbeitungen vorliegen, sind folgende Fälle:

- Papier- / Aktenvernichtung, Vernichtung von Datenträgern;
- Manueller oder elektronischer Archivierungsservice;
- Kundenservice, Telefonmarketing und andere Formen des Direktmarketings.

Auf die Art der Rechtsbeziehung zwischen Auftraggeber und Auftragnehmer kommt es dabei nicht an. Eine Auftragsdatenverarbeitung kann sowohl durch Dienst- oder Werkverträge als auch durch gemischttypische Verträge begründet werden.

2.1.2. Abgrenzung zur Funktionsübertragung

Keine Auftragsdatenverarbeitung sondern eine – erlaubnispflichtige – »Funktionsübertragung« liegt hingegen vor, wenn dem Dienstleister über die reine Datenverarbeitung hinausgehende Aufgaben zur selbständigen Erledigung übertragen werden, zu deren Erfüllung er die Daten selbst benötigt. Anzeichen für eine Funktionsübertragung ist insbesondere die Überlassung von Nutzungsrechten an den Daten sowie die eigenverantwortliche Sicherstellung der Zulässigkeit der Datenverarbeitung und der Richtigkeit der Daten durch den Dienstleister. Nach der datenschutzrechtlichen Literatur soll in Zweifelsfällen insbesondere dann eine Funktionsübertragung vorliegen, wenn die Datenverarbeitung nur Teil einer darüber hinausgehenden Dienstleistung oder Geschäftsbesorgung ist.

Anzeichen dafür, dass eine Funktionsübertragung vorliegt, sind:

Erkennungsmerkmale einer Funktionsübertragung

- Überlassung von Nutzungsrechten an den Daten;
- eigenverantwortliche Sicherstellung von Zulässigkeit und Richtigkeit der Daten durch den Dienstleister;
- Sicherstellen der Betroffenenrechte (Auskunft, Unterrichtung) durch den Dienstleister.

Beispiel: Ein Dienstleister übernimmt neben der reinen Verarbeitung von Personaldaten unter Verwendung dieser Daten auch Aufgaben der Personalverwaltung für die verantwortliche Stelle. In diesem Fall läge keine vom BDSG privilegierte Auftragsdatenverarbeitung, sondern eine Funktionsübertragung vor mit der Folge, dass für die Datenübermittlung an den Dienstleister eine spezielle Erlaubnis notwendig wäre. Unbeachtlich ist insoweit, dass das auslagernde Unternehmen allein seinen Arbeitnehmern gegenüber aus dem Arbeitsverhältnis verpflichtet bleibt und das die Personalverwaltung übernehmende Unternehmen insoweit lediglich Hilfsfunktionen wahrnimmt.

Auch in den Fällen, in denen Daten für die Durchführung von Steuerberatung, Wirtschaftsprüfung oder Grundstücksverwaltung verarbeitet werden, liegt eine Funktionsübertragung und keine Auftragsdatenverarbeitung vor.

Einen Sonderfall der Übertragung weiterer Funktionen ordnet das Gesetz in § 11 Abs. 5 BDSG allerdings ausdrücklich der Auftragsdatenverarbeitung zu: nach dieser Vorschrift sollen die Vorschriften über die Auftragsdatenverarbeitung auch Anwendung finden, wenn die Prüfung oder Wartung automatisierter Verfahren oder von Datenverarbeitungsanlagen durch andere Stellen im Auftrag vorgenommen wird und dabei ein Zugriff auf personenbezogene Daten nicht ausgeschlossen werden kann.

Support- und Wartungsarbeiten an DV-Anlagen

Beispiel: In der Praxis ist diese Regelung insbesondere für Dienstleister relevant, die Wartung, Pflege oder Support für Hard- und Software erbringen. Wartungspersonal, das einen Fehler in einem Datenbanksystem bearbeiten soll, kann im Regelfall auf alle dort gespeicherten Daten zugreifen. Außerdem wird den Softwareentwicklern oft der Zugriff auf Produktions-, Kunden- oder Personaldaten eröffnet, um Fehler in der jeweiligen Anwendungssoftware zu beheben.

Die Einstufung als Auftragsdatenverarbeitung ist dabei grundsätzlich unabhängig davon, ob die Wartung im Wege der physischen Anwesenheit des Personals des beauftragten Unternehmens vor Ort oder mittels Datenfernübertragung per Fernwartung erfolgt. Entscheidend ist lediglich, dass ein Zugriff auf personenbezogene Daten möglich ist, sei es online oder durch Anschalten des Computers vor Ort.

Handelt es sich danach im Ergebnis nicht um eine Auftragsdatenverarbeitung, sondern um eine Funktionsübertragung, bedarf die Übermittlung der personenbezogenen Daten an den die Funktion übernehmenden Dritten einer gesonderten Erlaubnis. Neben einer ausdrücklichen Einwilligung der Betroffenen kommt hier grundsätzlich auch eine gesetzliche Erlaubnis in Betracht; insbesondere die gesetzlichen Erlaubnistatbestände gemäß § 28 Abs. 1 und 3 Nr. 1 BDSG.

Erlaubnispflichtigkeit bei Funktionsübertragungen

2.1.3. Pflichten im Auftragsverhältnis

Liegt nach vorstehenden Kriterien eine Auftragsdatenverarbeitung vor, stellt sich die Frage, ob und wenn ja, welche weitergehenden Pflichten eine solche Auftragsdatenverarbeitung sowohl für die verantwortliche Stelle als auch für den Dienstleiter mit sich bringen. Die Antwort darauf hält § 11 BDSG bereit, der im Einzelnen regelt:

Pflichten im Auftragsverhältnis

§ 11 BDSG — Erhebung, Verarbeitung und Nutzung personenbezogener Daten im Auftrag

(1) Werden personenbezogene Daten im Auftrag durch andere Stellen erhoben, verarbeitet oder genutzt, ist der Auftraggeber für die Einhaltung der Vorschriften dieses Gesetzes und anderer Vorschriften über den Datenschutz verantwortlich. Die in den §§ 6, 7 und 8 genannten Rechte sind ihm gegenüber geltend zu machen.

(2) Der Auftragnehmer ist unter besonderer Berücksichtigung der Eignung der von ihm getroffenen technischen und organisatorischen Maßnahmen sorgfältig auszuwählen. Der Auftrag ist schriftlich zu erteilen, wobei die Datenerhebung, -verarbeitung oder -nutzung, die technischen und organisatorischen Maßnahmen und etwaige Unterauftragsverhältnisse festzulegen sind. Er kann bei öffentlichen Stellen auch durch die Fachaufsichtsbehörde erteilt werden. Der Auftraggeber hat sich von der Einhaltung der beim Auftragnehmer getroffenen technischen und organisatorischen Maßnahmen zu überzeugen.

(3) Der Auftragnehmer darf die Daten nur im Rahmen der Weisungen des Auftraggebers erheben, verarbeiten oder nutzen. Ist er der Ansicht, dass eine Weisung des Auftraggebers gegen dieses Gesetz oder andere Vorschriften über den Datenschutz verstößt, hat er den Auftraggeber unverzüglich darauf hinzuweisen.

(4) Für den Auftragnehmer gelten neben den §§ 5, 9, 43 Abs. 1 Nr. 2, 10 und 11, Abs. 2 Nr. 1 bis 3 und Abs. 3 sowie § 44 nur die Vorschriften über die Datenschutzkontrolle oder die Aufsicht, und zwar für

1. a) öffentliche Stellen,
   b) nicht-öffentliche Stellen, bei denen der öffentlichen Hand die Mehrheit der Anteile gehört oder die Mehrheit der Stimmen zusteht und der Auftraggeber eine öffentliche Stelle ist,

die §§ 18, 24 bis 26 oder die entsprechenden Vorschriften der Datenschutzgesetze der Länder,

2. die übrigen nicht-öffentlichen Stellen, soweit sie personenbezogene Daten im Auftrag als Dienstleistungsunternehmen geschäftsmäßig erheben, verarbeiten oder nutzen, die §§ 4f, 4g und 38.

(5) Die Absätze 1 bis 4 gelten entsprechend, wenn die Prüfung oder Wartung automatisierter Verfahren oder von Datenverarbeitungsanlagen durch andere Stellen im Auftrag vorgenommen wird und dabei ein Zugriff auf personenbezogene Daten nicht ausgeschlossen werden kann.

Verantwortlichkeit des Auftraggebers

Liegt eine Auftragsdatenverarbeitung vor, trägt somit gemäß § 11 Abs. 1 BDSG der Auftraggeber angesichts seiner Weisungsbefugnis gegenüber dem Dienstleister auch nach der Auslagerung der Datenverarbeitung die volle rechtliche Verantwortung für die Einhaltung der gesetz-

lichen Datenschutzvorschriften. Dem Auftraggeber obliegen deshalb nach wie vor allem die folgenden Pflichten:
- die Prüfung der Rechtmäßigkeit der Datenverarbeitung,
- das Führen des Datenregisters gemäß § 4 g Abs. 2 BDSG,
- die Durchführung eventuell notwendiger Benachrichtigungen der Betroffenen gemäß § 33 BDSG sowie
- die Auskunftsverpflichtung gemäß § 34 BDSG.

Im Rahmen der §§ 33, 4 Abs. 3 BDSG ist der Betroffene über die Tatsache, dass ein Dienstleister als Auftragsdatenverarbeiter eingeschaltet wird, zu unterrichten.

Außerdem muss der Auftrageber bestimmte Pflichten im Hinblick auf die Auswahl des Auftragsdatenverarbeiters sowie die vertragliche Begründung der Auftragsdatenverarbeitung beachten.

Für den Auftragdatenverarbeiter gelten insbesondere die Verpflichtungen zur Wahrung des Datengeheimnisses gemäß § 5 BDSG und zur Gewährleistung der erforderlichen technischen und organisatorischen Schutzmaßnahmen gemäß § 9 BDSG.

Pflichten des Auftragnehmers

2.2. Internationaler Datentransfer

Insbesondere in der Unternehmenswelt bringen es international konsolidierte IT-Systemarchitekturen mit sich, dass oftmals auch für rein nationale Geschäftsprozesse internationale Datenflüsse erzeugt werden. Das gilt zum Beispiel, wenn die Personalabteilungen verschiedener Konzernunternehmen ihre nationalen wie auch internationalen Personalprozesse auf einem bei einem Konzernunternehmen zentralisierten Datenverarbeitungssystem abwickeln.

Internationaler Datentransfer

2.2.1. Datentransfers innerhalb der EU / des EWR

Aus rechtlicher Sicht ist beim Aufbau solcher konzernweiten oder internationalen Datenverarbeitungssysteme – wie aber auch bei internationalen Datenübermittlungen zwischen nicht verbundenen Unternehmen – zunächst darauf zu achten, dass die Datenübermittlungsvorschriften des BDSG beachtet werden. Die Weitergabe personenbezogener Daten bzw. die Gewährung von Zugriffsrechten an Mitarbeiter anderer Unternehmen bedarf (auch im Rahmen einer zentralisierten, konzernweiten Datenverarbeitung) grundsätzlich einer gesetzlichen Erlaubnis bzw. einer Einwilligung jedes einzelnen Betroffenen. Dies stellt § 4 b Abs. 1 BDSG ausdrücklich klar:

Datentransfers innerhalb der EU / des EWR

§ 4 b Abs. 1 BDSG	**Übermittlung personenbezogener Daten ins Ausland sowie an über- und zwischenstaatliche Stellen**
	Für die Übermittlung personenbezogener Daten an Stellen
	1. in anderen Mitgliedstaaten der Europäischen Union,
	2. in anderen Vertragsstaaten des Abkommens über den Europäischen Wirtschaftsraum oder
	3. der Organe und Einrichtungen der Europäischen Gemeinschaften
	gelten § 15 Abs. 1, § 16 Abs. 1 und §§ 28 bis 30 nach Maßgabe der für diese Übermittlung geltenden Gesetze und Vereinbarungen, soweit die Übermittlung im Rahmen von Tätigkeiten erfolgt, die ganz oder teilweise in den Anwendungsbereich des Rechts der Europäischen Union fallen.

Für Datentransfers innerhalb des Anwendungsbereichs der EG-Datenschutzrichtlinie gelten somit keine Besonderheiten: gemäß § 4 b Abs. 1 BDSG wird die EU bzw. der EWR insoweit datenschutzrechtlich als einheitlicher Rechtsraum mit »angemessenem Datenschutzniveau« angesehen. Eine Datenübermittlung ist unter den Voraussetzungen der §§ 28 - 30 BDSG oder auf Grund einer Einwilligung zulässig. Weitere Voraussetzungen sind nicht zu beachten.

Beispiel: Ein deutsches Unternehmen verarbeitet personenbezogene Daten und möchte die Personalverwaltung im Wege der Funktionsübertragung nach Frankreich auslagern. Im Hinblick auf die mit der Funktionsübertragung einhergehende Datenübermittlung an einen Dritten müssen die auch für rein nationale Datenübermittlungen einschlägigen Übermittlungsvorschriften beachtet werden. Zusätzliche Zulässigkeitsvoraussetzungen wegen der Übermittlung nach Frankreich bestehen nicht.

2.2.2. Datentransfers außerhalb der EU / des EWR

Datentransfers außerhalb der EU / des EWR

Zusätzlich zu diesen generellen Anforderungen an (auch rein nationale) Datenübermittlungen sind bei Datenübermittlungen außerhalb der EU bzw. des EWR die im Zuge der Umsetzung der EG-Datenschutz-Richtlinie in das BDSG aufgenommenen Sondervorschriften zur Datenübermittlung ins Ausland zu beachten.

Gemäß § 4 b und c BDSG gelten für die Übermittlung personenbezogener Daten an Stellen außerhalb des EWR – unbeschadet der dargestellten Anforderungen an die Zulässigkeit der Übermittlung an sich – weitere spezifische Zulässigkeitsvoraussetzungen:

Übermittlung personenbezogener Daten ins Ausland sowie an über- und zwischenstaatliche Stellen

§ 4 b Abs. 2–3 BDSG

(2) Für die Übermittlung personenbezogener Daten an Stellen nach Absatz 1, die nicht im Rahmen von Tätigkeiten erfolgt, die ganz oder teilweise in den Anwendungsbereich des Rechts der Europäischen Gemeinschaften fallen, sowie an sonstige ausländische oder über- oder zwischenstaatliche Stellen gilt Absatz 1 entsprechend. Die Übermittlung unterbleibt, soweit der Betroffene ein schutzwürdiges Interesse an dem Ausschluss der Übermittlung hat, insbesondere wenn bei den in Satz 1 genannten Stellen ein angemessenes Datenschutzniveau nicht gewährleistet ist. Satz 2 gilt nicht, wenn die Übermittlung zur Erfüllung eigener Aufgaben einer öffentlichen Stelle des Bundes aus zwingenden Gründen der Verteidigung oder der Erfüllung über- oder zwischenstaatlicher Verpflichtungen auf dem Gebiet der Krisenbewältigung oder Konfliktverhinderung oder für humanitäre Maßnahmen erforderlich ist.

(3) Die Angemessenheit des Schutzniveaus wird unter Berücksichtigung aller Umstände beurteilt, die bei einer Datenübermittlung oder einer Kategorie von Datenübermittlungen von Bedeutung sind; insbesondere können die Art der Daten, die Zweckbestimmung, die Dauer der geplanten Verarbeitung, das Herkunfts- und das Endbestimmungsland, die für den betreffenden Empfänger geltenden Rechtsnormen sowie die für ihn geltenden Standesregeln und Sicherheitsmaßnahmen herangezogen werden.

Nach dem Wortlaut setzt die Anwendbarkeit dieser Vorschrift eine »Übermittlung« von Daten in Drittländer voraus. Der Begriff der Übermittlung ist in § 3 Abs. 4 Nr. 3 BDSG legaldefiniert:

Datenübermittlung

Weitere Begriffsbestimmungen

§ 3 Abs. 4 Nr. 3 BDSG

(4) Im Einzelnen ist, ungeachtet der dabei angewendeten Verfahren:
3. Übermitteln das Bekanntgeben gespeicherter oder durch Datenverarbeitung gewonnener personenbezogener Daten an einen Dritten in der Weise, dass
   a) die Daten an den Dritten weitergegeben werden oder
   b) der Dritte zur Einsicht oder zum Abruf bereitgehaltene Daten einsieht oder abruft,

»Übermitteln« meint also das Bekanntgeben der gespeicherten Daten an einen Dritten in der Weise, dass entweder die Daten an den Dritten weitergegeben werden oder der Dritte die Daten einsieht oder abruft. Nach der wohl überwiegenden Ansicht in der juristischen Literatur stellt auch eine Veröffentlichung von Daten – sei es in gedruckter

Form oder auch im Internet – einen Fall der Übermittlung im Sinne dieser Vorschrift dar.

Im Kontext der Regelung des § 4 b BDSG, wenn es also um die Sondervorschrift für Übermittlungen in Drittsaaten geht, ist das Merkmal der Übermittlung allerdings etwas einschränkend auszulegen: nach einem Urteil des Europäischen Gerichtshofs (EuGH) vom 6. November 2003 in der Rechtssache C-101/01 – Bodil Lindqvist, liegt eine Übermittlung von Daten in ein Drittland im Sinne von Art. 25 der EG-Datenschutzrichtlinie nicht vor, wenn eine sich in einem EG-Mitgliedstaat befindliche Person in eine Internetseite personenbezogene Daten eines Dritten aufnimmt und diese damit jedem, der eine Verbindung zum Internet herstellt, einschließlich Personen in Drittländern, zugänglich macht.

Veröffentlichung von Daten im Internet

Der EuGH führt zur Begründung an, dass andernfalls immer dann, wenn personenbezogene Daten auf eine Internetseite hochgeladen würden, eine darin liegende Übermittlung zwangsläufig eine solche in sämtliche Drittländer wäre, in denen technisch Zugang zum Internet besteht. Dies hätte zur Folge, dass eine Aufnahme personenbezogener Daten in das Internet immer schon dann zu unterbleiben hätte, wenn auch nur ein Land kein angemessenes Datenschutzniveau aufweist. Dadurch erhielte Art. 25 der EG-Datenschutzrichtlinie aber den Charakter einer Generalnorm für die Zulässigkeit von Datenaufnahmen in das Internet, was von dem Gemeinschaftsgesetzgeber so nicht intendiert war.

Soweit eine Datenübermittlung in einen Drittstaat tatbestandsmäßig vorliegt, verlangt das Gesetz neben dem Vorliegen der Voraussetzungen der §§ 28 bis 30 BDSG nach § 4b Abs. 2 BDSG zusätzlich, dass der Betroffene kein schutzwürdiges Interesse am Ausschluss der Übermittlung hat. Ein solches schutzwürdiges Interesse ist insbesondere dann gegeben, wenn bei der Stelle, an die die Daten übermittelt werden, kein angemessenes Datenschutzniveau gewährleistet ist. Eine Datenübermittlung hat in diesem Fall zu unterbleiben, es sei denn, die Datenübermittlung ist gemäß § 4c BDSG ausnahmsweise zulässig.

schutzwürdiges Interesse am Ausschluss der Übermittlung

Beispiel: Sollten Mitarbeiter einer Konzerngesellschaft, die ihren Sitz außerhalb des EWR haben, Zugriff auf personenbezogene Daten von Mitarbeitern einer anderen deutschen Konzerngesellschaft erhalten, läge hierin eine Übermittlung in einen Drittstaat, die – zusätzlich zu einer Einwilligung oder einer gesetzlichen Erlaubnis für die Übermittlung – ein angemessenes Datenschutzniveau im Empfängerland voraussetzt.

Ob ein angemessenes Datenschutzniveau gewährleistet ist, ist nach den folgenden in § 4b Abs. 3 BDSG niedergelegten Kriterien im Einzelfall von der übermittelnden Stelle zu beurteilen:

Vorliegen eines angemessenen Datenschutzniveaus

- die Art der Daten,
- die Zweckbestimmung,
- die Dauer der geplanten Verarbeitung,
- das Herkunfts- und das Endbestimmungsland,
- die für den betreffenden Empfänger geltenden Rechtsnormen sowie
- die für ihn geltenden Standesregeln und Sicherheitsmaßnahmen.

Da diese Feststellung sehr aufwendig sein kann, kann die Europäische Kommission gemäß Artikel 25 Abs. 6 der EG-Datenschutzrichtlinie für ein Drittland allgemein die Feststellung treffen, dass es ein angemessenes Datenschutzniveau gewährleistet. Die EU-Kommission hat bisher die Angemessenheit des Schutzniveaus der Datenschutzregimes der Schweiz, Ungarns, Kanadas, Argentiniens, Guernseys und der Isle of Man positiv festgestellt. In Bezug auf die USA hat die EU-Kommission diese Anerkennung mit einem Vorbehalt versehen: sie hat festgestellt, dass der Schutzstandard dort nur dann angemessen im Sinne der EU-rechtlichen Anforderungen sei, wenn das Daten verarbeitende Unternehmen, an das Daten übermittelt werden, dem so genannten »*Safe Harbour*« angehören.

Feststellungen der EU-Kommission

Die Safe-Harbour-Prinzipien sind vom Handelsministerium der USA erarbeitet Grundsätze zum Datenschutz, die explizit für den Gebrauch durch US-Unternehmen und Organisationen bestimmt sind, die personenbezogene Daten aus der EU erhalten, um sich für den »Safe Harbour« und die daraus erwachsende Angemessenheit des Datenschutzes zu qualifizieren. Dieses Schutzkonzept war erforderlich, um Unsicherheiten über die Angemessenheit des Datenschutzes in den USA auszuräumen, die daraus resultierten, dass die USA einen sektoralen Datenschutzansatz verfolgen, der auf einer Mischung von Rechtsvorschriften, Verordnungen und Selbstregulierung beruht. Organisationen, die sich dazu entschließen, den Safe-Harbour-Prinzipien beizutreten, müssen die Grundsätze einhalten und diese Absicht öffentlich bekanntmachen. Die Grundsätze umfassen eine Pflicht der Organisation zur Information der Privatperson über den Zweck der Datenverarbeitung, die Gewährung einer Wahlmöglichkeit hinsichtlich der Datenweitergabe an Dritte oder der Nutzung der Daten zu anderen Zwecken und eines Auskunftsrechts über die gespeicherten Daten, eine Verpflichtung auf Datensicherheit und Datenintegrität, sowie die Verfügbarkeit effektiver Durchsetzungsmechanismen für die Privatpersonen.

Safe-Harbour-Grundsätze

Zulässigkeit der Verarbeitung personenbezogener Daten

Bindungswirkung gegenüber nationalen Behörden

Ein Datenexport in die Länder, für die die EG-Kommission eine Angemessenheit des Schutzniveaus bindend festgestellt hat, ist durch diese Entscheidungen erheblich erleichtert worden. Die Entscheidungen sind für alle Mitgliedstaaten bindend, so dass Datenübermittlungen in diese Länder auch durch die nationalen Aufsichtsbehörden nicht mehr wegen eines unzureichenden Datenschutzniveaus unterbunden werden können.

Ausnahmen vom angemessenen Schutzniveau

In Anbetracht der Tatsache, dass weltweit bislang nur ca. 35 Staaten über Datenschutzgesetze verfügen, und davon nicht alle dem EG-Schutzstandard entsprechen, ist jedoch davon auszugehen, dass nur wenige Drittstaaten die Anforderungen an ein angemessenes Schutzniveau erfüllen. Die Zulässigkeit eines Datenexports in solche Länder hängt dann regelmäßig davon ab, ob eine der im BDSG vorgesehenen Ausnahmen vom Grundsatz des angemessenen Datenschutzniveaus greift:

§ 4 c BDSG

Ausnahmen

(1) Im Rahmen von Tätigkeiten, die ganz oder teilweise in den Anwendungsbereich des Rechts der Europäischen Gemeinschaften fallen, ist eine Übermittlung personenbezogener Daten an andere als die in § 4b Abs. 1 genannten Stellen, auch wenn bei ihnen ein angemessenes Datenschutzniveau nicht gewährleistet ist, zulässig, sofern

1. der Betroffene seine Einwilligung gegeben hat,
2. die Übermittlung für die Erfüllung eines Vertrags zwischen dem Betroffenen und der verantwortlichen Stelle oder zur Durchführung von vorvertraglichen Maßnahmen, die auf Veranlassung des Betroffenen getroffen worden sind, erforderlich ist,
3. die Übermittlung zum Abschluss oder zur Erfüllung eines Vertrags erforderlich ist, der im Interesse des Betroffenen von der verantwortlichen Stelle mit einem Dritten geschlossen wurde oder geschlossen werden soll,
4. die Übermittlung für die Wahrung eines wichtigen öffentlichen Interesses oder zur Geltendmachung, Ausübung oder Verteidigung von Rechtsansprüchen vor Gericht erforderlich ist,
5. die Übermittlung für die Wahrung lebenswichtiger Interessen des Betroffenen erforderlich ist oder
6. die Übermittlung aus einem Register erfolgt, das zur Information der Öffentlichkeit bestimmt ist und entweder der gesamten Öffentlichkeit oder allen Personen, die ein berechtigtes Interesse nachweisen können, zur Einsichtnahme offen steht, soweit die gesetzlichen Voraussetzungen im Einzelfall gegeben sind.

Die Stelle, an die die Daten übermittelt werden, ist darauf hinzuweisen, dass die übermittelten Daten nur zu dem Zweck verarbeitet oder genutzt werden dürfen, zu dessen Erfüllung sie übermittelt werden.

(2) Unbeschadet des Absatzes 1 Satz 1 kann die zuständige Aufsichtsbehörde einzelne Übermittlungen oder bestimmte Arten von Übermittlungen personenbezogener Daten an andere als die in § 4b Abs. 1 genannten Stellen genehmigen, wenn die verantwortliche Stelle ausreichende Garantien hinsichtlich des Schutzes des Persönlichkeitsrechts und der Ausübung der damit verbundenen Rechte vorweist; die Garantien können sich insbesondere aus Vertragsklauseln oder verbindlichen Unternehmensregelungen ergeben.

Bei Post- und Telekommunikationsunternehmen ist der Bundesbeauftragte für den Datenschutz zuständig. Sofern die Übermittlung durch öffentliche Stellen erfolgen soll, nehmen diese die Prüfung nach Satz 1 vor.

(3) Die Länder teilen dem Bund die nach Absatz 2 Satz 1 ergangenen Entscheidungen mit.

Die strikten Regelungen des § 4b Abs. 2 BDSG für die Übermittlung personenbezogener Daten in einen Staat ohne angemessenes Datenschutzniveau werden durch die Ausnahmetatbestände in § 4c Abs. 1 BDSG etwas erleichtert. Dazu zählen insbesondere die Einwilligung und Übermittlungen im Rahmen eines Vertrags oder Vorvertrags, der durch den Betroffenen selbst oder durch einen Dritten in seinem Interesse geschlossen wird (§ 4 c Abs. 1 Nr. 1 – 3 BDSG). Damit soll sichergestellt werden, dass der Wirtschaftsverkehr mit Drittstaaten nicht unangemessen beeinträchtigt wird.

Ausnahmen aufgrund von Einwilligungen und Vertragszwecken

Der Ausschluss der Übermittlung mangels angemessenen Datenschutzniveaus kann auch dann vermieden werden, wenn beim Datenempfänger Garantien hinsichtlich des Schutzes des Persönlichkeitsrechts und der Ausübung der damit verbundenen Rechte bestehen. Solche Garantien können sich gemäß § 4c Abs. 2 S. 1 BDSG insbesondere aus Vertragsklauseln oder verbindlichen Unternehmensregelungen ergeben. Eine in der Praxis von Unternehmensverbünden häufig in Anspruch genommene Ausnahmeregelung ist die Etablierung »verbindlicher Unternehmensregelungen«. Solche konzernweiten Unternehmensregelungen auf dem Gebiet des Datenschutzes und der Datensicherheit werden zumeist als »*codes of conduct*« bezeichnet und z.B. in der Form einer Betriebsvereinbarung im Unternehmen etabliert.

Vertragsklauseln und verbindliche Unternehmensregelungen (»Codes of Conduct«)

Um beim Export von Daten in Drittstaaten ohne angemessenes Schutzniveau in den Genuss dieses Privilegs zu kommen, müssen diese *codes of conduct* jedoch zuvor der zuständigen Aufsichtsbehörde zur Genehmigung vorgelegt werden. Die Genehmigung kann sich auch auf eine

Kategorie von Übermittlungen beziehen. Für Konzernmütter und ihre Töchter bedeutet dies, dass Genehmigungen von allen rechtlich selbständigen Unternehmen für ihre Datenübermittlungen bei der jeweils zuständigen Aufsichtsbehörde zu beantragen sind.

von der EU-Kommission genehmigte Standardverträge

Außerdem kann die EU-Kommission nach Artikel 26 Abs. 4 der EG-Datenschutzrichtlinie feststellen, dass durch die Verwendung bestimmter Standardvertragsklauseln ausreichende Garantien hinsichtlich des Datenschutzes gegeben sind. Die Europäische Kommission hat zuletzt mit Entscheidung vom 7. Januar 2005 (Entscheidung C(2004)5271) einen neuen derartigen Standardvertrag genehmigt, der es Unternehmen ermöglicht, ein angemessenes Datenschutzniveau zu gewährleisten, wenn sie personenbezogene Daten aus der EU in Nicht-EU-Länder übermitteln.

Beispiel: Ein deutsches Unternehmen plant den Aufbau eines Tochterunternehmens in Indien. Es ist dabei vorgesehen, die Verarbeitung personenbezogener Daten im Wege der Funktionsübertragung nach Indien zu verlagern. Da Indien ein Drittland ist, für das derzeit die Angemessenheit des Schutzniveaus nicht positiv festgestellt ist, ist fraglich, ob eine Datenübermittlung nach den in § 4b Abs. 3 BDSG genannten Kriterien zulässig ist. Zur Vermeidung von Rechtsunsicherheiten empfiehlt es sich deshalb, einen Vertrages zur Absicherung des Datenschutzniveaus in Indien abzuschließen oder verbindliche unternehmensweite Datenschutzrichtlinien (Codes of Conduct) einzuführen. Die Datenübermittlung auf der Grundlage des Vertrags oder der verbindlichen Unternehmensregelungen ist genehmigungspflichtig.

Standardvertragsklauseln für Auftragsdatenverarbeitungen

Eigenständige Standardvertragsklauseln hat die EG-Kommission mit Entscheidung vom 10. Dezember 2001 für die Datenübermittlung in Drittstaaten im Rahmen von Auftragsdatenverarbeitungen genehmigt. Diese Standardvertragsklauseln sehen vor, dass ein Auftraggeber mit Sitz in der EU bzw. einem EWR-Vertragsstaat den Dienstleister im Drittstaat anweist, die ihm übermittelten personenbezogenen Daten im Einklang mit den für den Auftraggeber geltenden Datenschutzbestimmungen zu verarbeiten. Im Ergebnis hat die EG-Kommission in diesem Standardvertrag somit einen Export der nationalen bzw. europäischen Datenschutzvorschriften in das Drittland vorgesehen.

Bindungswirkung gegenüber nationalen Aufsichtsbehörden

Die nationalen Aufsichtsbehörden sind bei ihrer Genehmigungsentscheidung an die Kommissionsentscheidungen zu den Standardvertragsklauseln gebunden. Aus Gründen der Rechtssicherheit ist es deshalb ratsam, die von der EG-Kommission anerkannten Musterverträge zu verwenden.

2.3. Besondere Arten personenbezogener Daten

Mit der Umsetzung der EG-Datenschutzrichtlinie haben spezielle Vorschriften in Bezug auf die Verarbeitung »besonderer Arten personenbezogener Daten« Eingang in das deutsche Datenschutzrecht gefunden. Eine Definition dieses Begriffs findet sich in § 3 Abs. 9 BDSG:

Weitere Begriffsbestimmungen § 3 Abs. 9 BDSG

Besondere Arten personenbezogener Daten sind Angaben über die rassische und ethnische Herkunft, politische Meinungen, religiöse oder philosophische Überzeugungen, Gewerkschaftszugehörigkeit, Gesundheit oder Sexualleben.

Nach dem Wortlaut dieser Vorschrift handelt es sich bei den besonderen Arten personenbezogener Daten also um besonders sensible Angaben über den Betroffenen. Die Aufzählung ist abschließend.

Bedeutung erlangt die Definition besonderer Arten personenbezogener Daten dadurch, dass ihre Erhebung, Verarbeitung und Nutzung besonderen Restriktionen unterworfen ist, wie es insbesondere in § 28 Abs. 6 – 9 BDSG zum Ausdruck kommt:

Verarbeitungsrestriktionen

Datenerhebung, -verarbeitung und -nutzung für eigene Zwecke § 28 Abs. 6–9 BDSG

(6) Das Erheben, Verarbeiten und Nutzen von besonderen Arten personenbezogener Daten (§ 3 Abs. 9) für eigene Geschäftszwecke ist zulässig, soweit nicht der Betroffene nach Maßgabe des § 4a Abs. 3 eingewilligt hat, wenn

1. dies zum Schutz lebenswichtiger Interessen des Betroffenen oder eines Dritten erforderlich ist, sofern der Betroffene aus physischen oder rechtlichen Gründen außerstande ist, seine Einwilligung zu geben,
2. es sich um Daten handelt, die der Betroffene offenkundig öffentlich gemacht hat,
3. dies zur Geltendmachung, Ausübung oder Verteidigung rechtlicher Ansprüche erforderlich ist und kein Grund zu der Annahme besteht, dass das schutzwürdige Interesse des Betroffenen an dem Ausschluss der Erhebung, Verarbeitung und Nutzung erheblich überwiegt und der Zweck der Forschung auf andere Weise nicht oder nur mit unverhältnismäßigem Aufwand erreicht werden kann.

(7) Das Erheben von besonderen Arten personenbezogener Daten (§ 3 Abs. 9) ist ferner zulässig, wenn dies zum Zwecke der Gesundheitsvorsorge, der medizinischen Diagnostik, der Gesundheitsversorgung oder

Behandlung oder für die Verwaltung von Gesundheitsdiensten erforderlich ist und die Verarbeitung dieser Daten durch ärztliches Personal oder durch sonstige Personen erfolgt, die einer entsprechenden Geheimhaltungspflicht unterliegen. Die Verarbeitung und Nutzung von Daten zu den in Satz 1 genannten Zwecken richtet sich nach den für die in Satz 1 genannten Personen geltenden Geheimhaltungspflichten. Werden zu einem in Satz 1 genannten Zweck Daten über die Gesundheit von Personen durch Angehörige eines anderen als in § 203 Abs. 1 und 3 des Strafgesetzbuches genannten Berufes, dessen Ausübung die Feststellung, Heilung oder Linderung von Krankheiten oder die Herstellung oder den Vertrieb von Hilfsmitteln mit sich bringt, erhoben, verarbeitet oder genutzt, ist dies nur unter den Voraussetzungen zulässig, unter denen ein Arzt selbst hierzu befugt wäre.

(8) Für einen anderen Zweck dürfen die besonderen Arten personenbezogener Daten (§ 3 Abs. 9) nur unter den Voraussetzungen des Absatzes 6 Nr. 1 bis 4 oder des Absatzes 7 Satz 1 übermittelt oder genutzt werden. Eine Übermittlung oder Nutzung ist auch zulässig, wenn dies zur Abwehr von erheblichen Gefahren für die staatliche und öffentliche Sicherheit sowie zur Verfolgung von Straftaten von erheblicher Bedeutung erforderlich ist.

(9) Organisationen, die politisch, religiös oder gewerkschaftlich ausgerichtet sind und keinen Erwerbszweck verfolgen, dürfen besondere Arten personenbezogener Daten (§ 3 Abs. 9) erheben, verarbeiten oder nutzten, soweit dies für die Tätigkeit der Organisation erforderlich ist. Dies gilt nur für personenbezogene Daten ihrer Mitglieder oder von Personen, die im Zusammenhang mit deren Tätigkeitszweck regelmäßig Kontakte mit ihr unterhalten. Die Übermittlung dieser personenbezogenen Daten an Personen oder Stellen außerhalb der Organisation ist nur unter den Voraussetzungen des § 4a Abs. 3 zulässig. Absatz 3 Nr. 2 gilt entsprechend.

Der Wortlaut dieser Vorschrift zeigt, dass die Voraussetzungen, unter denen besondere Arten personenbezogener Daten erhoben, verarbeitet und genutzt werden dürfen, strenger sind als diejenigen der Generalklausel gemäß § 28 Abs. 1 – 3 BDSG.

Auffällig ist zunächst, dass besondere Arten personenbezogener Daten nicht aufgrund einer einfachen Interessenabwägung, wie etwa im Rahmen von § 28 Abs. 1 Nr. 2 BDSG verarbeitet werden dürfen. Stattdessen enthält § 28 Abs. 6 BDSG vier besondere Erlaubnistatbestände. Danach ist eine Erhebung, Verarbeitung oder Nutzung besonderer Arten personenbezogener Daten zulässig, wenn:

Wahrung lebenswichtiger Interessen
- der Betroffene aus physischen oder rechtlichen Gründen keine wirksame Einwilligung erteilen kann (also insbesondere bei

Krankheit, fehlender Geschäftsfähigkeit etc.), die Datenverarbeitung aber zum Schutz lebenswichtiger Interessen des Betroffenen erforderlich ist (Nr. 1);
- der Betroffene die besonders geschützten Daten offenkundig selbst öffentlich gemacht hat (Nr. 2);   *Selbstveröffentlichung*
- die Datenverarbeitung zur Geltendmachung, Ausübung oder Verteidigung rechtlicher Ansprüche erforderlich ist und dem kein überwiegendes schutzwürdiges Interesse des Betroffenen entgegen steht (Nr. 3) oder   *Durchsetzung von Rechtsansprüchen*
- die Datenverarbeitung für die wissenschaftliche Forschung erforderlich, sofern der Forschungszweck nicht durch ein »milderes Mittel« zu erreichen ist und dem kein überwiegendes schutzwürdiges Interesse des Betroffenen entgegen steht (Nr. 4).   *wissenschaftliche Forschung*

Die lebenswichtigen Interessen im Sinne von vorstehender Nr. 1 dürften im Regelfall in der Ermöglichung einer dringenden medizinischen Behandlung bestehen.   *Vorliegen lebenswichtiger Interessen*

Die Verarbeitung besonderer Arten personenbezogener Daten im Rahmen von Vertragsverhältnissen dürfte allein auf den in vorstehender Nr. 3 genannten Erlaubnistatbestand gestützt werden können. Der Begriff der rechtlichen Ansprüche in Nr. 3 wird dabei im Sinne von § 194 BGB weit auszulegen sein, wonach ein »Anspruch« ein Recht ist, von einem anderen ein Tun oder Unterlassen zu verlangen. Die Erlaubnisvorschrift der Nr. 3 gestattet deshalb insbesondere auch Datenverarbeitungen zum Zwecke der außergerichtlichen Geltendmachung, Ausübung und Verteidigung von Rechtsansprüchen.   *Durchsetzung von Rechtsansprüchen*

Die in Art. 8 Abs. 2 lit. b der EG-Datenschutzrichtlinie enthaltene Sonderregelung in Bezug auf die Verarbeitung besonderer Arten personenbezogener Daten im Rahmen von Arbeitsverhältnissen hat der Gesetzgeber nicht in das BDSG transformiert. Die Richtlinienvorschrift gestattet ausdrücklich auch solche Verarbeitungen, die erfolgen, »um den Rechten und Pflichten des für die Verarbeitung Verantwortlichen auf dem Gebiet des Arbeitsrechts Rechnung zu tragen, sofern dies aufgrund von einzelstaatlichem Recht, das angemessene Garantien vorsieht, zulässig ist«. Der in § 28 Abs. 6 Nr. 3 BDSG enthaltene Erlaubnistatbestand sollte deshalb richtlinienkonform so ausgelegt werden, dass auch solche Datenverarbeitungen erfasst werden. In der Praxis könnte dies etwa bei der Erhebung und Verarbeitung von Informationen über Krankheiten eines Mitarbeiters relevant werden, die der Arbeitgeber benötigt, um seinen Anspruch auf ordnungsgemäße Erfüllung des Arbeitsvertrages aus § 611 Abs. 1 BGB durchzusetzen, oder zu verteidigen, etwa auch im Wege einer krankheitsbedingten Kündigung des Arbeitsverhältnisses.   *Verarbeitung im Arbeitsverhältnis*

2.4. Automatisierte Einzelentscheidungen

Auch die Vorschrift über automatisierte Einzelentscheidungen in § 6 a BDSG geht auf eine Bestimmung in der EG-Datenschutzrichtlinie zurück. Diese Regelung soll die Betroffenen vor automatisierten Entscheidungen schützen, die ausschließlich auf der Basis von Persönlichkeitsprofilen ergehen, ohne dass der Betroffene die Möglichkeit hat, Kenntnis über die zugrunde liegenden Informationen oder Bewertungskriterien zu erhalten und auf die Entscheidung Einfluss nehmen zu können:

§ 6 a BDSG

Automatisierte Einzelentscheidung

(1) Entscheidungen, die für den Betroffenen eine rechtliche Folge nach sich ziehen oder ihn erheblich beeinträchtigen, dürfen nicht ausschließlich auf eine automatisierte Verarbeitung personenbezogener Daten gestützt werden, die der Bewertung einzelner Persönlichkeitsmerkmale dienen.

(2) Dies gilt nicht, wenn

1. die Entscheidung im Rahmen des Abschlusses oder der Erfüllung eines Vertragsverhältnisses oder eines sonstigen Rechtsverhältnisses ergeht und dem Begehren des Betroffenen stattgegeben wurde oder

2. die Wahrung der berechtigten Interessen des Betroffenen durch geeignete Maßnahmen gewährleistet und dem Betroffenen von der verantwortlichen Stelle die Tatsache des Vorliegens einer Entscheidung im Sinne des Absatzes 1 mitgeteilt wird. Als geeignete Maßnahme gilt insbesondere die Möglichkeit des Betroffenen, seinen Standpunkt geltend zu machen. Die verantwortliche Stelle ist verpflichtet, ihre Entscheidung erneut zu prüfen.

(3) Das Recht des Betroffenen auf Auskunft nach § 19 und § 34 erstreckt sich auch auf den logischen Aufbau der automatisierten Verarbeitung der ihn betreffenden Daten.

Nach der Systematik der Vorschrift sind automatisierte Einzelentscheidungen verboten, es sei denn, es greift eine der in Absatz 2 normierten Ausnahmen.

2.4.1. Tatbestandsvoraussetzungen

Begriff der automatisierten Entscheidung

Die Anwendbarkeit der Vorschrift setzt zunächst voraus, dass eine automatisierte Entscheidung getroffen wird, die rechtliche Folgen nach sich zieht oder zumindest eine erheblich beeinträchtigende Wirkung hat. Vor allem aber muss die Entscheidung ausschließlich aufgrund einer automatisierten Verarbeitung erfolgen, d.h. eine erneute Überprüfung durch einen Menschen darf nicht vorgesehen sein. Im öffentlichen Bereich sind das in der Regel Verwaltungsakte. Keine Entscheidung im Sinne von Absatz 1 sind tatsächliche Vorgänge wie etwa Abhebungen am Geldautomaten, automatisierte Genehmigungen von Kreditkartenverfügungen oder automatisiert gesteuerte Guthabenabgleiche zur Ausführung von Überweisungs- oder Lastschriftaufträgen. Anlässlich der Geldtransaktion selbst wird lediglich ausgeführt, was in dem zugrunde liegenden Rechtsverhältnis zwischen Kreditinstitut und Kunde bereits vereinbart wurde.

Auch bloße Vorentscheidungen, wie etwa die automatisierte Vorauswahl im Vorfeld einer Personalbesetzung (automatisierter Abgleich des Personalbestandes anhand bestimmter Suchkriterien, wie etwa Alter, Ausbildung, Zusatzqualifikation u. ä.), sind ebenso wenig erfasst wie Identifikationsverfahren, etwa mittels Finger- oder Handabdrücken, der Iris oder der Stimme.

Vorentscheidungen

Identifikationsverfahren

Entscheidungen im Sinne des Absatz 1 sind im übrigen nur solche, die auf Daten gestützt werden, die zum Zweck der Bewertung einzelner Aspekte einer Person, wie beispielsweise ihrer beruflichen Leistungsfähigkeit, ihrer Kreditwürdigkeit, ihrer Zuverlässigkeit oder ihres Verhaltens, erhoben wurden.

AUTOMATISIERTE EINZELENTSCHEIDUNG

2.4.2. Zulässigkeit automatisierter Einzelentscheidungen

Zulässigkeits-restriktionen

Liegt nach Absatz 1 eine automatisierte Einzelentscheidung vor, so ist diese nur unter den Voraussetzungen des Absatzes 2 statthaft.

Mit dem Begriff des sonstigen Rechtsverhältnisses in Absatz 2 Nr. 1 ist eine der ersten Alternative (Vertragsverhältnis) vergleichbare Fallgestaltung im öffentlichen Bereich gemeint.

Als geeignete Maßnahme im Sinne von Absatz 2 Nr. 2 gilt insbesondere die Möglichkeit des Betroffenen, seinen Standpunkt geltend zu machen. Daneben kommen auch andere Maßnahmen in Betracht. Maßstab ist insoweit die Effizienz der jeweiligen Maßnahme hinsichtlich der Wahrung des berechtigten Interesses des Betroffenen. Um dem Zweck der Regelung gerecht zu werden, muss der Betroffene über die Tatsache des Vorliegens einer Entscheidung im Sinne von Absatz 1 informiert werden. Die erneute Überprüfung darf nicht ausschließlich automatisiert erfolgen.

2.4.3. Scoring-Verfahren

Als Verfahren zur Beurteilung der Kreditwürdigkeit sind im Kreditgewerbe insbesondere sog. Scoring-Verfahren etabliert. Diese Verfahren stellen eine Auswertungsmethode dar, eine Mehrzahl von Menschen oder Merkmalen in eine Reihenfolge nach einem oder mehreren Kriterien zu bringen, d.h. sie zu positionieren. Allerdings sollen Scoring-Verfahren ausweislich der Gesetzesbegründung nur dann unter die Regelung fallen, wenn sowohl das Scoring-Verfahren als auch die anschließende Entscheidung in einer Hand liegen.

Personenbezug von Score-Werten

In Rechtsprechung und Literatur besteht derzeit allerdings kein einheitliches Meinungsbild darüber, ob die datenschutzrechtlichen Vorschriften überhaupt auf das Scoring-Verfahren Anwendung finden. Während teilweise argumentiert wird, dass es sich bei dem Score-Wert um einen bloß statistischen, anonymen Wert ohne Personenbezug handelt, sind andere Vertreter der Literatur und der Datenschutzaufsichtsbehörden der Auffassung, dass es sich insoweit um ein personenbezogenes Datum im Sinne der Datenschutzvorschriften handelt.

Zulässigkeit des Scorings

Im Hinblick auf die datenschutzrechtliche Zulässigkeit des Scorings wird ebenfalls kontrovers diskutiert, ob auf das Scoring-Verfahren die Vorschrift des § 6 a DSG über automatisierte Einzelentscheidungen anwendbar ist. Gut vertretbar erscheint die Ansicht, dass die in der Kreditwirtschaft üblichen Scoring-Verfahren jedenfalls dann nicht der Regelung in § 6 a BDSG unterfallen, wenn bei einer negativen Entscheidung (z.B. über eine Kreditvergabe) vor deren Bekanntgabe an den Betroffenen eine Überprüfung durch einen Bankmitarbeiter erfolgt, auch wenn der Kreditsachbearbeiter sich bei der Prüfung maßgeblich von dem automatisch ermittelten Score-Wert leiten lässt. In diesen Fällen würde die Entscheidung jedenfalls nicht ausschließlich aufgrund einer automatisierten Datenverarbeitung getroffen. Insoweit ist es ausreichend, dass die Letztentscheidung – und damit die Möglichkeit der Abweichung von dem automatisiert erzielten Ergebnis – bei einem Menschen liegt.

2.5. Videoüberwachung

Eine weitere Sondervorschrift, die aufgrund der Umsetzung der EG-Datenschutzrichtlinie in das BDSG aufgenommen wurde, ist die Regelung in § 6 b BDSG zur Beobachtung öffentlich zugänglicher Räume mit optisch-elektronischen Einrichtungen (Videoüberwachung):

Beobachtung öffentlich zugänglicher Räume mit optisch-elektronischen Einrichtungen § 6 b BDSG

(1) Die Beobachtung öffentlich zugänglicher Räume mit optisch-elektronischen Einrichtungen (Videoüberwachung) ist nur zulässig, soweit sie

1. zur Aufgabenerfüllung öffentlicher Stellen,
2. zur Wahrnehmung des Hausrechts oder
3. zur Wahrnehmung berechtigter Interessen für konkret festgelegte Zwecke

erforderlich ist und keine Anhaltspunkte bestehen, dass schutzwürdige Interessen der Betroffenen überwiegen.

(2) Der Umstand der Beobachtung und die verantwortliche Stelle sind durch geeignete Maßnahmen erkennbar zu machen.

(3) Die Verarbeitung oder Nutzung von nach Absatz 1 erhobenen Daten ist zulässig, wenn sie zum Erreichen des verfolgten Zwecks erforderlich ist und keine Anhaltspunkte bestehen, dass schutzwürdige Interessen der Betroffenen überwiegen. Für einen anderen Zweck dürfen sie nur verarbeitet oder genutzt werden, soweit dies zur Abwehr von Gefahren für die staatliche und öffentliche Sicherheit sowie zur Verfolgung von Straftaten erforderlich ist

(4) Werden durch Videoüberwachung erhobene Daten einer bestimmten Person zugeordnet, ist diese über eine Verarbeitung oder Nutzung entsprechend §§ 19a und 33 zu benachrichtigen.

(5) Die Daten sind unverzüglich zu löschen, wenn sie zur Erreichung des Zwecks nicht mehr erforderlich sind oder schutzwürdige Interessen der Betroffenen einer weiteren Speicherung entgegenstehen.

Der Aufbau von § 6 b BDSG lässt sich wie folgt systematisieren:
- Absatz 1 regelt die Zulässigkeit der Videoüberwachung;
- Absatz 2 und 4 enthalten Informationspflichten;
- Absatz 3 enthält Bestimmungen zur Zweckbindung und
- Absatz 5 regelt die Löschung der aufgezeichneten Daten.

2.5.1. Bestimmung des Anwendungsbereichs

Notwendigkeit einer Aufzeichnung

§ 6 b BDSG regelt die Beobachtung öffentlich zugänglicher Räume mit optisch-elektronischen Einrichtungen (Videoüberwachung). Eine anschließende Speicherung des Bildmaterials ist zwar nach dem Wortlaut der Vorschrift nicht erforderlich; in der datenschutzrechtlichen Literatur wird insoweit jedoch vertreten, dass die Anwendung der Vorschrift eine zumindest vorübergehende Aufzeichnung voraussetzt. Auch das VG Halle hat in einer Entscheidung aus dem Jahre 2000 (Az. 3 B 121/99) festgestellt, dass Die bloße Videoüberwachung eines öffentlichen Platzes im Gegensatz zur Videoaufzeichnung nicht in das verfassungsrechtlich geschützte allgemeine Persönlichkeitsrecht gemäß Art. 2 Abs. 1 GG eingreife.

öffentlich zugängliche Räume

Für das Vorliegen eines »öffentlich zugänglichen Raumes« kommt es nicht darauf an, ob er umschlossen ist, also ob er innerhalb oder außerhalb eines Gebäudes liegt. Unerheblich ist auch, ob der Raum in öffentlichem oder privatem Eigentum steht. Maßgeblich ist allein, dass er grundsätzlich von jedermann – gegebenenfalls nach Herbeiführung einer für jedermann möglichen Zugangsberechtigung wie einer Eintrittskarte – betreten werden dürfen. Die Gesetzesbegründung nennt als öffentlich zugängliche Räume z.B. Bahnsteige, Ausstellungsräume eines Museums, Verkaufsräume oder Schalterhallen.

Zu den öffentlich zugänglichen Räumen gehören auch dem Gemeingebrauch gewidmete Straßen, Wege und Plätze, sowie tatsächlich für jedermann zugängliche Bereiche wie z.B. Eingangs- und Flurbereiche von Behördengebäuden, Schulen, Abfallsammelstellen und Schwimmbädern.

Überwachung des Firmengeländes

Nicht von § 6 b BDSG erfasst werden Beobachtungen am Arbeitsplatz oder in den nicht allgemein zugänglichen Bereichen eines Hotels oder eines Flughafens. Überwachungskameras auf Firmengeländen unterfallen der Regelung nur, soweit auch ein an dem Firmengrundstück vorbeiführender, öffentlicher Weg beobachtet wird. Das Firmengelände selbst ist nicht als öffentlich zugänglicher Raum anzusehen. Dabei kann nach einem Urteil des AG Berlin-Mitte aus dem Jahre 2003 (Az. 16 C 427/02) ein Bürger, der regelmäßig an einem Kaufhaus vorbeigehen muss, das im Außenbereich mit einer Videokamera überwacht wird, unter Umständen sogar verlangen, dass die Videoüberwachung eingeschränkt oder unterlassen wird. Nach den Feststellungen des Gerichts würden die schutzwürdigen Interessen des Bürger nämlich verletzt, wenn es nicht möglich ist, vom überwachten Außenbereich des Kaufhauses in den nichtüberwachten öffentlichen Raum auszuweichen. Ist das der Fall, könne der Bürger vom Betreiber der Videoüberwachung verlangen, diese einzustellen.

Dabei fallen allerdings nur solche Beobachtungen in den Schutzbereich der Vorschrift, die eine Überwachung Betroffener ermöglichen bzw. hierauf ausgerichtet sind. Nach einer Entscheidung des VG Karlsruhe aus dem Jahre 2001 (Az. 11 K 191/01) werde durch bloße Übersichtsaufnahmen, die eine individuelle Identifizierung nicht ermöglichen, der Datenschutz nicht berührt.

Möglichkeit der Identifikation bestimmter Personen

Beispiel: die Beobachtung einer Straßenkreuzung zur Verkehrsregelung mit einer Bildschärfe, die keine Identifizierung von Personen zulässt, unterliegt nicht den Bestimmungen des § 6 b BDSG.

Ebenso wenig findet § 6 b BDSG Anwendung, wenn die Beobachtung zu einem anderen Zeck erfolgt, etwa zur Überwachung technischer Anlagen, und natürliche Personen allenfalls zufällig in den Überwachungsbereich gelangen können, ohne dass insoweit zielgerichtet eine Beobachtung von Personen erfolgt.

Überwachung zu anderen Zwecken

Beispiel: wird ein Bahnsteig durch den Zugführer mittels eines Monitors überwacht um zu gewährleisten, dass vor der Anfahrt sämtliche Zugtüren geschlossen sind, so werden aus- und einsteigende Personen mithilfe dieser Monitoranlage nicht im Sinne von § 6 b BDSG beobachtet. Auch die Überwachung einer gefahrenträchtigen Schleusung eines Schiffes oder die Öffnung einer Hebebrücke unterliegt nicht § 6 b BDSG. Dasselbe gilt für »automatische Klingelanlagen«, bei denen Besucher eine Klingel zum Einlass nutzen und daraufhin im betroffenen Gebäude das Bild der Person auf einem Monitor erscheint.

Ergänzend ist zu berücksichtigen, dass es sich bei § 6 b BDSG um eine Auffangvorschrift handelt, die gegenüber bereichsspezifischen Sonderregelungen zurücktritt. Vorrangig anzuwendende, spezialgesetzliche Vorschriften sind unter anderem in folgenden Gesetzen enthalten:

bereichsspezifische Sonderregelungen

- §§ 12 a, 19 a Versammlungsgesetz;
- § 100 c Abs. 1 Nr. 1 a Strafprozessordnung;
- §§ 27, 28 Gesetz über die Bundespolizei;
- § 26 Bundeskriminalamtsgesetz und
- § 8 Abs. 2 S. 1 i.V.m. § 9 Bundesverfassungsschutzgesetz.

2.5.2. Zulässigkeit von Videoüberwachungen

Nach Absatz 1 ist eine Videoüberwachung nur zulässig, sofern sie
- Zur Aufgabenerfüllung öffentlicher Stellen (Nr. 1);
- Zur Wahrnehmung des Hausrechts (Nr. 2) oder
- Zur Wahrnehmung berechtigter Interessen für konkret festgelegte Zwecke (Nr. 3)

erforderlich ist und keine Anhaltspunkte bestehen, dass schutzwürdige Interessen des Betroffenen überwiegen.

Die Aufgaben einer öffentlichen Stelle im Sinne von Nr. 1 ergeben sich aus Gesetzen, Verordnungen und anderen Rechtsvorschriften.

Wahrnehmung des Hausrechts

Der Umfang des Hausrechts im Sinne von Nr. 2 ist in der Regelung nicht definiert. Im Zivilrecht bezeichnet das Hausrecht die Befugnis, über die Benutzung eines geschützten Raumes zu verfügen und gegebenenfalls ein Hausverbot auszusprechen. Der Begriff des Hausrechts ist jedoch durchaus als etwas konturenlos zu bezeichnen. So ist insbesondere ungeklärt, ob das Hausrecht im Sinne von § 6 b BDSG neben dem Schutz des Eigentums und der Sicherheit des Hausrechtsinhabers und seiner Beschäftigten auch den Schutz von Eigentum und Sicherheit von z.B. Besuchern umfasst. Von der Interpretation des »Hausrechts« hängt jedoch maßgeblich der Umfang der zugelassenen Videoüberwachung ab.

Sieht man den Schutz von Personen oder des Eigentums nicht mehr als vom Hausrecht abgedeckt an, lässt sich eine Videoüberwachung gegebenenfalls gemäß Nr. 3 dadurch rechtfertigen, dass sie zur Wahrnehmung berechtigter Interessen erforderlich ist. Nach einer Entscheidung des BayObLG aus dem Jahre 2002 (Az. 2 St RR 8/02) habe z.B. ein Kaufhausbetreiber ein berechtigtes Interesse daran, die Verkaufsräume durch Video zu überwachen, um Diebstähle nach Möglichkeit nicht nur

präventive Überwachung

aufdecken, sondern bereits generalpräventiv verhindern und dadurch die Preise möglichst niedrig halten zu können, was auch im Interesse der Kunden liege.

Jedenfalls müssen die Zwecke der Videoüberwachung vorher konkret festgelegt und dokumentiert und sinnvoller Weise auch im Verfahrensverzeichnis gemäß § 4 g Abs. 2 BDSG beschrieben sein.

Interessenabwägung

Bei sämtlichen der drei vorgenannten Zulässigkeitsalternativen hat zusätzlich eine Abwägung mit etwaigen, der Videoüberwachung entgegenstehenden, schutzwürdigen Interessen der Betroffenen zu erfolgen. Dasselbe gilt gemäß Absatz 3 S. 1 für die Verarbeitung und Nutzung der per Videoüberwachung gesammelten personenbezogenen Daten.

Für diese Interessenabwägung gelten im Wesentlichen dieselben Grundsätze wie im Rahmen von § 28 Abs. 1 Nr. 2 BDSG. Als Faustformel kann dabei gelten, dass im Regelfall keine Verletzung eines schutzwürdigen Interesses vorliegt, wenn Personen so videoüberwacht werden, wie ein aufmerksamer Beobachter dies auch mit bloßem Auge tun könnte. Geht die Videoüberwachung jedoch über die »normale« Beobachtung hinaus, etwa durch Beobachtung nicht frei einsehbarer Bereiche wie z.B. einer Umkleidekabine, dürfte ein Eingriff in die Privat- und Intimsphäre des Betroffenen gegeben sein mit der Folge, dass seine schutzwürdigen Interessen am Ausschluss der Videoüberwachung überwiegen.

Überwachung in der Intimsphäre

Bei der Interessenabwägung im Rahmen der Zulässigkeitsprüfung spielt auch die Intensität der Videoüberwachung eine Rolle; so kann es etwa einen Unterschied machen, ob eine Rund-um-die-Uhr-Überwachung erfolgt oder lediglich stichprobenartig Aufzeichnungen erfolgen.

Intensität der Überwachung

Werden durch die Videoüberwachung auch Mitarbeiter des Überwachenden erfasst, so ist darauf zu achten, dass es sich bei der Videoüberwachung gemäß § 87 Abs. 1 Nr. 6 BetrVG um eine mitbestimmungspflichtige, technische Überwachungsmaßnahme handelt. Zur Legalisierung bietet sich dann der Abschluss einer entsprechenden Betriebsvereinbarung an.

2.5.3. Informationspflichten

Gemäß Absatz 2 ist der Umstand der Videoüberwachung und die verantwortliche Stelle durch geeignete Maßnahmen erkennbar zu machen. Außerdem sind die Betroffenen gemäß Absatz 4 über etwaige Verarbeitungen und Nutzungen der aufgezeichneten Daten zu benachrichtigen.

Die Angabe der verantwortlichen Stelle bei dem Hinweis auf die Videoüberwachung hat zu erfolgen, damit der Betroffene seine Rechte auf Auskunft, Berichtigung und gegebenenfalls Löschung der Daten geltend machen kann. Insbesondere bei Filialunternehmen, die in ihren Verkaufsräumen Videoüberwachung einsetzen, wissen die Kunden meist nicht, welche konkrete juristische Person die »verantwortliche Stelle« ist. Die juristische Person sollte deshalb in dem Hinweis ausdrücklich benannt werden.

Der Hinweis ist deutlich sichtbar anzubringen. In der Regel erfolgt der Hinweis durch einen Aushang bzw. ein Schild am Eingang des überwachten Raumes.

2.5.4. Zweckbindung

Gemäß Absatz 3 S. 2 dürfen die aufgezeichneten Daten nur unter sehr engen Voraussetzungen für andere als die ursprünglichen Überwachungszwecke verarbeitet und genutzt werden. Die einzigen, insoweit abschließend normierten Erlaubnistatbestände sind:

- Abwehr von Gefahren für die staatliche und öffentliche Sicherheit und
- Verfolgung von Straftaten.

Beispiel: Wird ein Passant in einem videoüberwachten Einkaufszentrum überfallen, ist die Speicherung und Übermittlung dieser Aufzeichnung an die Strafverfolgungsbehörden zulässig.

2.5.5. Löschung der aufgezeichneten Daten

Die in Absatz 5 normierte Löschungsverpflichtung entspricht derjenigen aus § 35 Abs. 2 BDSG. Videomaterial, das für den Beobachtungszweck nicht mehr benötigt wird, ist unverzüglich zu löschen. Ausweislich der Gesetzesbegründung geht der Gesetzgeber dabei von kurzen Fristen aus: danach soll die verantwortliche Stelle angefallenes Videomaterial im Regelfall binnen zwei Arbeitstagen geprüft und ausgewertet haben müssen.

2.6. Automatisierte Abrufverfahren

Eine Sondervorschrift sieht das BDSG außerdem für so genannte automatisierte Abrufverfahren vor. Im Unterschied zur Generalklausel des § 4 Abs. 1 BDSG, der ein Datenverarbeitungsverbot mit Erlaubnisvorbehalt für die Übermittlung von Daten normiert, betrifft § 10 BDSG die (vorgelagerte) Einrichtung eines automatisierten Abrufverfahrens, mit der also eine Datenübermittlung erst ermöglicht wird:

§ 10 BDSG   **Einrichtung automatisierter Abrufverfahren**

(1) Die Einrichtung eines automatisierten Verfahrens, das die Übermittlung personenbezogener Daten durch Abruf ermöglichst, ist zulässig, soweit dieses Verfahren unter Berücksichtigung der schutzwürdigen Interessen der Betroffenen und der Aufgaben oder Geschäftszwecke der beteiligten Stellen angemessen ist. Die Vorschriften über die Zulässigkeit des einzelnen Abrufs bleiben unberührt.

(2) Die beteiligten Stellen haben zu gewährleisten, dass die Zulässigkeit des Abrufverfahrens kontrolliert werden kann. Hierzu haben sie schriftlich festzulegen:

1. Anlass und Zweck des Abrufverfahrens,
2. Dritte, an die übermittelt wird,
3. Art der zu übermittelnden Daten,
4. nach § 9 erforderliche technische und organisatorische Maßnahmen.

Im öffentlichen Bereich können die erforderlichen Festlegungen auch durch die Fachaufsichtsbehörden getroffen werden.

(3) Über die Einrichtung von Abrufverfahren ist in Fällen, in denen die in § 12 Abs. 1 genannten Stellen beteiligt sind, der Bundesbeauftragte für den Datenschutz unter Mitteilung der Festlegungen nach Absatz 2 zu unterrichten. Die Einrichtung von Abrufverfahren, bei denen die in § 6 Abs. 2 und in § 19 Abs. 3 genannten Stellen beteiligt sind, ist nur zulässig, wenn das für die speichernde und die abrufende Stelle jeweils zuständige Bundes- oder Landesministerium zugestimmt hat.

(4) Die Verantwortung für die Zulässigkeit des einzelnen Abrufs trägt der Dritte, an den übermittelt wird. Die speichernde Stelle prüft die Zulässigkeit der Abrufe nur, wenn dazu Anlass besteht. Die speichernde Stelle hat zu gewährleisten, dass die Übermittlung personenbezogener Daten zumindest durch geeignete Stichprobenverfahren festgestellt und überprüft werden kann. Wird ein Gesamtbestand personenbezogener Daten abgerufen oder übermittelt (Stapelverarbeitung), so bezieht sich die Gewährleistung der Feststellung und Übermittlung nur auf die Zulässigkeit des Abrufes oder der Übermittlung des Gesamtbestandes.

(5) Die Absätze 1 bis 4 gelten nicht für den Abruf allgemein zugänglicher Daten. Allgemein zugänglich sind Daten, die jedermann, sei es ohne oder nach vorheriger Anmeldung, Zulassung oder Entrichtung eines Entgelts, nutzen kann.

Der Aufbau von § 10 BDSG lässt sich wie folgt systematisieren:

- Absatz 1 regelt die Zulässigkeit des automatisierten Abrufverfahrens;
- Absatz 2 und 4 normieren Verpflichtungen auf bestimmte Abrufkontrollmaßnahmen;
- Absatz 3 enthält Unterrichtungs- und Genehmigungspflichten.
- Absatz 5 enthält eine Ausnahme für allgemein zugängliche Daten.

2.6.1. Bestimmung des Anwendungsbereichs

Begriff des automatisierten Abrufverfahrens

Die Vorschrift findet auf die Einrichtung eines automatisierten Verfahrens Anwendung, welches die Übermittlung personenbezogener Daten durch Abruf ermöglicht.

Das Verfahren muss also die Weitergabe personenbezogener Daten im Rahmen einer »Selbstbedienung« durch einen Dritten ermöglichen. Der Abruf der Daten kann sowohl durch Einzelabruf eines bestimmten Datums (Dialogverarbeitung) als auch durch Abrufe des Gesamtdatenbestandes (Stapelverarbeitung) erfolgen.

Datenverarbeitungen, die ein arbeitsteiliges Tätigwerden durch mehrere Stellen – etwa durch wechselnde Schreibberechtigungen – ermöglichen, fallen nicht unter § 10 BDSG. Ein automatisiertes Abrufverfahren im Sinne der Vorschrift liegt ebenso wenig vor, wenn der Abruf der Daten durch einen Auftragsdatenverarbeiter erfolgt, da die Weitergabe von Daten in einem solchen Auftragsverhältnis gemäß § 3 Abs. 8 BDSG keine Übermittlungen an einen Dritten darstellt.

Online-Abrufe

Automatisierte Abrufverfahren werden in der Regel durch Online-Verfahren realisiert, bei denen der Dritte die Daten mittels Terminal oder PC direkt aus dem EDV-System der verantwortlichen Stelle abruft. Bei automatisierten Abrufverfahren handelt es sich deshalb zumeist um Teledienste im Sinne von § 2 TDG mit der Folge, dass im Hinblick auf die Nutzungsdaten ergänzend die Vorschriften des TDDSG zu beachten sind.

Nutzungsmöglichkeit für Jedermann

§ 10 BDSG findet gemäß Absatz 5 keine Anwendung, wenn es sich bei den automatisiert abrufbaren Datenbeständen um Daten handelt, die jedermann zur Nutzung offen stehen. Die Nutzung des Datenbestandes darf in diesen Fällen nicht auf bestimmte Nutzergruppen beschränkt sein. Eine derartige Beschränkung ist nicht bereits dadurch gegeben, dass z.B. für Abrechnungs- oder Kontrollzwecke eine besondere Autorisierung unter Vergabe einer Benutzeridentifikation erfolgt.

Beispiel: Für jedermann zugängliche Branchendatenbanken der IHKs unterfallen nicht der Regelung in § 10 BDSG.

2.6.2. Zulässigkeit des automatisierten Abrufverfahrens

Interessenabwägung

Gemäß § 10 Abs. 1 S. 1 BDSG ist die Einrichtung eines automatisierten Verfahrens, welches eine Übermittlung personenbezogener Daten durch Abruf ermöglicht, nur aufgrund einer besonderen Interessenabwägung zulässig. Dabei ist das Interesse der beteiligten Stellen (also sowohl derjenigen Stelle, die den Abruf ermöglicht, als auch derjenigen, die die Abrufberechtigung erhält) an der Einrichtung eines solchen Verfahrens abzuwägen mit dem schutzwürdigen Interesse der Betroffenen an einem Ausschluss automatisierter Abrufe.

Ein berechtigtes Interesse der beteiligten Stellen kann überhaupt nur gegeben sein, wenn für die mit dem Verfahren zu ermöglichenden Abrufe personenbezogener Daten (also die Datenübermittlungen) eine hinreichende gesetzliche Grundlage (also z.B. unter Rückgriff auf §§ 28, 29 BDSG) ersichtlich ist.

Die Interessenabwägung wird insbesondere dann zugunsten der beteiligten Stellen ausfallen, wenn ein Bedürfnis nach besonders schnellem Datenzugriff besteht oder Datenübermittlungen regelmäßig in besonders großem Umfang erfolgen (Massenübermittlungen).   Massenübermittlungen

2.6.3. Maßnahmen zur Abrufkontrolle

Die Zulässigkeit des Abrufverfahrens und die auf diesem Wege erfolgenden Datenübermittlungen müssen gemäß § 10 Abs. 2 und 4 BDSG kontrolliert werden können.   Maßnahmen zur Abrufkontrolle

Um eine solche Kontrolle zu ermöglichen, verpflichtet Absatz 2 die beteiligten Stellen dazu, über die allgemein in das Verfahrensverzeichnis gemäß § 4 g Abs. 2 BDSG aufzunehmenden Informationen zusätzlich folgende Einzelheiten über das Abrufverfahren schriftlich festzulegen:

- Anlass und Zweck des Abrufverfahrens;
- Dritte, an die übermittelt wird;
- Art der übermittelten Daten und
- Nach § 9 BDSG erforderliche technische und organisatorische Maßnahmen.

Bezüglich Anlass und Zweck des Abrufverfahrens ist vor allem zu definieren, unter welchen Voraussetzungen und für welche Verwendungen Daten abgerufen werden dürfen. Bezüglich der Festlegung der Art der übermittelten Daten ist es nicht notwendig, jedes einzelne abrufbare Datum detailliert zu beschreiben. Vielmehr reicht es aus, die Daten zusammengefasst zu charakterisieren, also z.B. als »Anschriften«, »Bonitätsdaten« etc. Etwas Anderes gilt für die Empfänger der Daten; insoweit genügt es nicht, diese mit allgemeinen Angaben zu beschreiben (z.B. als »Finanzdienstleister«, »Kooperationsunternehmen« etc.). Vielmehr sind sie sämtlich konkret mit Name bzw. Firma anzugeben.   Verwendungszweck der Daten

Gemäß Absatz 4 Satz 3 hat die bereithaltende Stelle überdies zu gewährleisten, dass die Übermittlung von Daten mittels automatisierter Abrufverfahren zumindest stichprobenartig nachvollzogen und auf ihre   stichprobenartige Kontrolle

Protokollierungsverfahren
Zulässigkeit überprüft werden kann. Zu diesem Zweck werden regelmäßig Protokollierungsverfahren eingesetzt. Um dabei die Rechtmäßigkeit der Übermittlungen auch tatsächlich nachprüfbar zu machen, sind mindestens der Empfänger, die abgerufenen Daten und der Zeitpunkt der Übermittlung zu protokollieren. Für diese Protokolldaten gilt das Zweckbindungsgebot gemäß §§ 14 Abs. 4 bzw. 31 BDSG.

2.6.4. Unterrichtungs- und Genehmigungspflichten

Während für die Einrichtung automatisierter Abrufverfahren im nichtöffentlichen Bereich (also durch private Unternehmen) keine weiteren Melde- oder Anzeigepflichten bestehen, werden öffentliche Stellen in § 10 Abs. 3 S. 1 BDSG dazu verpflichtet, den Bundesbeauftragten für den Datenschutz über die Einrichtung zu unterrichten. Sofern es sich bei den beteiligten Stellen um Sicherheitsbehörden im Sinne von § 6 Abs. 2 oder § 19 Abs. 3 BDSG handelt, also z.B. um Polizei, Staatsanwaltschaft, Finanzbehörden, Bundesnachrichtendienst, Verfassungsschutzbehörden, ist für die Einrichtung des automatisierten Verfahrens sogar von dem jeweils zuständigen Ministerium die Zustimmung einzuholen.

2.7. Datenverarbeitung zu Forschungszwecken

Eine sektorenspezifische Sonderregelung enthält das BDSG in § 40 BDSG für Datenverarbeitungen zu Forschungszwecken:

§ 40 BDSG
Verarbeitung und Nutzung personenbezogener Daten durch Forschungseinrichtungen

(1) Für Zwecke der wissenschaftlichen Forschung erhobene oder gespeicherte personenbezogen Daten dürfen nur zum Zwecke der wissenschaftlichen Forschung verarbeitet oder genutzt werden.

(2) Die personenbezogenen Daten sind zu anonymisieren, sobald dies nach dem Forschungszweck möglich ist. Bis dahin sind die Merkmale gesondert zu speichern, mit denen Einzelangaben über persönliche oder sachliche Verhältnisse einer bestimmten oder bestimmbaren Person zugeordnet werden können. Sie dürfen mit den Einzelangaben nur zusammengeführt werden, soweit der Forschungszweck dies erfordert.

(3) Die wissenschaftliche Forschung betreibenden Stellen dürfen personenbezogene Daten nur veröffentlichen, wenn

1. der Betroffene eingewilligt hat oder
2. dies für die Darstellung von Forschungsergebnissen über Ereignisse der Zeitgeschichte unerlässlich ist.

Der Wortlaut der Vorschrift macht deutlich, dass es sich bei § 40 nicht um eine privilegierende Erlaubnisvorschrift für Datenverarbeitungen zu Zwecken der Forschung handelt. Vielmehr enthält die Regelung:

- Eine besondere Zweckbindungsklausel (Absatz 1);
- Eine besondere Verpflichtung bezüglich der Datenvermeidung und Datensparsamkeit (Absatz 2) und
- Restriktionen bezüglich der Veröffentlichung von Daten (Absatz 3).

2.7.1. Bestimmung des Anwendungsbereichs

§ 40 betrifft personenbezogene Daten, die zu Zwecken der wissenschaftlichen Forschung erhoben oder gespeichert werden.

Die Vorschrift richtet sich an die Forschungseinrichtungen, die die Daten erheben, speichern oder verarbeiten. Das Gegenstück zu dieser Regelung bilden diejenigen Bestimmungen des BDSG, die Erlaubnisvorschriften zur Übermittlung von Daten zu Forschungszwecken enthalten und sich an solche Stellen richten, die den Forschungseinrichtungen die Daten zur Verfügung stellen; insbesondere §§ 14 Abs. 1 Nr. 9; 15 Abs. 1 und 16 Abs. 1 BDSG für den öffentlichen Bereich und § 28 Abs. 3 Nr. 4 BDSG für den nicht-öffentlichen Bereich.

Forschungseinrichtungen

Zentral für die Bestimmung des Anwendungsbereichs von § 40 BDSG ist der Begriff der »wissenschaftlichen Forschung«, der im Gesetz selbst nicht näher definiert ist. Nach der datenschutzrechtlichen Literatur muss sichergestellt sein, dass die Daten tatsächlich und ausschließlich unabhängiger, wissenschaftlicher Tätigkeit zugute kommen. Bei privater Forschungstätigkeit kann die Abgrenzung zwischen wissenschaftlichen und wirtschaftlichen Zwecken problematisch sein. Die geforderte Unabhängigkeit der Forschungstätigkeit kann sich z.B. aus der Organisation der Forschungseinrichtung ergeben. Sie liegt aber jedenfalls dann nicht mehr vor, wenn die Forschung anderen als wissenschaftlichen Zwecken eindeutig untergeordnet ist.

Begriff der wissenschaftlichen Forschung

Beispiel: bei einer von einer Marketingabteilung eines Unternehmens betriebenen Markt- oder Meinungsforschung dürfte das kommerzielle Interesse vorrangig sein mit der Folge, dass § 40 BDSG unanwendbar ist.

Markt- und Meinungsforschung

Eine Wissenschaftlichkeit im Sinne der Vorschrift kann allerdings auch bei von der Wirtschaft vergebener Auftragsforschung gegeben sein.

2.7.2. Zweckbindung von Forschungsdaten

Gemäß § 40 Abs. 1 BDSG gilt für Daten für wissenschaftliche Forschungszwecke ein strenges Zweckbindungsgebot, welches – vergleichbar mit § 31 BDSG – keine Ausnahmen zulässt. Eine Zweckänderung ist deshalb nur möglich, sofern eine bereichsspezifische Vorschrift diese ausdrücklich gestattet oder der Betroffene eingewilligt hat.

2.7.3. Datenvermeidung und Datensparsamkeit

§ 40 Abs. 2 BDSG konkretisiert die in § 3 a BDSG normierten Grundsätze der Datenvermeidung und der Datensparsamkeit. Nach Satz 2 sind die personenbezogenen Daten jedenfalls zu pseudonymisieren. Sobald eine Identifikation der Betroffenen entbehrlich ist, verlangt Satz 1 sogar eine Anonymisierung, also die endgültige Aufhebung des Personenbezugs gemäß § 3 Absatz 6 BDSG.

2.7.4. Veröffentlichung von Daten

Besondere Restriktionen für die Veröffentlichung der Daten enthält § 40 Abs. 3 BDSG. Eine Veröffentlichung (personenbezogener) Daten darf danach nur erfolgen wenn

- Der Betroffene eingewilligt hat (Nr. 1) oder
- Dies für die Darstellung von Forschungsergebnissen über Ereignisse der Zeitgeschichte unerlässlich ist.

Die Erwähnung der Einwilligung in Nr. 1 hat nur deklaratorischen Charakter, da jede Art der Datenverarbeitung bereits gemäß § 4 Absatz 1 BDSG aufgrund einer Einwilligung des Betroffenen erfolgen kann.

In Nr. 2 ist eine Ausnahme von dem grundsätzlichen Veröffentlichungsverbot ausschließlich für die historische Forschung vorgesehen und auch nur unter der Voraussetzung, dass die Angabe des Namens des Betroffenen unerlässlich ist.

2.8. Datenverarbeitung durch die Medien

Eine weitere bereichsspezifische Datenschutzvorschrift im BDSG betrifft die Datenverarbeitung durch die Medien:

Erhebung, Verarbeitung und Nutzung personenbezogener Daten durch die Medien

§ 41 Abs. 1–2 BDSG

(1) Die Länder haben in ihrer Gesetzgebung vorzusehen, dass für die Erhebung, Verarbeitung und Nutzung personenbezogener Daten von Unternehmen und Hilfsunternehmen der Presse ausschließlich zu eigenen journalistisch-redaktionellen oder literarischen Zwecken den Vorschriften der §§ 5, 9 und 38a entsprechenden Regelungen einschließlich einer hierauf bezogenen Haftungsregelung entsprechend § 7 zur Anwendung kommt.

(2) Führt die journalistisch-redaktionelle Erhebung, Verarbeitung oder Nutzung personenbezogener Daten durch die Deutsche Welle zur Veröffentlichung von Gegendarstellungen des Betroffenen, so sind diese Gegendarstellungen zu den gespeicherten Daten zu nehmen und für dieselbe Zeitdauer aufzubewahren wie die Daten selbst.

§ 41 Absatz 1 BDSG enthält eine Rahmenvorschrift, die von den Ländern im Rahmen ihrer Landesgesetzgebung auszufüllen ist. Hintergrund ist das so genannte »Medienprivileg«, kraft dessen solche Daten aus dem Schutzbereich des BDSG herausgenommen sind, die ausschließlich zu publizistischen Zwecken verarbeitet werden. Grund für diese Ausnahme ist der Umstand, dass eine uneingeschränkte Anwendung der Datenschutzvorschriften an die redaktionelle Tätigkeit die grundrechtlich verbürgte Pressefreiheit beeinträchtigen könnte. Die Rahmenregelung in Absatz 1 trägt Artikel 9 der EG-Datenschutzrichtlinie Rechnung und verpflichtet die Länder, im Hinblick auf die Datenverarbeitung durch die Medien jedenfalls eine Haftungsregelung im Sinne von § 7 BDSG und eine Vorschrift zu Verhaltensregeln im Sinne von 38 a BDSG gesetzlich zu verankern.

Medienprivileg

Wesentlich ist, dass von dem Medienprivileg nur Daten erfasst werden, die ausschließlich zu journalistisch-redaktionellen Zwecken verarbeitet werden. Anderweitige Datenverarbeitungen der Medien und ihrer Hilfsunternehmen unterliegen voll den datenschutzrechtlichen Vorschriften.

journalistisch-redaktionelle Zwecke

Beispiel: Alle Daten, die mit der Akquisition von Abonnenten oder dem Vertrieb von Zeitungen und Zeitschriften zu tun haben, werden von dem Medienprivileg nicht erfasst und unterliegen damit den Vorschriften des BDSG.

Geltung für Anzeigen- und Werbever- öffentlichungen	Während Uneinigkeit darüber besteht, ob das Medienprivileg auch im Hinblick auf den Anzeigen- und Werbungsteil von Presseveröffentlichungen greift, ist unstreitig, dass jedenfalls Personaldaten über Arbeitnehmer nicht darunter fallen.

Beispiel: Nach einer Ansicht gilt für Adress-, Telefon- und Branchenverzeichnisse das Medienprivileg dann, wenn in die Verzeichnisse Werbeinserate aufgenommen werden. Nach einer anderen Ansicht ist dies nur der Fall, wenn zusätzlich zum Abdruck der Annoncen Informationen redaktionell bearbeitet werden.

In Umsetzung der Rahmenvorgabe in § 41 Absatz 1 BDSG haben die Bundesländer entsprechende Vorschriften in ihre Landespressegesetze aufgenommen; vgl. dazu beispielhaft § 11 a Hamburgisches Pressegesetz:

§ 11 a HPresseG	**Anwendbarkeit des Bundesdatenschutzgesetzes** Soweit Unternehmen oder Hilfsunternehmen der Presse personenbezogene Daten ausschließlich zu eigenen journalistisch- redaktionellen oder literarischen Zwecken erheben, verarbeiten oder nutzen, gelten von den Vorschriften des Bundesdatenschutzgesetzes nur die §§ 5, 9 und 38 a sowie § 7 mit der Maßgabe, dass nur für Schäden gehaftet wird, die durch eine Verletzung des Datengeheimnisses nach § 5 des Bundesdatenschutzgesetzes oder durch unzureichende technische oder organisatorische Maßnahmen im Sinne des § 9 des Bundesdatenschutzgesetzes eintreten. Soweit Unternehmen nicht der Selbstregulierung durch den Pressekodex und die Beschwerdeordnung des Deutschen Presserats unterliegen, gelten für sie die Vorschriften von § 41 Absatz 3 und Absatz 4 Satz 1 BDSG entsprechend.

Die Absätze 2, 3 und 4 des § 41 BDSG betreffen – aufgrund der begrenzten Gesetzgebungskompetenz des Bundes – nur die Datenverarbeitung durch die deutsche Welle als der einzigen Rundfunkanstalt des Bundesrechts. Sie normieren im Wesentlichen Gegendarstellungs- und Auskunftsansprüche und regeln die Datenschutzaufsicht. Die Länder haben außerdem datenschutzrechtliche Regelungen unter anderem im Rundfunkstaatsvertrag (§§ 47 – 49 a RfStV) und im Mediendienstestaatsvertrag (§§ 12 – 17 MdStV) verankert.

3. Einwilligungserklärung

Gemäß § 4 Abs. 1 BDSG kann eine Einwilligung des Betroffenen die Zulässigkeit der Erhebung, Verarbeitung und Nutzung personenbezogener Daten begründen. Die Anforderungen an eine wirksame Einwilligung ergeben sich aus § 4 a BDSG:

Einwilligung des Betroffenen

Einwilligung

(1) Die Einwilligung ist nur wirksam, wenn sie auf der freien Entscheidung des Betroffenen beruht. Er ist auf den vorgesehenen Zweck der Erhebung, Verarbeitung oder Nutzung sowie, soweit nach den Umständen des Einzelfalles erforderlich oder auf Verlangen, auf die Folgen der Verweigerung der Einwilligung hinzuweisen. Die Einwilligung bedarf der Schriftform, soweit nicht wegen besonderer Umstände eine andere Form angemessen ist. Soll die Einwilligung zusammen mit anderen Erklärungen schriftlich erteilt werden, ist sie besonders hervorzuheben.

§ 4 a Abs. 1 und 3 BDSG

(3) Soweit besondere Arten personenbezogener Daten (§ 3 Abs. 9) erhoben, verarbeitet oder genutzt werden, muss sich die Einwilligung darüber hinaus ausdrücklich auf diese Daten beziehen.

Die in § 4 a genannten Anforderungen an eine wirksame Einwilligung lassen sich in inhaltliche und formale Anforderungen unterscheiden:

3.1. Inhaltliche Anforderungen an eine wirksame Einwilligung

§ 4 a Absatz 1 BDSG enthält zwei zentrale inhaltliche Anforderungen an eine wirksame Einwilligungserklärung:

- Die Einwilligung muss auf der freien Entscheidung des Betroffenen beruhen und   *Freiwilligkeit*
- Sie muss in Kenntnis der Umstände der Datenverarbeitung erfolgen.   *»informed consent«*

Bevor diese beiden Aspekte näher beleuchtet werden, soll auf den Rechtscharakter der Einwilligungserklärung eingegangen werden.

Rechtscharakter der Einwilligung

3.1.1. Rechtscharakter der Einwilligungserklärung

Der Rechtscharakter einer Einwilligungserklärung ist nicht vollständig geklärt. Ob es sich bei der Einwilligung um eine rechtsgeschäftliche Willenserklärung im Sinne des § 183 BGB handeln muss, ist streitig. Nach Auffassung des Landgerichts Bremen in einer Entscheidung aus dem Jahre 2001 (Az.: 1 O 2275/00) soll es sich insoweit um eine rechtsgeschäftliche Erklärung der Betroffenen handeln, für die Geschäftsfähigkeit notwendig ist. Eine von Geschäftsunfähigen und beschränkt Geschäftsfähigen abverlangte Einwilligungserklärung könne deshalb gegen §§ ff. 104 BGB und damit gegen § 307 Abs. 2 Nr. 1 BGB verstoßen. Die verlangte Hergabe personenbezogener Daten sei nach Ansicht des Gerichts ein erheblicher Eingriff in persönliche Rechte der Betroffenen, die dies und die damit möglicherweise verbundenen Folgen als Minderjährige nicht zu überschauen vermöchten.

Vorliegen der Geschäftsfähigkeit

Nach der in der Literatur vertretenen Gegenansicht jedoch soll Geschäftsfähigkeit des Betroffenen nicht erforderlich sein, da sich die Einwilligung auf die Erhebung, Verarbeitung und Nutzung von Daten, also auf tatsächliche Handlungen bezieht. Danach wäre für die Wirksamkeit der Einwilligung die Einsichtsfähigkeit des Betroffenen in die Tragweite der Entscheidung ausreichend.

Vorliegen der Einsichtsfähigkeit

Es ist aber insofern eine Parallele zu § 183 BGB zu ziehen, als es sich bei der Einwilligung um eine vorherige Zustimmung des Nutzers handeln muss. Für das Vorliegen der Einwilligung trägt die Daten erhebende Stelle die Beweislast.

vorherige Zustimmung

3.1.2. Freiwilligkeit der Einwilligung

Gemäß § 4 a Absatz 1 S. 1 BDSG muss die Einwilligung freiwillig gegeben werden. Das bedeutet gemäß Artikel 2 lit. h EG-Datenschutzrichtlinie, dass sie ohne Zwang abgegeben werden muss; andernfalls ist die Einwilligungserklärung unwirksam und eine darauf beruhende Datenverarbeitung unzulässig. Erzwungene Einwilligungen sind insbesondere dann rechtsmissbräuchlich und unwirksam, wenn die Einholung der Einwilligung gegen zwingende Schutznormen verstößt.

Beispiel: Ein Arbeitgeber kann nicht über eine Einwilligung des Arbeitnehmers Informationen erheben und verarbeiten, die ihm nach den für das Arbeitsrecht geltenden Grundsätzen unzugänglich sind. Das Fragerecht des Arbeitgebers kann durch Einholung einer Einwilligung des Bewerbers oder Arbeitnehmers nicht wirksam erweitert werden, da dies dazu führen würde, dass die arbeitsrechtliche Beschränkung des

Fragerechts unterlaufen würde. Danach sind mangels Freiwilligkeit z.B. vielfach die von Arbeitgebern eingeholten Einwilligungen von Bewerbern oder neu eingestellten Arbeitnehmern, kraft derer der Arbeitgeber Informationen über Arbeitsunfähigkeitszeiten und Krankheitsdiagnosen bei der Krankenkasse erheben darf, unwirksam.

Im Hinblick auf die erforderliche Freiwilligkeit kann auch die Aufnahme von vorformulierten Einwilligungsklauseln in Allgemeine Geschäftsbedingungen problematisch sein. Im Hinblick auf die restriktive Auslegung des BGH zur Wirksamkeit von Einwilligungen in AGB empfiehlt es sich deshalb, eine datenschutzrechtliche Einwilligung gesondert von anderen Erklärungen und Einwilligungen erteilen zu lassen.

Einwilligung in AGB

3.1.3. Informierte Einwilligung

Als weitere Anforderung an die Wirksamkeit der Einwilligung verlangt § 4 a Absatz 1 BDSG, dass der Betroffene vor der Abgabe der Einwilligungserklärung insbesondere über den Zweck der beabsichtigten Datenerhebung, -verarbeitung und -nutzung zu informieren ist (so genannte »informierte Einwilligung«).

informierte Einwilligung

Diese Informationspflicht soll es dem Betroffenen ermöglichen, die Einwilligung in Kenntnis der Tragweite der Entscheidung zu erteilen. Zu diesem Zweck muss der Betroffene unter anderem darüber informiert werden, welche Daten verarbeitet, welche Verarbeitungsschritte vorgenommen (z.B. Übermittlungen etc.) und zu welchen Zwecken die Daten verarbeitet werden sollen.

Informationspflicht

Beispiel: Die Information des Betroffenen über die Art der personenbezogenen Daten, auf die sich die Einwilligung bezieht, kann auf zwei unterschiedliche Arten erfolgen:

- *entweder durch Nennung der betreffenden Datenarten (z.B. »Name«, »Vorname«, »Anschrift«, »Geburtsdatum«, »Beruf«, »Geburtsdatum« etc.)*
- *oder durch Bezugnahme auf einen dem Betroffenen bekannten Datensatz (z.B. »die in diesem Antragsformular enthaltenen Daten«).*

Soweit auch besondere Arten personenbezogener Daten verarbeitet werden sollen, muss die Einwilligung gemäß § 4 a Absatz 3 BDSG darauf ausdrücklich Bezug nehmen. Es hat insoweit also auch eine ausdrückliche Information des Betroffenen zu erfolgen.

besondere Arten personalbezogener Daten

Eine Verletzung der Informationspflicht macht die Einwilligung unwirksam und damit die Verarbeitung der personenbezogenen Daten

Verletzung der Informationspflicht

unzulässig. Wird der Umfang der Datenverarbeitung nicht hinreichend dargetan und die Verwendung der Daten für den Betroffenen nicht durchschaubar, liegt bei in AGB enthaltenen Einwilligungsklauseln zudem ein Verstoß gegen § 307 BGB vor.

Beispiel: eine in Allgemeinen Geschäftsbedingungen enthaltene Einwilligungsklausel, nach der der Kunde einer Partnervermittlung pauschal in die Weitergabe aller seiner Daten an kontaktinteressierte Dritte und an andere Partnervermittlungen ohne zeitliche oder inhaltliche Beschränkungen einwilligen muss, ist mit § 4 a BDSG (und auch mit § 307 BGB) unvereinbar.

3.2. Formale Anforderungen an eine wirksame Einwilligung

Formenerfordernisse

Darüber hinaus statuiert § 4 a BDSG auch einige formale Anforderungen an eine rechtswirksame Einwilligungserklärung.

3.2.1. Zeitpunkt der Einwilligung

vorherige Zustimmung

Durch die Verwendung des Begriffs »Einwilligung« ist wegen der Regelung in § 182 Abs. 1 S. 1 BGB klar gestellt, dass die Zustimmung des Betroffenen vor Beginn der Datenerhebung, -verarbeitung und -nutzung vorliegen muss. Ein nachträgliches Einverständnis genügt den Anforderungen des § 4 a BDSG nicht, so dass sämtliche bis zur Erklärung des Einverständnisses erfolgte Datenverarbeitungen grundsätzlich rechtswidrig bleiben.

3.2.2. Schriftlichkeitserfordernis

Schriftform

In formaler Hinsicht schreibt § 4 a Abs. 1 BDSG vor, dass eine Einwilligungserklärung grundsätzlich in Schriftform erfolgen muss. Diesem Schriftformerfordernis ist gemäß § 126 Abs. 1 BGB nur genügt, wenn die Erklärung die eigenhändige Namensunterschrift des Betroffenen trägt. Es muss sich folglich um ein Papierdokument handeln. Eine etwa per E-Mail oder per Mausklick im Internet erklärte Einwilligung genügt diesen Anforderungen deshalb nicht. Von diesem Schriftlichkeitserfordernis lassen jedoch einige spezialgesetzliche Vorschriften Abweichungen zu: so gestatten insbesondere das TDDSG und auch das TKG unter bestimmten Voraussetzungen »elektronische Einwilligungen«. Darüber hinaus sind Ausnahmen von dem Schriftlichkeitsgrundsatz nur in engen Grenzen zulässig.

Ausnahmen

Beispiel: bei einer telefonisch durchgeführten Meinungsumfrage dürfte auch eine mündlich erklärte Einwilligung in die Erhebung und Nutzung der mitgeteilten Informationen ausreichend sein.

mündliche Einwilligung

3.2.3. Optische Hervorhebung

Soll die datenschutzrechtliche Einwilligungserklärung gemeinsam mit anderen Erklärungen abgegeben werden, ist sie gemäß § 4 a Abs. 1 S. 4 BDSG außerdem gegenüber den übrigen Erklärungen – etwa durch Fettdruck oder Umrandung – optisch hervorzuheben ist. Diese Regelung findet insbesondere auf Allgemeine Geschäftsbedingungen (AGB) Anwendung, in die der Verwender eine vorformulierte Einwilligungserklärung aufgenommen hat. Es soll vermieden werden, dass eine Einwilligungserklärung im »Kleingedruckten« versteckt wird und der Betroffene die Klausel deshalb überliest.

verbundene Erklärungen

AGB

OPTISCHE HERVORHEBUNG

Beispiel: eine in AGB vorformulierte Einwilligungserklärung sollte optisch z.B. durch Fettdruck oder Umrandung von dem übrigen AGB-Text abgehoben werden.

optische Hervorhebung

Soweit die AGB – und damit auch die darin enthaltene datenschutzrechtliche Einwilligungserklärung – über das Internet akzeptiert werden sollen, wären außerdem die sich daraus ergebenden besonderen Anforderungen an die Einbeziehung von AGB-Klauseln zu beachten. Bezüglich der erforderlichen Kenntnisnahmemöglichkeit von AGB im Internet kommt es nach einer Entscheidung des OLG Hamburg darauf an, dass der Verwender erkennbar auf seinen Einbeziehungswillen und seine AGB hinweist. Der Hinweis auf die AGB muss so angeordnet und gestaltet sein, dass dieser von einem Durchschnittsnutzer auch bei

Einwilligung im Internet

flüchtiger Betrachtung nicht übersehen werden kann. Diese Anforderungen gelten auch für die datenschutzrechtliche Einwilligungserklärung. Soweit diese also in den AGB enthalten ist, bedarf es eines expliziten Hinweises auf die Datenschutzklausel; ein pauschaler Verweis auf die AGB genügt nicht. Vorzugswürdig erscheint es, die datenschutzrechtliche Einwilligung unmittelbar in den Online-Vertragsschluss in der Weise einzubinden, dass der vorformulierte Einwilligungstext unmittelbar im Online-Bestellformular eingeblendet und per Mauklick gesondert akzeptiert wird.

4. Wiederholungsfragen

1. Unter welchen Voraussetzungen können Betriebsvereinbarungen als Erlaubnistatbestand für Datenverarbeitungen dienen? Lösung S. 73 f.
2. Unter welchen Voraussetzungen ist eine Verarbeitung personenbezogener Daten im Zusammenhang mit dem Abschluss von Verträgen zulässig? Lösung S. 75 ff.
3. Welche Aspekte spielen bei einer Interessenabwägung zur Rechtfertigung von Datenverarbeitungen eine Rolle? Lösung S. 78 ff.
4. Was sind allgemein zugängliche Daten? Lösung S. 82 f.
5. Was besagt das so genannte »Listenprivileg«? Lösung S. 86
6. Was bedeutet geschäftsmäßige Datenverarbeitung? Lösung S. 88
7. Auf welche Erlaubnisvorschrift kann die Erstellung von Protokolldateien gestützt werden? Lösung S. 92 f.
8. Welche Privilegierung ist mit einer Auftragsdatenverarbeitung verbunden? Lösung S. 96
9. Worin besteht der Unterschied zwischen einer Auftragsdatenverarbeitung und einer Funktionsübertragung? Lösung S. 97 f.
10. Welche spezifischen Pflichten gelten für einen Auftragsdatenverarbeiter? Lösung S. 99 f.
11. Unter welchen Voraussetzungen ist einer Übermittlung personenbezogener Daten ins Ausland zulässig? Lösung S. 101 ff.
12. Auf welche Weise kann ein angemessenes Datenschutzniveau im Ausland gewährleistet werden? Lösung S. 105 f.
13. Unter welchen Voraussetzungen sind Ausnahmen von dem Erfordernis eines angemessenen Schutzniveaus zulässig? Lösung S. 106 ff.
14. Welchem Zweck dienen die von der EG-Kommission verabschiedeten Standardvertragsklauseln? Lösung S. 108
15. Was bedeutet der Begriff automatisierte Einzelentscheidung? Lösung S. 112 f.
16. Sind Scoring-Verfahren, wie sie in der Kreditwirtschaft eingesetzt werden, datenschutzrechtlich zulässig? Lösung S. 114
17. Was besagt die Sondervorschrift im BDSG über Videoüberwachung? Lösung S. 115 ff.
18. Welche Videoüberwachungsmaßnahmen sind zur Durchsetzung des Hausrechts zulässig? Lösung S. 118 f.

19. Was ist ein automatisiertes Abrufverfahren? Lösung S. 122 f.
20. Welche Besonderheiten gelten für Datenverarbeitungen zu Forschungszwecken? Lösung S. 124 f.
21. Welche Besonderheiten gelten für Datenverarbeitungen durch die Medien? Lösung S. 127 f.
22. Welchen Rechtscharakter besitzt eine datenschutzrechtliche Einwilligungserklärung? Lösung S. 130
23. Was bedeutet der Grundsatz der »informierten Einwilligung«? Lösung S. 131
24. Welche formalen Anforderungen muss eine wirksame Einwilligungserklärung erfüllen? Lösung S. 132 ff.

Ergänzende datenschutzrechtliche Pflichten

1.	**Melde- und Anzeigepflichten**	**139**
1.1.	Anwendungsbereich der Meldepflicht	140
1.2.	Bestehen der Meldepflicht	140
1.2.1.	Ausnahme bei Bestellung eines Datenschutzbeauftragten	140
1.2.2.	Ausnahme bei »unkritischen« Datenverarbeitungen	141
1.2.3.	Rückausnahme bei geschäftsmäßiger Datenverarbeitung	141
1.3.	Inhalt der Meldepflicht	142
2.	**Informations- und Benachrichtigungspflichten**	**143**
2.1.	Bestehen der Informationspflicht	144
2.2.	Inhalt der Informationspflicht	144
2.3.	Besondere Informationspflicht bei Datenübermittlungen ins Ausland	146
2.4.	Weitere Informationspflichten	146
2.5.	Benachrichtigungspflicht	146
2.5.1.	Bestehen der Benachrichtigungspflicht	148
2.5.2.	Form der Benachrichtigung	149
2.5.3.	Inhalt der Benachrichtigung	149
3.	**Auskunft, Berichtigung, Löschung und Sperrung personenbezogener Daten**	**151**
3.1.	Recht auf Auskunft	152
3.2.	Berichtigung von Daten	154
3.3.	Löschung von Daten	154
3.4.	Sperrung von Daten	156
3.4.1.	Gründe für eine Sperrung von Daten	157
3.4.2.	Durchführung der Sperrung	158

4.	Technische und organisatorische Schutzmaßnahmen	159
5.	**Datengeheimnis**	**162**
6.	**Beauftragter für den Datenschutz**	**164**
6.1.	Bestellung eines Datenschutzbeauftragten	164
6.2.	Formale und organisatorische Anforderungen	166
6.3.	Anforderungen an die Person des Datenschutzbeauftragten	167
6.4.	Folgen der Bestellung eines Datenschutzbeauftragten	168
6.5.	Aufgaben des Datenschutzbeauftragten	168
7.	**Wiederholungsfragen**	**171**

Unabhängig von der Verpflichtung, für die datenschutzrechtliche Zulässigkeit der einzelnen Datenverarbeitungsschritte zu sorgen, obliegen den verantwortlichen Stellen zahlreiche Nebenpflichten in Bezug auf den Umgang mit personenbezogenen Daten. Dabei handelt es sich überwiegend um organisatorische Verpflichtungen.

1. Melde- und Anzeigepflichten

Eine zentrale Verpflichtung ist die in § 4 d BDSG normierte Meldepflicht gegenüber der zuständigen Aufsichtsbehörde.

Melde- und Anzeigepflichten

Meldepflicht

§ 4d Abs. 1-4 BDSG

(1) Verfahren automatisierter Verarbeitungen sind vor ihrer Inbetriebnahme von nicht-öffentlichen verantwortlichen Stellen der zuständigen Aufsichtsbehörde und von öffentlichen verantwortlichen Stellen des Bundes sowie von den Post- und Telekommunikationsunternehmen dem Bundesbeauftragten für den Datenschutz nach Maßgabe von § 4e zu melden.

(2) Die Meldepflicht entfällt, wenn die verantwortliche Stelle einen Beauftragten für den Datenschutz bestellt hat.

(3) Die Meldepflicht entfällt ferner, wenn die verantwortliche Stelle personenbezogene Daten für eigene Zwecke erhebt, verarbeitet oder nutzt, hierbei höchstens vier Arbeitnehmer mit der Erhebung, Verarbeitung oder Nutzung personenbezogener Daten beschäftigt und entweder eine Einwilligung der Betroffenen vorliegt oder die Erhebung, Verarbeitung oder Nutzung der Zweckbestimmung eines Vertragsverhältnisses oder vertragsähnlichen Vertrauensverhältnisses mit den Betroffenen dient.

(4) Die Absätze 2 und 3 gelten nicht, wenn es sich um automatisierte Verarbeitungen handelt, in denen geschäftsmäßig personenbezogene Daten von der jeweiligen Stelle

1. zum Zwecke der Übermittlung oder
2. zum Zwecke der anonymisierten Übermittlung

gespeichert werden.

Der Aufbau von § 4 d BDSG lässt sich wie folgt systematisieren:
- Absatz 1 regelt die grundsätzliche Verpflichtung zur Meldung automatisierter Datenverarbeitungen
- Die Absätze 2 und 3 enthalten Ausnahmen von der Meldepflicht;
- Absatz 4 beschränkt den Anwendungsbereich der in den Absätzen 2 und 3 enthaltenen Ausnahmen.

1.1. Anwendungsbereich der Meldepflicht

Meldepflicht für automatisierte Datenverarbeitungsverfahren

Gemäß § 4 d Abs. 1 BDSG unterfallen der Meldepflicht »Verfahren automatisierter Verarbeitungen«. Dieser Begriff ist im Gesetz nicht näher definiert. Die datenschutzrechtliche Literatur versteht den Begriff des »Verfahrens« in Anlehnung an die EG-Datenschutzrichtlinie als eine Gesamtheit von Aktivitäten, die die verantwortliche Stelle für einen bestimmten Zweck mit den diesen zugeordneten Daten unternimmt. Danach unterliegen einzelne Datenverarbeitungsschritte nicht der Meldepflicht; sie greift nur in Bezug auf das gesamte »Bündel« an Verarbeitungsschritten in Bezug auf einen Datensatz.

keine Meldung einzelner Verarbeitungsschritte

Beispiel: Gegenstand einer Meldung kann die Kreditverwaltung eines Kreditinstituts in ihrer Gesamtheit sein, nicht aber lediglich die Speicherung der Kreditantragsdaten.

Der Begriff der »automatisierten Verarbeitung« ist demgegenüber gesetzlich bestimmt: gemäß § 3 Abs. 2 BDSG ist darunter die Erhebung, Verarbeitung oder Nutzung personenbezogener Daten unter Einsatz von Datenverarbeitungsanlagen zu verstehen.

1.2. Bestehen der Meldepflicht

Grundsatz der Meldepflicht

§ 4 d Absatz 1 S. 1 BDSG verpflichtet sowohl öffentliche als auch nicht-öffentliche Stellen grundsätzlich zur Meldung von Vorhaben automatisierter Datenverarbeitung bei der für sie zuständigen Aufsichtsbehörde. Diese Meldepflicht wird jedoch durch die in den Absätzen 2 und 3 enthaltenen Ausnahmen faktisch zum Ausnahmefall, da einer der Ausnahmetatbestände regelmäßig vorliegen wird.

1.2.1. Ausnahme bei Bestellung eines Datenschutzbeauftragten

Gemäß Absatz 2 entfällt die Meldepflicht, wenn die verantwortliche Stelle einen Datenschutzbeauftragten bestellt hat, wozu öffentliche Stellen schon von Gesetzes wegen – unabhängig von ihrer Größe oder ihrem Aufgabenbereich – verpflichtet sind.

Ausnahme für Kleinstbetriebe

Nicht-öffentliche Stellen sind gemäß § 4 f Abs. 1 S. 4 BDSG von der Verpflichtung zur Bestellung eines Datenschutzbeauftragten nur dann ausgenommen, wenn sie höchstens vier Arbeitnehmer mit der Erhebung, Verarbeitung oder Nutzung personenbezogener Daten beschäftigen. Dies dürfte jedoch nur bei Kleinstbetrieben der Fall sein.

Im Übrigen steht es natürlich jeder verantwortlichen Stelle frei, einen Datenschutzbeauftragten zu bestellen, auch wenn sie dazu gesetzlich nicht verpflichtet ist. Auch bei der freiwilligen Installation eines Datenschutzbeauftragten entfällt die Meldepflicht gemäß § 4 d Absatz 1 BDSG.

1.2.2. Ausnahme bei »unkritischen« Datenverarbeitungen

Darüber hinaus entfällt die Meldepflicht gemäß § 4 d Absatz 3 BDSG, wenn folgende drei Voraussetzungen kumulativ vorliegen:

- Die verantwortliche Stelle erhebt, verarbeitet und nutzt die Daten nur für eigene Zwecke;
- Sie beschäftigt höchstens vier Mitarbeiter mit der Erhebung, Verarbeitung und Nutzung dieser Daten;
- Als Grundlage für die Datenverarbeitung dient entweder eine Einwilligung der Betroffenen oder die Zweckbestimmung eines Vertragsverhältnisses oder vertragsähnlichen Vertrauensverhältnisses im Sinne von § 28 Abs. 1 Nr. 1 BDSG.

Diese Ausnahme rekurriert auf Art. 18 Abs. 2 der EG-Datenschutzrichtlinie, wonach die Meldepflicht bei Verarbeitungen entfallen kann, bei denen unter Berücksichtigung des Verarbeitungsverfahrens eine Beeinträchtigung der Rechte und Freiheiten der Betroffenen unwahrscheinlich ist.

Beispiel: Anwendungsbeispiele für die Ausnahmeregelung in Absatz 3 sind Datenverarbeitungen durch selbständig Berufstätige wie etwa Ärzte, Apotheker, Handwerker und Kleingewerbetreibende.

1.2.3. Rückausnahme bei geschäftsmäßiger Datenverarbeitung

Gemäß § 4 d Absatz 4 BDSG greifen die in den Absätzen 2 und 3 normierten Ausnahmen von der Meldepflicht nicht, wenn die verantwortliche Stelle die Daten geschäftsmäßig entweder zum Zwecke der Übermittlung oder anonymisierten Übermittlung verarbeitet. Das bedeutet, dass Unternehmen im Sinne der §§ 29 und 30 BDSG (Auskunfteien, Adresshändler etc.) jedenfalls der Meldepflicht unterliegen, unabhängig davon, ob sie einen Datenschutzbeauftragten bestellt haben oder wie viele Mitarbeiter sie mit der Datenverarbeitung beschäftigen.

1.3. Inhalt der Meldepflicht

Was der zuständigen Aufsichtsbehörde zu melden ist, ergibt sich aus § 4 e BDSG:

§ 4 e BDSG

Inhalt der Meldepflicht

Sofern Verfahren automatisierter Verarbeitungen meldepflichtig sind, sind folgende Angaben zu machen:

1. Name oder Firma der verantwortlichen Stelle,
2. Inhaber, Vorstände, Geschäftsführer oder sonstige gesetzliche oder nach der Verfassung des Unternehmens berufene Leiter und die mit der Leitung der Datenverarbeitung beauftragten Personen,
3. Anschrift der verantwortlichen Stelle,
4. Zweckbestimmung der Datenerhebung, -verarbeitung oder -nutzung,
5. eine Beschreibung der betroffenen Personengruppen und der diesbezüglichen Daten oder Datenkategorien,
6. Empfänger oder Kategorien von Empfängern, denen die Daten mitgeteilt werden können,
7. Regelfristen für die Löschung der Daten,
8. eine geplante Datenübermittlung in Drittstaaten,
9. eine allgemeine Beschreibung, die es ermöglicht, vorläufig zu beurteilen, ob die Maßnahmen nach § 9 zur Gewährleistung der Sicherheit der Verarbeitung angemessen sind.

§ 4d Abs. 1 und 4 gilt für die Änderung der nach Satz 1 mitgeteilten Angaben sowie für den Zeitpunkt der Aufnahme und der Beendigung der meldepflichtigen Tätigkeiten entsprechend.

Die danach gegenüber der zuständigen Aufsichtsbehörde zu machenden Angaben sind weitgehend selbsterklärend. Zu beachten ist, dass gemäß Nr. 9 zusätzlich zu den unter Nr. 1 – 8 aufgeführten Informationen eine erläuternde Beschreibung abzugeben ist, anhand derer die Angemessenheit von technischen und organisatorischen Maßnahmen gemäß § 9 BDSG geprüft werden kann. Eine solche Beschreibung kann z.B. in Form eines Datenschutz- oder Datensicherheitskonzepts erfolgen.

Datenschutz- und Datensicherheitskonzept

Gemäß § 38 Absatz 2 S. 2 BDSG werden die der Aufsichtsbehörde mitgeteilten Angaben von ihr in ein öffentliches, also von jedem einsehbares Register aufgenommen. Von der Öffentlichkeit ist lediglich die Beschreibung gemäß § 4 e Satz 1 Nr. 9 BDSG ausgenommen.

2. Informations- und Benachrichtigungspflichten

Eine ganz zentrale Bedeutung kommt den Informations- und Benachrichtigungspflichten der verantwortlichen Stelle gegenüber den Betroffenen zu. Wird der Betroffene nicht umfassend und ordnungsgemäß über die Einzelheiten der Datenverarbeitung unterrichtet, droht bei Datenverarbeitungen, die auf eine Einwilligung gestützt sind, aufgrund des Erfordernisses einer »informierten Einwilligung« die Unzulässigkeit der Verarbeitung. Außerdem sind Kenntnisse des Betroffenen über die näheren Umstände der Datenverarbeitung Voraussetzung dafür, dass er seine Rechte auf Auskunft, Berichtigung und Löschung von Daten effektiv geltend machen kann.

Die grundlegende Informationsverpflichtung der verantwortlichen Stelle gegenüber den Betroffenen ist in § 4 Abs. 3 BDSG normiert:

Zulässigkeit der Datenerhebung, -verarbeitung und -nutzung   § 4 Abs. 3 BDSG

Werden personenbezogene Daten beim Betroffenen erhoben, so ist er, sofern er nicht bereits auf andere Weise Kenntnis erlangt hat, von der verantwortlichen Stelle über

1. die Identität der verantwortlichen Stelle,
2. die Zweckbestimmungen der Erhebung, Verarbeitung oder Nutzung und
3. die Kategorien von Empfängern nur, soweit der Betroffene nach den Umständen des Einzelfalls nicht mit der Übermittlung an diese rechnen muss,

zu unterrichten.

Werden personenbezogene Daten beim Betroffenen aufgrund einer Rechtsvorschrift erhoben, die zur Auskunft verpflichtet, oder ist die Erteilung der Auskunft Voraussetzung für die Gewährung von Rechtsvorteilen, so ist der Betroffene hierauf, sonst auf die Freiwilligkeit seiner Angaben hinzuweisen. Soweit nach den Umständen des Einzelfalls erforderlich oder auf Verlangen, ist er über die Rechtsvorschrift und über die Folgen der Verweigerung von Angaben aufzuklären.

Die Informationspflicht gemäß § 4 Abs. 3 BDSG soll den Betroffenen in die Lage versetzen zu entscheiden, ob er die personenbezogenen Daten preisgeben möchte oder nicht. Die Information hat deshalb schon bei der Erhebung der Daten zu erfolgen.

Information bei der Datenerhebung

2.1. Bestehen der Informationspflicht

Nach dem Gesetzeswortlaut besteht die Informationsverpflichtung nur, wenn

- Die Daten bei dem Betroffenen erhoben werden und
- Der Betroffene nicht bereits auf andere Weise Kenntnis erlangt hat.

Erhebung beim Betroffenen

Erhebung »beim Betroffenen« bedeutet, dass die Daten mit seiner Kenntnis oder Mitwirkung erhoben werden.

Beispiel: der Betroffene trägt die Daten selbst in ein Antragsformular ein.

anderweitige Kenntnis

Die Information des Betroffenen kann entfallen, wenn er bereits auf andere Weise Kenntnis über die Einzelheiten der Datenverarbeitung erlangt hat. Unerheblich ist, auf welche Weise dies geschehen ist. Kenntnis kann insbesondere dann vorliegen, wenn der Betroffene bereits früher entsprechende Informationen von der verantwortlichen Stelle erhalten hat. Die entsprechende Kenntnis kann sich aber auch aus der dem Betroffenen bekannten Zweckbestimmung der Datenverarbeitung ergeben.

Beispiel: Werden auf einem Vertragsformular Name und Adressdaten des Vertragschließenden erhoben und dienen die Daten nur der Zweckbestimmung Vertragsabwicklung und -erfüllung, so erübrigt sich eine gesonderte Information des Vertragschließenden über diese Zweckbestimmung, da ihm diese allein aus dem Umstand des Vertragsschlusses heraus bekannt ist.

2.2. Inhalt der Informationspflicht

Welche Informationen dem Betroffenen zu geben sind, ergibt sich aus der in § 4 Abs. 3 S. 1 BDSG enthaltenen Aufzählung. Es sind dies:

- Die Identität der verantwortlichen Stelle;
- Die Zweckbestimmung der Erhebung, Verarbeitung und Nutzung der Daten und
- Für den Fall, dass die Daten übermittelt werden, die Kategorien der Datenempfänger, soweit der Betroffene nicht mit einer Übermittlung an diese rechnen muss.

Identität der verantwortlichen Stelle

Im Hinblick auf die Identität der verantwortlichen Stelle sind ihr Name (bzw. die Firma) und die Anschrift anzugeben. Diese Informationen sollen den Betroffenen in die Lage versetzen, seine Rechte auf Auskunft, Berichtigung und Löschung von Daten geltend zu machen und gegebenenfalls – mit gerichtlicher oder behördlicher Hilfe – durchzusetzen. Eine Internet- oder E-Mail-Adresse allein ist deshalb nicht ausreichend.

Die Information über die Zweckbestimmung soll dem Betroffenen Kenntnis darüber verschaffen, wozu seine Daten erhoben, verarbeitet und genutzt werden. Werden mehrere unterschiedliche Zwecke verfolgt, z.B. Vertragsabwicklung, Werbung, etc. sind alle Zweckbestimmungen anzugeben. Außerdem sind sämtliche Verarbeitungsschritte zu nennen, also insbesondere auch etwaige Übermittlungen und sonstige Nutzungen der Daten.

Zweckbestimmung

Im Falle der Weitergabe von Daten sind auch die Kategorien der Empfänger zu benennen. Die Verwendung des Begriffs »Kategorien« bringt zum Ausdruck, dass nicht jeder einzelne mögliche Empfänger mit Name bzw. Firma anzugeben ist. Vielmehr reicht es aus, die Empfänger mit einer beschreibenden Bezeichnung zu versehen.

Datenempfänger

Beispiel: Werden die Daten in einem Unternehmensverbund weitergegeben, ist es ausreichend, den Betroffenen darüber zu informieren, dass die Daten an Mutter-, Tochter- und / oder Schwestergesellschaften übermittelt werden, ohne diese im Einzelnen zu benennen.

Entgegen dem missverständlichen Wortlaut sind die Kategorien der Empfänger nicht nur bei Übermittlungen im Sinne von § 3 Abs. 4 Nr. 3 BDSG anzugeben, sondern auch bei internen Datenweitergaben, die keine Übermittlung darstellen.

Interne Datenweitergaben

Beispiel: im Rahmen der so genannten »Allfinanzklausel«, mit der die Betroffenen in die Nutzung der allgemeinen Auftrags-, Vertrags- und Leistungsdaten für die Beratung und Betreuung auch in sonstigen Finanzdienstleistungen durch den Vermittler einwilligen, informieren die Banken und Versicherungen die Betroffenen auch über interne Datenflüsse und die zugrunde liegenden Zweckbestimmungen.

Uneinheitlich wird die Frage beantwortet, ob auch die Weitergabe von Daten an einen Auftragsdatenverarbeiter gemäß § 11 BDSG offen gelegt werden muss. Nach der vorzugswürdigen Ansicht unterliegen auch solche Datenweitergaben grundsätzlich der Informationspflicht. Eine gesonderte Information dürfte nur entbehrlich sein, wenn der Betroffene – etwa aufgrund einer Branchenüblichkeit – mit der Einschaltung eines Auftragsdatenverarbeiters rechnen muss.

Auftragsdatenverarbeitungen

Die weitergehenden Informationspflichten nach § 4 Abs. 3 S. 2 BDSG betreffen in der Praxis nur öffentliche Stellen.

2.3. Besondere Informationspflicht bei Datenübermittlungen ins Ausland

Datenübermittlungen ins Ausland

Eine weitergehende Informationspflicht für öffentliche Stellen besteht gemäß § 4 b Abs. 4 BDSG bei Datenübermittlungen ins Ausland:

§ 4 b Abs. 4 BDSG

Übermittlung personenbezogener Daten ins Ausland sowie an über- oder zwischenstaatliche Stellen

In den Fällen des § 16 Abs. 1 Nr. 2 unterrichtet die übermittelnde Stelle den Betroffenen von der Übermittlung seiner Daten. Dies gilt nicht, wenn damit zu rechnen ist, dass er davon auf andere Weise Kenntnis erlangt, oder wenn die Unterrichtung die öffentliche Sicherheit gefährden oder sonst dem Wohl des Bundes oder eines Landes Nachteile bereiten würde.

Danach besteht grundsätzlich eine Informationspflicht öffentlicher Stellen, sofern sie Daten auf der Grundlage einer Interessenabwägung gemäß § 16 Abs. 1 Nr. 2 BDSG an nicht-öffentliche Stellen im Ausland übermitteln. Die Informationspflicht entfällt, wenn

- Der Betroffenen auf andere Weise Kenntnis erlangt oder
- Der Information gewichtige öffentliche Interessen entgegenstehen.

2.4. Weitere Informationspflichten

Darüber hinaus sind im BDSG für bestimmte Arten von Datenverarbeitungen ergänzende spezifische Informationspflichten normiert:

- § 6 b Abs. 2 BDSG verlangt eine Information bei Videoüberwachungen öffentlich zugänglicher Räume;
- § 6 c Abs. 1 – 3 BDSG enthält besondere Informationspflichten bei der Ausgabe von Chipkarten;
- Gemäß § 28 Abs. 4 S. 2 BDSG sind Betroffene bei der Ansprache zu Zwecken der Werbung oder der Markt- und Meinungsforschung über die verantwortliche Stelle und das Widerspruchsrecht zu informieren.

2.5. Benachrichtigungspflicht

nachgelagerte Benachrichtigungspflichten

Von den vorstehend beschriebenen, der Datenerhebung, -verarbeitung und -nutzung vorgelagerten Informationspflichten zu unterscheiden, ist die Verpflichtung der verantwortlichen Stelle zur (nachgelagerten) Benachrichtigung der Betroffenen gemäß § 33 BDSG, die jedoch aufgrund des umfangreichen Ausnahmekatalogs in Absatz 2 tatsächlich nur selten zu erfolgen hat:

Benachrichtigung des Betroffenen § 33 BDSG

(1) Werden erstmals personenbezogene Daten für eigene Zwecke ohne Kenntnis des Betroffenen gespeichert, ist der Betroffene von der Speicherung, der Art der Daten, der Zweckbestimmung oder Erhebung, Verarbeitung oder Nutzung und der Identität der verantwortlichen Stelle zu benachrichtigen. Werden personenbezogene Daten geschäftsmäßig zum Zwecke der Übermittlung ohne Kenntnis des Betroffenen gespeichert, ist der Betroffene von der erstmaligen Übermittlung und der Art der übermittelten Daten zu benachrichtigen. Der Betroffene ist in den Fällen der Sätze 1 und 2 auch über die Kategorien von Empfängern zu unterrichten, soweit er nach den Umständen des Einzelfalles nicht mit der Übermittlung an diese rechnen muss.

(2) Eine Pflicht zur Benachrichtigung besteht nicht, wenn

1. der Betroffene auf andere Weise Kenntnis von der Speicherung oder der Übermittlung erlangt hat,
2. die Daten nur deshalb gespeichert sind, weil sie aufgrund gesetzlicher, satzungsmäßiger oder vertraglicher Aufbewahrungsvorschriften nicht gelöscht werden dürfen oder ausschließlich der Datensicherung oder der Datenschutzkontrolle dienen und eine Benachrichtigung einen unverhältnismäßigen Aufwand erfordern würde,
3. die Daten nach einer Rechtsvorschrift oder ihrem Wesen nach, namentlich wegen des überwiegenden rechtlichen Interesses eines Dritten, geheim gehalten werden müssen,
4. die Speicherung oder Übermittlung durch Gesetz ausdrücklich vorgesehen ist,
5. die Speicherung oder Übermittlung für Zwecke der wissenschaftlichen Forschung erforderlich ist und eine Benachrichtigung einen unverhältnismäßigen Aufwand erfordern würde,
6. die zuständige öffentliche Stelle gegenüber der verantwortlichen Stelle festgestellt hat, dass das Bekanntwerden der Daten die öffentliche Sicherheit oder Ordnung gefährden oder sonst dem Wohle des Bundes oder eines Landes Nachteile bereiten würde,
7. die Daten für eigene Zwecke gespeichert sind und
    a) aus allgemein zugänglichen Quellen entnommen sind und eine Benachrichtigung wegen der Vielzahl der betroffenen Fälle unverhältnismäßig ist,
    b) die Benachrichtigung die Geschäftszwecke der verantwortlichen Stelle erheblich gefährden würde, es sei denn, dass das In-

teresse an der Benachrichtigung die Gefährdung überwiegt, oder

8. die Daten geschäftsmäßig zum Zwecke der Übermittlung gespeichert sind und

   a) aus allgemein zugänglichen Quellen entnommen sind, soweit sie sich auf diejenigen Personen beziehen, die diese Daten veröffentlicht haben, oder

   b) es sich um listenmäßig oder sonst zusammengefasste Daten handelt (§ 29 Abs. 2 Nr. 1 Buchstabe b)

und eine Benachrichtigung wegen der Vielzahl der betroffenen Fälle unverhältnismäßig ist.

Die verantwortliche Stelle legt schriftlich fest, unter welchen Voraussetzungen von einer Benachrichtigung nach Satz 1 Nr. 2 bis 7 abgesehen wird.

2.5.1. Bestehen der Benachrichtigungspflicht

Subsidiarität zur vorherigen Information

Die Benachrichtigungspflicht entsteht gemäß § 33 Abs. 1 S. 1 und 2 BDSG dann, wenn personenbezogene Daten erstmals ohne Kenntnis des Betroffenen gespeichert werden. Die Benachrichtigungspflicht gemäß § 33 BDSG ist folglich nur einschlägig, wenn der Betroffene nicht bereits vorab – insbesondere aufgrund der Regelung in § 4 Abs. 2 und 3 BDSG – über die Datenverarbeitung informiert worden ist.

anderweitige Kenntnis

Die anderweitige Kenntnis des Betroffenen kann sich auch daraus ergeben, dass er in die Datenspeicherung und -verarbeitung eingewilligt hat und ihm gemäß § 4 a Abs. 1 S. 2 BDSG entsprechende Informationen gegeben wurden.

Kenntnis aufgrund Handelsüblichkeit

Kenntnis auf andere Weise erfordert allerdings nicht, dass der Betroffene ausdrücklich auf die Datenverarbeitung hingewiesen wurde; bekannt ist ihm die Speicherung auch dann, wenn sie nach den Umständen des Einzelfalls (handels-)üblich ist. Nach richtiger Auffassung hat sich die Kenntnis nicht nur auf die Tatsache der Datenspeicherung sondern auch auf die näheren Umstände der Datenspeicherung und -verarbeitung zu beziehen, also insbesondere auch auf die Identität der verantwortlichen Stelle und die Zwecke der Datenspeicherung und -verarbeitung.

Benachrichtigung bei geschäftsmäßiger Datenverarbeitung

Erfolgt die Datenverarbeitung geschäftsmäßig zum Zwecke der Übermittlung, so hat die Benachrichtigung gemäß § 33 Abs. 1 S. 2 BDSG nicht schon bei der Speicherung sondern erst unmittelbar nach der erstmaligen Übermittlung zu erfolgen. Die Benachrichtigung hat unverzüglich, also ohne schuldhaftes Zögern, zu erfolgen. Als Richtwert wird in der datenschutzrechtlichen Literatur eine Frist von 2 – 4 Wochen nach der Übermittlung als angemessen angesehen. Aus der Beschränkung des Wortlautes auf die »erstmalige« Übermittlung folgert die wohl herrschende Meinung, dass weitere Übermittlungen keine zusätzliche Benachrichtigungspflicht auslösen. Etwas Anderes gilt aber in Fällen, in denen weitere Datenübermittlungen anderen Zweckbestimmungen als die erstmalige Übermittlung dienen; in diesen Fällen ist der Betroffene über die weitere Datenübermittlung erneut zu benachrichtigen.

In § 33 Abs. 2 BDSG ist ein umfangreicher Ausnahmekatalog enthalten, die die Benachrichtigungspflicht tatsächlich zu einem seltenen Ausnahmefall macht. Das gilt nicht nur bei Datenverarbeitungen für eigene Zwecke sondern auch bei geschäftsmäßiger Datenverarbeitung für Zwecke der Werbung. Einer der wenigen Fälle, in denen die Benachrichtigungspflicht in der Praxis tatsächlich greift, ist die Datenspeicherung bei Auskunfteien. Insbesondere hat der Betroffene bei solchen Datenverarbeitungen meist keine Kenntnis von der Datenspeicherung, da er zu der verantwortlichen Stelle selbst keine vertraglichen Beziehungen besitzt

Ausnahmen

2.5.2. Form der Benachrichtigung

Keine Vorgaben macht das BDSG bezüglich der Form der Benachrichtigung. Sie liegt im Ermessen der verantwortlichen Stelle. Deshalb kann auch eine mündliche Benachrichtigung ausreichend sein. Aus Gründen der Beweisbarkeit wird sich jedoch im Regelfall eine schriftliche Benachrichtigung anbieten.

2.5.3. Inhalt der Benachrichtigung

Welche Informationen dem Betroffenen zu geben sind, ist in § 33 Abs. 1 S. 1 BDSG definiert. Es sind dies:

- Der Umstand der Datenspeicherung;
- Die Art der Daten;
- Die Zweckbestimmung der Erhebung, Verarbeitung und Nutzung der Daten und
- Die Identität der verantwortlichen Stelle.

Der Zweck der Benachrichtigung besteht nicht darin, die Auskunft über die zur Person des Betroffenen gespeicherten Daten (vgl. § 34 BDSG) zu ersetzen. Deshalb brauchen dem Betroffenen im Rahmen der Benachrichtigung keine Angaben zu den einzelnen Daten, sondern nur Angaben zu der »Art der Daten« gemacht zu werden. Dabei genügen allgemeine, nicht auf den Einzelfall bezogene Angaben, soweit

Unzulänglichkeit pauschaler Angaben

sich aus ihnen die einzelnen Datenarten für den Betroffenen hinreichend konkret ergeben.

Beispiel: eine hinreichend konkrete Beschreibung der Datenarten enthalten z.B. die Angaben »Name, Geburtsdatum, gegenwärtige Anschrift, Angaben zur Beschäftigung«.

Nicht ausreichend sind Angaben, die keine über den Geschäftszweckes der verantwortlichen Stelle hinausgehenden Informationen enthalten.

Beispiel: Angaben wie »Daten, die zur Beurteilung der Bonität erforderlich sind«, beschreiben die Art der Daten nicht hinreichend.

Die Information über die Zweckbestimmung hat die Festlegungen der verantwortlichen Stelle gemäß § 28 Abs. 1 S. 2 bzw. § 29 Abs. 1 S. 2 BDSG zum Gegenstand.

3. Auskunft, Berichtigung, Löschung und Sperrung personenbezogener Daten

Zur Sicherstellung der Transparenz jeglicher Datenverarbeitung gewährt das BDSG den Betroffenen einige unabdingbare Rechte. Gemäß § 6 Abs. 1 BDSG handelt es sich dabei um die Rechte auf:

Rechte des Betroffenen

- Auskunft;
- Berichtigung;
- Löschung und
- Sperrung von Daten.

RECHTE DES BETROFFENEN

Unabdingbare Rechte des Betroffenen

Die Rechte des Betroffenen auf Auskunft (§§ 19, 34) und auf Berichtigung, Löschung oder Sperrung (§§ 20, 35) können nicht durch Rechtsgeschäft ausgeschlossen oder beschränkt werden.

§ 6 Abs. 1 BDSG

Neben den in § 6 Abs. 1 BDSG ausdrücklich erwähnten Rechten sind insbesondere auch die Rechte des Betroffenen auf Benachrichtigung (§ 33 BDSG) und auf Widerspruch gegen Werbung (§ 28 Abs. 3 BDSG) unabdingbar.

Unabdingbarkeit der Rechte

Außerdem sind die oben genannten und die in § 6 Abs. 1 BDSG normierten Rechte höchstpersönlich mit der Folge, dass sie weder übertragen, noch abgetreten oder vererbt werden können. Sie können Dritten lediglich in Vollmacht zur Ausübung übertragen werden.

Höchstpersönlichkeit der Rechte

3.1. Recht auf Auskunft

Das Auskunftsrecht ist in Bezug auf öffentliche Stellen in § 19 und in Bezug auf nicht-öffentliche Stellen in § 34 BDSG verankert:

§ 34 BDSG

Auskunft an den Betroffenen

(1) Der Betroffene kann Auskunft verlangen über

1. die zu seiner Person gespeicherten Daten, auch soweit sie sich auf die Herkunft dieser Daten beziehen,
2. Empfänger oder Kategorien von Empfängern, an die Daten weitergegeben werden, und
3. den Zweck der Speicherung.

Er soll die Art der personenbezogenen Daten, über die Auskunft erteilt werden soll, näher bezeichnen. Werden die personenbezogenen Daten geschäftsmäßig zum Zwecke der Übermittlung gespeichert, kann der Betroffene über Herkunft und Empfänger nur Auskunft verlangen, sofern nicht das Interesse an der Wahrung des Geschäftsgeheimnisses überwiegt, In diesem Falle ist Auskunft über Herkunft und Empfänger auch dann zu erteilen, wenn diese Angaben nicht gespeichert sind.

(2) Der Betroffene kann von Stellen, die geschäftsmäßig personenbezogene Daten zum Zwecke der Auskunftserteilung speichern, Auskunft über seine personenbezogenen Daten verlangen, auch wenn sie weder in einer automatisierten Verarbeitung noch in einer nicht-automatisierten Datei gespeichert sind. Auskunft über Herkunft und Empfänger kann der Betroffene nur verlangen, sofern nicht das Interesse an der Wahrung des Geschäftsgeheimnisses überwiegt.

(3) Die Auskunft wird schriftlich erteilt, soweit nicht wegen der besonderen Umstände eine andere Form der Auskunftserteilung angemessen ist.

(4) Eine Pflicht zur Auskunftserteilung besteht nicht, wenn der Betroffene nach § 33 Abs. 2 Satz 1 Nr. 2, 3 und 5 bis 7 nicht zu benachrichtigen ist.

(5) Die Auskunft ist unentgeltlich. Werden die personenbezogenen Daten geschäftsmäßig zum Zwecke der Übermittlung gespeichert, kann jedoch ein Entgelt verlangt werden, wenn der Betroffene die Auskunft gegenüber Dritten zu wirtschaftlichen Zwecken nutzen kann. Das Entgelt darf über die durch die Auskunftserteilung entstandenen direkt zurechenbaren Kosten nicht hinausgehen. Ein Entgelt kann in den Fällen nicht verlangt werden, in denen besondere Umstände die Annahme rechtfertigen, dass Daten unrichtig oder unzulässig gespeichert werden, oder in denen die Auskunft ergibt, dass die Daten zu berichtigen oder unter der Voraussetzung des § 35 Abs. 2 Satz 2 Nr. 1 zu löschen sind.

(6) Ist die Auskunftserteilung nicht unentgeltlich, ist dem Betroffenen die Möglichkeit zu geben, sich im Rahmen seines Auskunftsanspruches persönlich Kenntnis über die ihn betreffenden Daten und Angaben zu verschaffen. Er ist hierauf in geeigneter Weise hinzuweisen.

Die Auskunft setzt ein entsprechendes Verlangen des Betroffenen voraus. Die verantwortliche Stelle hat die Informationen dem Betroffenen also nicht von sich aus, wie im Rahmen von §§ 4 Abs. 2 und 33 BDSG, mitzuteilen.

Die Auskunft erstreckt sich auf:

- Die zur Person gespeicherten Daten;
- Die Herkunft der Daten (sofern entsprechende Informationen vorliegen);
- Empfänger oder Kategorien von Empfängern, an die die Daten weitergegeben werden und
- Die Zweckbestimmung der Datenspeicherung.

Inhalt der Auskunft

Für den Fall, dass die verantwortliche Stelle automatisierte Einzelentscheidungen im Sinne von § 6 a BDSG trifft, erstreckt sich die Auskunft auch auf den logischen Aufbau der automatisierten Verarbeitung (§ 6 a Abs. 3 BDSG).

Im Falle des Einsatzes mobiler personenbezogener Speicher- und Verarbeitungsmedien im Sinne von § 6 c BDSG (Chipkarten), hat die verantwortliche Stelle außerdem gemäß § 6 c Abs. 2 BDSG Sorge dafür zu tragen, dass die zur Wahrnehmung des Auskunftsrechts erforderlichen Geräte oder Einrichtungen in angemessenem Umfang zum unentgeltlichen Gebrauch zur Verfügung stehen.

Die Auskunft hat grundsätzlich schriftlich und im Regelfall unentgeltlich zu erfolgen. Die Auskunftserteilung ist an keine definierte Frist gebunden. In der datenschutzrechtlichen Literatur wird davon ausgegangen, dass die Auskunft unverzüglich zu erteilen ist, wobei die im Geschäftsverkehr üblichen Fristen gelten sollen. Danach soll eine Regelfrist von 2 bis 3 Wochen angemessen sein.

Schriftlichkeit und Unentgeltlichkeit

Ausnahmen von dem Auskunftsrecht bestehen nur in den in §§ 33 BDSG ausdrücklich normierten Fällen. Danach kann das Auskunftsrecht unter anderem entfallen, wenn

- Bei geschäftsmäßiger Datenübermittlung ein überwiegendes Interesse der verantwortlichen Stelle an der Wahrung von Geschäftsgeheimnissen besteht oder
- Eine Benachrichtigungspflicht wegen Vorliegens einer der in § 33 Abs. 1 S. 1 Nr. 2, 3, 5, 6 oder 7 BDSG normierten Ausnahmefälle nicht besteht.

Ausnahmen

3.2. Berichtigung von Daten

Darüber hinaus hat der Betroffene gemäß § 35 Abs. 1 BDSG einen Anspruch auf Berichtigung von Daten:

§ 35 Abs. 1 und 2 BDSG

Berichtigung, Sperrung und Löschung von Daten

(1) Personenbezogene Daten sind zu berichtigen, wenn sie unrichtig sind.

(2) Personenbezogene Daten können außer in den Fällen des Absatzes 3 Nr. 1 und 2 jederzeit gelöscht werden. [...]

Danach sind Daten dann zu berichtigen, wenn sie unrichtig sind. Die Unrichtigkeit muss nicht schon zum Beginn der Speicherung bestehen sondern kann sich auch erst nachträglich ergeben, z.B. dadurch, dass sich diese Daten im Laufe der Zeit ändern. Die Berichtigungspflicht besteht, sobald die verantwortliche Stelle Kenntnis von der Unrichtigkeit hat, ohne dass es darauf ankommt, auf welche Weise sie diese Kenntnis erlangt hat.

Ebenso wenig wie für die Auskunft gemäß § 34 BDSG sieht das Gesetz auch für die Berichtigung eine Frist vor. Nach der datenschutzrechtlichen Literatur hat die Berichtigung jedoch so rechtzeitig zu erfolgen, dass eine weitere Verarbeitung der unrichtigen Daten möglichst unterbleibt.

3.3. Löschung von Daten

Das BDSG sieht in § 35 Abs. 2 BDSG auch eine Regelung zur Löschung personenbezogener Daten vor:

§ 35 Abs. 2 BDSG

Berichtigung, Sperrung und Löschung von Daten

Personenbezogene Daten können außer in den Fällen des Absatzes 3 Nr. 1 und 2 jederzeit gelöscht werden. Personenbezogene Daten sind zu löschen, wenn

1. ihre Speicherung unzulässig ist,
2. es sich um Daten über die rassische oder ethnische Herkunft, politische Meinungen, religiöse oder philosophische Überzeugungen oder die Gewerkschaftszugehörigkeiten, über Gesundheit oder das Sexualleben, strafbare Handlungen oder Ordnungswidrigkeiten handelt und ihre Richtigkeit von der verantwortlichen Stelle nicht bewiesen werden kann,

3. sie für eigene Zwecke verarbeitet werden, sobald ihre Kenntnis für die Erfüllung des Zweckes der Speicherung nicht mehr erforderlich ist, oder
4. sie geschäftsmäßig zum Zwecke der Übermittlung verarbeitet werden und eine Prüfung jeweils am Ende des vierten Kalenderjahres beginnend mit ihrer erstmaligen Speicherung ergibt, dass eine länger währende Speicherung nicht erforderlich ist.

»Löschen« bedeutet gemäß § 3 Abs. 4 Nr. 5 BDSG das Unkenntlichmachen gespeicherter personenbezogener Daten. Diese Anforderung ist erfüllt, wenn die Daten nicht mehr verarbeitet, insbesondere nicht mehr gelesen werden können. Daten aus automatisierten Verfahren sind unkenntlich, wenn sichergestellt ist, dass niemand von ihrem Inhalt Kenntnis nehmen kann.

Begriff: Löschen

Ein Datenbestand gilt dabei nach den gesetzlichen Vorschriften erst dann als vollständig gelöscht, wenn auch die Datenträger, die der Datensicherung dienen (z.B. Duplikate oder Archivbänder) gelöscht wurden.

Löschung auf Sicherungsmedien

Gemäß § 35 Abs. 2 S. 1 BDSG können personenbezogene Daten jederzeit gelöscht werden es sei denn,

- Der Löschung stehen gesetzliche, satzungsmäßige oder vertragliche Aufbewahrungsfristen entgegen oder
- Es besteht Grund zu der Annahme, dass durch die Löschung schutzwürdige Belange des Betroffenen beeinträchtigt würden.

§ 35 Abs. 2 S. 2 BDSG legt die Fälle fest, in denen die verantwortliche Stelle verpflichtet ist, personenbezogene Daten zu löschen. Die dort unter Nr. 1 und 2 normierten Fälle gelten für alle Arten nicht-öffentlicher Stellen gleichermaßen. Der in Nr. 3 normierte Löschungsgrund ist nur auf Unternehmen im Sinne von § 28 Abs. 1 S. 1 BDSG, der in Nr. 4 normierte Löschungsgrund nur auf Unternehmen im Sinne von § 29 Abs. 1 BDSG anwendbar.

In der Praxis besonders relevant ist der in Nr. 3 normierte Umstand, dass die Speicherung der für eigene Zwecke verarbeiteten Daten zur Zweckerreichung nicht mehr erforderlich ist.

Löschung nach Zweckerreichung

Beispiel: der über ein Versandhaus abgewickelte Kaufvertrag ist erfüllt, so dass die Vertragsdaten für diese Zwecke nicht mehr benötigt werden.

Allerdings ist es denkbar, dass andere Zwecke, für die die Daten ebenfalls rechtmäßig erhoben wurden, eine weitere Speicherung erlauben, etwa weil die in Bezug auf die Versandhausbestellung gespeicherten Daten auch zu Werbezwecken genutzt werden.

Eine Löschung wegen Erledigung der Speicherzwecke ist nach der Rechtsprechung des BAG häufig auch bei Daten, die das Arbeitsverhältnis betreffen, denkbar.

Beispiel: Informationen über durch Zeitablauf erledigte Abmahnungen sind ebenso zu löschen wie Personaldaten eines abgelehnten Bewerbers.

3.4. Sperrung von Daten

In manchen Fällen können personenbezogene Daten jedoch entweder aus tatsächlichen oder aus rechtlichen Gründen nicht gelöscht werden, obwohl einer der in § 35 Abs. 2 normierten Löschungstatbestände verwirklicht ist. Für diese Fälle sieht § 35 Abs. 3 die Ersetzung der Löschung durch eine Sperrung der betroffenen Daten vor:

§ 35 Abs. 3, 4 und 8 BDSG

Berichtigung, Sperrung und Löschung von Daten

(3) An die Stelle einer Löschung tritt eine Sperrung, soweit

1. im Falle des Absatzes 2 Nr.3 oder 4 einer Löschung gesetzliche, satzungsmäßige oder vertragliche Aufbewahrungsfristen entgegenstehen,
2. Grund zu der Annahme besteht, dass durch eine Löschung schutzwürdige Interessen des Betroffenen beeinträchtigt würden, oder
3. eine Löschung wegen der besonderen Art der Speicherung nicht oder nur mit unverhältnismäßig hohem Aufwand möglich ist.

(4) Personenbezogene Daten sind ferner zu sperren, soweit ihre Richtigkeit vom Betroffenen bestritten wird und sich weder die Richtigkeit noch die Unrichtigkeit feststellen lässt.

(8) Gesperrte Daten dürfen ohne Einwilligung des Betroffenen nur übermittelt oder genutzt werden, wenn

1. es zu wissenschaftlichen Zwecken, zur Behebung einer bestehenden Beweisnot oder aus sonstigen im überwiegenden Interesse der speichernden Stelle oder eines Dritten liegenden Gründen unerlässlich ist und
2. die Daten hierfür übermittelt oder genutzt werden dürften, wenn sie nicht gesperrt wären.

3.4.1. Gründe für eine Sperrung von Daten

Absatz 3 normiert drei Gründe, die einer Löschung von Daten entgegenstehen können und bei deren Vorliegen stattdessen eine Sperrung zu erfolgen hat:

- Es bestehen gesetzliche, satzungsmäßige oder vertragliche Aufbewahrungspflichten (Nr. 1);
- Es ist eine Beeinträchtigung schutzwürdiger Interessen des Betroffenen zu befürchten (Nr. 2) oder
- Die Löschung ist nur mit einem unverhältnismäßig hohen Aufwand durchführbar (Nr. 3).

Gesetzliche Aufbewahrungspflichten gemäß Nr. 1 können sich insbesondere aus dem Handelsgesetzbuch (HGB) oder der Abgabenordnung (AO) ergeben. So besteht nach § 257 HGB eine 10-jährige Aufbewahrungspflicht für Bücher, Aufzeichnungen, Inventare, Jahresabschlüsse, Buchungsbelege etc. Andere aufbewahrungspflichtige Unterlagen, wie zum Beispiel Handels- und Geschäftsbriefe unterliegen einer 6-jährigen Aufbewahrungsfrist. *(gesetzliche Aufbewahrungspflichten)*

Im Hinblick auf die in Nr. 2 normierte Ausnahme von der Löschungsverpflichtung ist regelmäßig davon auszugehen, dass die Löschung von Daten schutzwürdigen Interessen des Betroffenen nicht entgegensteht. Etwas Anderes kann z.B. gelten, wenn der Betroffene die Daten zur Durchsetzung von ihm erhobener Ansprüche benötigt. *(Interessenabwägung)*

Gerade bei Sicherungsmedien kann oftmals aus technischen Gründen keine Löschung eines einzelnen Datums erfolgen. Das BDSG lässt in § 35 Abs. 3 Nr. 3 BDSG deshalb auch eine Ausnahme von der Löschungsverpflichtung zu, soweit eine Löschung wegen der besonderen Art der Speicherung nicht oder nur mit unverhältnismäßig hohem Aufwand möglich ist. *(technische Unzumutbarkeit)*

Beispiel: eine Löschung von Daten dürfte aus technischer Sicht ausgeschlossen sein, wenn die Daten auf einer CD-ROM oder einem ähnlichen Speichermedium, dass nur gelesen werden kann, gespeichert sind.

In § 35 Abs. 4 BDSG wird die Sperrung für den so genannten »Nonliquet-Fall« angeordnet. Dabei ist zu beachten, dass die Beweislast für die Unrichtigkeit der Daten grundsätzlich, außer im Fall des § 35 Abs. 2 Nr. 2 BDSG, beim Betroffenen liegt. *(non liquet)*

3.4.2. Durchführung der Sperrung

Der Verarbeitungsvorgang der Sperrung ist ebenso wie die Berichtigung und Löschung der Daten beim Vorliegen der angeführten Voraussetzungen als zwingende Rechtsfolge angeordnet, die die Daten verarbeitende Stelle von sich aus beachten muss.

»Sperren« ist gemäß § 3 Abs. 4 Nr. 4 BDSG das Kennzeichnen gespeicherter personenbezogener Daten, um ihre weitere Verarbeitung oder Nutzung einzuschränken. Das Gesetz schreibt nicht vor, auf welche Weise diese Kennzeichnung zu erfolgen hat. Dies kann grundsätzlich durch eine organisatorische Maßnahme innerhalb der Daten verarbeitenden Stelle ebenso erfolgen wie durch eine technische Lösung innerhalb der Software, die für die Datenverarbeitung eingesetzt wird.

Eine Verarbeitung gesperrter Daten ist nur noch im Rahmen von § 35 Abs. 8 BDSG zulässig.

4. Technische und organisatorische Schutzmaßnahmen

Ein sehr wichtiger Bereich des Datenschutzes sind die technischen und organisatorischen Maßnahmen, die getroffen werden müssen, damit das Recht auf informationelle Selbstbestimmung der Nutzer gewährleistet ist und die personenbezogenen Daten vor Missbrauch, Fehlern und Unglücksfällen möglichst sicher sind. Eine gesetzliche Verpflichtung zur Ergreifung angemessener technischer und organisatorischer Schutzmaßnahmen ergibt sich aus § 9 BDSG:

Technische und organisatorische Maßnahmen   § 9 BDSG
Öffentliche und nicht-öffentliche Stellen, die selbst oder im Auftrag personenbezogene Daten erheben, verarbeiten oder nutzen, haben die technischen und organisatorischen Maßnahmen zu treffen, die erforderlich sind, um die Ausführung der Vorschriften dieses Gesetzes, insbesondere die in der Anlage zu diesem Gesetz genannten Anforderungen, zu gewährleisten. Erforderlich sind Maßnahmen nur, wenn ihr Aufwand in einem angemessenen Verhältnis zu dem angestrebten Schutzzweck steht.

Der Begriff der technischen und organisatorischen Maßnahmen ist weit   Begriffsbestimmung
zu fassen. Er umfasst auch die Bereiche personeller oder baulicher Maßnahmen der Datensicherung. Die Zielrichtungen der zu ergreifenden Maßnahmen sind in einer eigenen Anlage zu § 9 BDSG detailliert beschrieben:

Technische und organisatorische Maßnahmen   Anlage zu § 9 BDSG
Werden personenbezogene Daten automatisiert verarbeitet oder genutzt, ist die innerbehördliche oder innerbetriebliche Organisation so zu gestalten, dass sie den besonderen Anforderungen des Datenschutzes gerecht wird. Dabei sind insbesondere Maßnahmen zu treffen, die je nach der Art der zu schützenden personenbezogenen Daten oder Datenkategorien geeignet sind,
1. Unbefugten den Zutritt zu Datenverarbeitungsanlagen, mit denen personenbezogene Daten verarbeitet oder genutzt werden, zu verwehren (Zutrittskontrolle),
2. zu verhindern, dass Datenverarbeitungssysteme von Unbefugten genutzt werden können (Zugangskontrolle),
3. zu gewährleisten, dass die zur Benutzung eines Datenverarbeitungssystems Berechtigten ausschließlich auf die ihrer Zugriffsberechtigung unterliegenden Daten zugreifen können, und dass per-

sonenbezogene Daten bei der Verarbeitung, Nutzung und nach der Speicherung nicht unbefugt gelesen, kopiert, verändert oder entfernt werden können (Zugriffskontrolle),

4. zu gewährleisten, dass personenbezogene Daten bei der elektronischen Übertragung oder während ihres Transports oder ihrer Speicherung auf Datenträger nicht unbefugt gelesen, kopiert, verändert oder entfernt werden können, und dass überprüft und festgestellt werden kann, an welche Stellen eine Übermittlung personenbezogener Daten durch Einrichtungen zur Datenübertragung vorgesehen ist (Weitergabekontrolle),

5. zu gewährleisten, dass nachträglich überprüft und festgestellt werden kann, ob und von wem personenbezogene Daten in Datenverarbeitungssysteme eingegeben, verändert oder entfernt worden sind (Eingabekontrolle),

6. zu gewährleisten, dass personenbezogene Daten, die im Auftrag verarbeitet werden, nur entsprechend den Weisungen des Auftraggebers verarbeitet werden können (Auftragskontrolle),

7. zu gewährleisten, dass personenbezogene Daten gegen zufällige Zerstörung oder Verlust geschützt sind (Verfügbarkeitskontrolle),

8. zu gewährleisten, dass zu unterschiedlichen Zwecken erhobene Daten getrennt verarbeitet werden können.

Welche konkreten Vorkehrungen im Rahmen der vorgenannten Maßnahmen jeweils notwendig und angemessen sind, ist den gesetzlichen Vorschriften bzw. der Anlage nicht zu entnehmen. Dies hängt nicht nur von der Art der Daten und der Aufgabe ab, für die sie verwendet werden sollen, sondern auch von der Gefährdungslage und dem Stand der technischen Entwicklung.

Verhältnismäßigkeit — Dabei ist wesentlich zu berücksichtigen, dass sämtliche technischen und organisatorischen Maßnahmen gemäß § 9 BDSG dem Verhältnismäßigkeitsgrundsatz unterliegen. Verhältnismäßig sind danach nur Maßnahmen, deren Schutzwirkung in einem angemessenen Verhältnis zu dem Aufwand steht, den sie verursachen.

Kontrollziele — Ganz grundsätzlich kommen zur Erreichung der in der Anlage zu § 9 BDSG normierten Kontrollziele insbesondere die folgenden technischen und organisatorischen Maßnahmen in Betracht:

Zutrittskontrolle
- Zur Realisierung einer Zutrittskontrolle (Nr. 1) eignen sich z.B. entsprechende Berechtigungssysteme (Kartenleser, Vereinzelungsanlagen etc.) sowie bauliche Maßnahmen (Schließanlagen, Tür- und Fenstersicherungen etc);

Zugangskontrolle
- Eine wirksame Zugangskontrolle (Nr. 2) kann durch Benutzung und automatische Abfrage von Benutzerkennungen, Passwörtern,

Zugriffscodes etc. sowie den Einsatz von Verschlüsselungsverfahren realisiert werden;
- Eine Möglichkeit der Umsetzung einer Zugriffskontrolle (Nr. 3) besteht in der Einrichtung eines DV-technischen Berechtigungssystems;   *Zugriffskontrolle*
- Eine Weitergabekontrolle (Nr. 4) kann ebenso wie eine Eingabekontrolle (Nr. 5) durch die Aufzeichnung von Systemnachrichten und -eingaben in Form von Protokollen und Dateien (z.B. durch Logging-Verfahren) und deren – zumindest stichprobenartiger – Auswertung erfolgen;   *Weitergabekontrolle*
- Zur Verwirklichung einer Auftragskontrolle (Nr. 6) bedarf es überwiegend organisatorischer Maßnahmen wie z.B. Anweisungen und sonstige Festlegungen bezüglich des konkreten Umgangs mit den Daten einschließlich Verfügungsberechtigungen, Kontroll- und Weisungsrechten etc.;   *Auftragskontrolle*
- Im Rahmen der Verfügbarkeitskontrolle (Nr. 7) empfiehlt sich regelmäßig einer sichere Archivierung von Daten auf gesonderten Datenträgern, ein wirksames Recovery-Verfahren etc.;   *Verfügbarkeitskontrolle*
- Organisationsmaßnahmen allgemeiner Art können z.B. in Form von closed-shop-Betrieb, Funktionstrennung, Vier-Augen-Prinzip etc. erfolgen.

5. Datengeheimnis

Die bei der Datenverarbeitung beschäftigen Personen sind von der verantwortlichen Stelle gemäß § 5 BDSG, soweit sie bei nicht öffentlichen Stellen beschäftigt werden, bei der Aufnahme ihrer Tätigkeit auf das Datengeheimnis zu verpflichten:

§ 5 BDSG

Datengeheimnis

Den bei der Datenverarbeitung beschäftigen Personen ist untersagt, personenbezogene Daten unbefugt zu erheben, zu verarbeiten oder zu nutzen (Datengeheimnis). Diese Personen sind, soweit sie bei nicht-öffentlichen Stellen beschäftigt werden, bei der Aufnahme ihrer Tätigkeit auf das Datengeheimnis zu verpflichten. Das Datengeheimnis besteht auch nach Beendigung ihrer Tätigkeit fort.

Inhalt des Datengeheimnisses

Im Rahmen dieser Verpflichtung ist den Mitarbeitern jedwede unbefugte Verarbeitung und Nutzung der ihnen anvertrauten Daten untersagt. Die Verpflichtung muss in geeigneter Weise durchgeführt werden. Sie ist an keine besonderen Formvorschriften gebunden; es reicht allerdings nicht aus, sie durch Aushang oder in einer Arbeitsordnung etc. bekannt zu machen. Erforderlich ist vielmehr eine persönliche Verpflichtung im Einzelfall. Die Verpflichtung ist aktenkundig zu machen und ihr Vollzug sollte – zu Beweiszwecken – von den Betroffenen durch Unterschrift bestätigt werden.

Belehrung der Verpflichteten

Die Verpflichtung erfüllt nur dann ihren vom Gesetzgeber beabsichtigten Zweck, wenn sie mit einer Belehrung des Beschäftigten über seine besonderen Verpflichtungen nach dem BDSG verbunden ist. Die Mitteilung des Wortlauts von § 5 BDSG reicht dazu nicht aus. Sinnvoller Weise sollte der Umfang des Datengeheimnisses in einer Verpflichtungserklärung nach § 5 BDSG mit mindestens folgenden Punkte detailliert beschrieben werden:

Inhalt der Belehrung

- Verwahrung, Verarbeitung und Ausgabe von Daten und Programmen nur entsprechend den Anordnungen des Arbeitgebers;
- Nutzung und Vervielfältigung nur im Rahmen der geschäftlichen Zwecke;
- Verbot, Daten oder deren Verarbeitungsprogramme zu verfälschen;
- Verpflichtung, Daten sicher vor dem Zugriff Dritter aufzubewahren.

Daneben sollte folgende weitere Punkte in der Verpflichtungserklärung geregelt werden:

- Geltung der Verpflichtung auf die Wahrung des Datengeheimnisses auch über das Ende des Arbeitsverhältnisses hinaus;
- Unterrichtung über Rechtsfolgen von Verstößen gegen das Datengeheimnis einschließlich möglicher straf- und arbeitsrechtlicher Konsequenzen;
- Aushändigung des Wortlauts der von dem Arbeitnehmer insoweit zu beachtenden gesetzlichen Bestimmungen (unter anderem §§ 5, 43 und 44 BDSG).

Inhalt der Verpflichtungserklärung

6. Beauftragter für den Datenschutz

Die Verantwortung für die Einhaltung der Vorschriften über Datenschutz und Datensicherheit trägt die Leitung der jeweils verantwortlichen Stelle. Die Überwachung der Einhaltung obliegt gemäß § 38 BDSG grundsätzlich den staatlichen Aufsichtsbehörden.

Funktion des Datenschutzbeauftragten

Um einerseits sicherzustellen, dass in den verantwortlichen Stellen im Hinblick auf die zunehmende Komplexität der Informationstechnik genügend Sachverstand für die Beachtung der Datenschutzvorschriften vorhanden ist, und andererseits die staatlichen Überwachungsbehörden durch die Etablierung einer innerbetrieblichen Selbstkontrolle zu entlasten, sieht § 4 f BDSG die Einrichtung eines internen (betrieblichen bzw. behördlichen) Beauftragten für den Datenschutz (Datenschutzbeauftragten) vor.

6.1. Bestellung eines Datenschutzbeauftragten

Die Verpflichtung öffentlicher und nicht öffentlicher Stellen zur Bestellung eines internen Datenschutzbeauftragten ergibt sich aus § 4 f Abs. 1 BDSG:

§ 4 f Abs. 1 BDSG

Beauftragter für den Datenschutz

Öffentliche und nicht öffentliche Stellen, die personenbezogene Daten automatisiert erheben, verarbeiten oder nutzen, haben einen Beauftragten für den Datenschutz schriftlich zu bestellen. Nicht öffentliche Stellen sind hierzu spätestens innerhalb eines Monats nach Aufnahme ihrer Tätigkeit verpflichtet. Das Gleiche gilt, wenn personenbezogene Daten auf andere Weise erhoben, verarbeitet oder genutzt werden und damit in der Regel mindestens 20 Personen beschäftigt sind. Die Sätze 1 und 2 gelten nicht für nicht öffentliche Stellen, die höchstens vier Arbeitnehmer mit der Erhebung, Verarbeitung oder Nutzung personenbezogener Daten beschäftigen. Soweit aufgrund der Struktur einer öffentlichen Stelle erforderlich, genügt die Bestellung eines Beauftragten für den Datenschutz für mehrere Bereiche. Soweit nicht öffentliche Stellen automatisierte Verarbeitungen vornehmen, die einer Vorabkontrolle unterliegen oder personenbezogene Daten geschäftsmäßig zum Zweck der Übermittlung oder der anonymisierten Übermittlung erheben, verarbeiten oder nutzen, haben sie unabhängig von der Anzahl der Arbeitnehmer einen Beauftragten für den Datenschutz zu bestellen.

Bei der Verpflichtung zur Bestellung eines Datenschutzbeauftragten ist zwischen öffentlichen und nicht-öffentlichen Stellen zu differenzieren: öffentliche Stellen, die personenbezogene Daten automatisiert erheben, verarbeiten oder nutzen, sind unabhängig von der Anzahl der mit der Datenverarbeitung beschäftigten Personen zur Bestellung eines Datenschutzbeauftragten verpflichtet. Für nicht öffentliche Stellen gilt folgende, differenzierte Regelung:

Verpflichtung für öffentliche Stellen

Eine gesetzliche Verpflichtung nicht öffentlicher Stellen zur Bestellung eines Datenschutzbeauftragten besteht gemäß § 4 f BDSG, wenn mehr als vier Arbeitnehmer mit der automatisierten Erhebung, Verarbeitung oder Nutzung personenbezogener Daten beschäftigt sind. »Mit der Datenverarbeitung beschäftigt« ist dabei jeder, der unmittelbar an den Datenverarbeitungsanlagen – also z.B. dem PC – bei der Eingabe, Speicherung, Veränderung, Übermittlung, Sperrung, Löschung oder sonstigen Nutzung personenbezogener Daten tätig ist. Es sind also nicht nur IT-Fachleute dazu zu rechnen wie z.B. Programmierer, sondern auch sämtliche Anwender von DV-Verfahren, soweit sie bei ihrer Tätigkeit Umgang mit personenbezogenen Daten haben.

Verpflichtung für nicht-öffentliche Stellen

Anzahl der in der Datenverarbeitung Beschäftigter

Beispiel: Auch Kassenpersonal, welches Zahlungen per Kreditkarte realisiert, ist mit der Verarbeitung personenbezogener Daten beschäftigt.

Unabhängig von der Anzahl der mit der Datenverarbeitung beschäftigten Arbeitnehmer ist die Bestellung eines Datenschutzbeauftragten auch dann vorgeschrieben, wenn beispielsweise eine Verarbeitung besonderer Arten personenbezogener Daten erfolgt und deshalb eine Vorabkontrolle der Datenverarbeitungsverfahren vorgesehen ist. Besondere Arten personenbezogener Daten sind in § 3 Abs. 9 BDSG definiert. Dazu zählen unter anderem Angaben über die ethnische Herkunft, Gewerkschaftszugehörigkeit, Gesundheit etc.

Verarbeitung besonderer Arten personenbezogener Daten

Vorabkontrolle

Unabhängig von der Anzahl der mit der Datenverarbeitung beschäftigten Mitarbeiter besteht auch dann eine Verpflichtung zur Bestellung eines Datenschutzbeauftragten, wenn personenbezogene Daten geschäftsmäßig zum Zwecke der Übermittlung erhoben, verarbeitet oder genutzt werden (vgl. § 29 BDSG); wenn also die Datenverarbeitung für gewisse Dauer und für andere Personen »fremdnützig« betrieben wird.

geschäftsmäßige Datenverarbeitung

6.2. Formale und organisatorische Anforderungen

Die formalen und organisatorischen Anforderungen an die Bestellung des Datenschutzbeauftragten ergeben sich aus § 4 f. Abs. 3 und 5 BDSG:

§ 4 f Abs. 3 und 5 BDSG

Beauftragter für den Datenschutz

(3) Der Beauftragte für den Datenschutz ist dem Leiter der öffentlichen oder nicht öffentlichen Stelle unmittelbar zu unterstellen. Er ist in Ausübung seiner Fachkunde auf dem Gebiet des Datenschutzes weisungsfrei. Er darf wegen der Erfüllung seiner Aufgaben nicht benachteiligt werden. Die Bestellung zum Beauftragten für den Datenschutz kann in entsprechender Anwendung von § 626 des Bürgerlichen Gesetzbuches, bei nicht öffentlichen Stellen auch auf Verlangen der Aufsichtsbehörde, widerrufen werden

(5) Die öffentlichen und nicht öffentlichen Stellen haben den Beauftragten für den Datenschutz bei der Erfüllung seiner Aufgaben zu unterstützen und ihm insbesondere, soweit dies zur Erfüllung seiner Aufgaben erforderlich ist, Hilfspersonal sowie Räume, Einrichtungen, Geräte und Mittel zur Verfügung zu stellen. Betroffene können sich jederzeit an den Beauftragten für den Datenschutz wenden.

Stellung des Datenschutzbeauftragten

Gemäß § 4 f Abs. 3 BDSG ist der Beauftragte für den Datenschutz unmittelbar der Geschäftsführung unterstellt. Seine Bestellung hat schriftlich zu erfolgen. Einer Mitwirkung des Betriebsrates bedarf es grundsätzlich nicht.

Er ist in Ausübung seiner Fachkunde auf dem Gebiet des Datenschutzes weisungsfrei. Außerdem darf er wegen der Erfüllung seiner Aufgaben nicht benachteiligt werden. Dem betrieblichen Datenschutzbeauftragten ist eine hinreichende Ausstattung mit Hilfspersonal, Räumen, Einrichtungen, Geräten und sonstigen Mitteln zur Erfüllung seiner Aufgaben zur Verfügung zu stellen, soweit dies zur Erfüllung seiner Aufgaben erforderlich ist.

6.3. Anforderungen an die Person des Datenschutzbeauftragten

Die Anforderungen an die Person des Datenschutzbeauftragten ergeben sich aus § 4 f Abs. 2 BDSG:

Beauftragter für den Datenschutz

Zum Beauftragten für den Datenschutz darf nur bestellt werden, wer die zur Erfüllung seiner Aufgaben erforderliche Fachkunde und Zuverlässigkeit besitzt. Mit dieser Aufgabe kann auch eine Person außerhalb der verantwortlichen Stelle betraut werden. Öffentliche Stellen können mit Zustimmung ihrer Aufsichtsbehörde einen Bediensteten aus einer anderen öffentlichen Stelle zum Beauftragten für den Datenschutz bestellen.

persönliche Anforderungen

§ 4 f Abs. 2 BDSG

Danach darf zum Beauftragten für den Datenschutz nur bestellt werden, wer die zur Erfüllung seiner Aufgaben erforderliche Fachkunde und Zuverlässigkeit besitzt.

Fachkunde

Die notwendige Fachkunde umfasst dabei sowohl juristische als auch technische Kenntnisse: neben den einschlägigen Vorschriften des Datenschutzrechts braucht ein Datenschutzbeauftragter auch ein gewisses Know-How über Verfahren und Techniken der automatisierten Datenverarbeitung.

juristisches und technisches Know-How

Bei der Zuverlässigkeit handelt es sich um eine höchstpersönliche Eigenschaft, die nur in Ausnahmefällen abzulehnen sein dürfte, etwa bei Vorstrafen wegen Verstoßes gegen Datenschutzvorschriften.

Zuverlässigkeit

Daneben kann sich die fehlende Eignung einer Person zum Datenschutzbeauftragten insbesondere auch aus internen Interessenkollisionen ergeben: so ist einhellige Auffassung, dass z.B. der Inhaber, Vorstand oder Geschäftsführer einer verantwortlichen Stelle selbst nicht zum Datenschutzbeauftragten bestellt werden kann, da ein solcher die Entscheidungen der Unternehmensleitung ja gerade im Rahmen einer Eigenkontrolle kritisch hinterfragen soll. Auch die Leiter der EDV-Abteilungen sind aufgrund der fehlenden Unabhängigkeit regelmäßig ungeeignet: es besteht die Gefahr, dass dann die Belange des Datenschutzes hinter dem Interesse an einer effizienten und kostengünstigen Datenverarbeitung zurückstehen.

Interessenkollision

Die Aufsichtsbehörden befürworten insbesondere die Bestellung eines internen Datenschutzbeauftragten aus den Bereichen Revision, Sicherheitsbeauftragter, Organisation oder auch Rechtsabteilung. Daneben bietet sich auch die Bestellung eines externen Datenschutzbeauftragten als Dienstleister an (also etwa eines Rechtsanwalts oder Wirtschaftsprüfers).

interner oder externer Datenschutzbeauftragter

6.4. Folgen der Bestellung eines Datenschutzbeauftragten

Entfallen der Meldepflicht

Mit der Bestellung eines Datenschutzbeauftragten entfällt die grundsätzliche Verpflichtung aus § 4 d BDSG, Verfahren automatisierter Datenverarbeitung vor ihrer Inbetriebnahme bei der zuständigen Aufsichtsbehörde zu melden. Im Zuge eines solchen Anmeldeverfahrens müssten gemäß § 4 e BDSG eine Reihe von Angaben über die näheren Umstände der Datenverarbeitung und die für die Verarbeitung verantwortlichen Personen gemacht werden. Da es hier erfahrungsgemäß oft zu weiteren Nachfragen der Aufsichtsbehörden kommt, empfiehlt es sich gegebenenfalls, eine Meldung durch Bestellung eines Datenschutzbeauftragten zu vermeiden.

6.5. Aufgaben des Datenschutzbeauftragten

Die Aufgaben des Datenschutzbeauftragten sind in § 4 g BDSG geregelt:

§ 4 g BDSG

Aufgaben des Beauftragten für den Datenschutz

(1) Der Beauftragte für den Datenschutz wirkt auf die Einhaltung dieses Gesetzes und anderer Vorschriften über den Datenschutz hin. Zu diesem Zweck kann sich der Beauftragte für den Datenschutz in Zweifelsfällen an die für die Datenschutzkontrolle bei der verantwortlichen Stelle zuständige Behörde wenden. Er hat insbesondere

1. die ordnungsgemäße Anwendung der Datenverarbeitungsprogramme, mit deren Hilfe personenbezogene Daten verarbeitet werden sollen, zu überwachen; zu diesem Zweck ist er über Vorhaben der automatisierten Verarbeitung personenbezogener Daten rechtzeitig zu unterrichten,

2. die bei der Verarbeitung personenbezogener Daten tätigen Personen durch geeignete Maßnahmen mit den Vorschriften dieses Gesetzes sowie anderen Vorschriften über den Datenschutz und mit den jeweiligen besonderen Erfordernissen des Datenschutzes vertraut zu machen.

(2) Dem Beauftragten für den Datenschutz ist von der verantwortlichen Stelle eine Übersicht über die in § 4e Satz 1 genannten Angaben sowie über zugriffsberechtigte Personen zur Verfügung zu stellen. Im Fall des § 4d Abs. 2 macht der Beauftragte für den Datenschutz die Angaben nach § 4e Satz 1 Nr. 1 bis 8 auf Antrag jedermann in geeigneter Weise

verfügbar. Im Fall des § 4d Abs. 3 gilt Satz 2 entsprechend für die verantwortliche Stelle.

(3) Auf die in § 6 Abs. 2 Satz 4 genannten Behörden findet Absatz 2 Satz 2 keine Anwendung. Absatz 1 Satz 2 findet mit der Maßgabe Anwendung, dass der behördliche Beauftragte für den Datenschutz das Benehmen mit dem Behördenleiter herstellt; bei Unstimmigkeiten zwischen dem behördlichen Beauftragten für den Datenschutz und dem Behördenleiter entscheidet die oberste Bundesbehörde.

Zu den Aufgaben des Datenschutzbeauftragten gehört im Wesentlichen, dass er auf die Einhaltung der Datenschutzvorschriften hinwirkt. Er hat insbesondere die ordnungsgemäße Anwendung der Datenverarbeitungsprogramme, mit deren Hilfe personenbezogene Daten verarbeitet werden sollen, zu überwachen. Zu diesem Zweck ist er über Vorhaben der automatisierten Verarbeitung personenbezogener Daten rechtzeitig zu unterrichten. *(Überwachung der Ordnungsmäßigkeit der Datenverarbeitung)*

Außerdem hat der Datenschutzbeauftragte die bei der Datenverarbeitung tätigen Personen durch geeignete Maßnahmen mit den Datenschutzvorschriften und den jeweiligen besonderen Erfordernissen des Datenschutzes vertraut zu machen. *(Schulung der Mitarbeiter)*

Zusammengefasst hat der Datenschutzbeauftragte folgende Funktionen zu erfüllen:

- Kontroll- und Beratungsfunktion gegenüber der Leitung der verantwortlichen Stelle;
- Koordinierungsfunktion gegenüber der für den Datenschutz zuständigen Aufsichtsbehörde;
- Überwachungsfunktion im Hinblick auf die ordnungsgemäße Anwendung der Datenverarbeitungsprogramme;
- Schulungs- und Informationsfunktion gegenüber den Mitarbeitern der verantwortlichen Stelle.

Eine weitere, spezifische Kontrollpflicht obliegt dem Datenschutzbeauftragten gemäß § 4 d Abs. 5 und 6 BDSG: *(Kontrollpflicht)*

Meldepflicht *(§ 4 d Abs. 5 und 6 BDSG)*

(5) Soweit automatisierte Verarbeitungen besondere Risiken für die Rechte und Freiheiten der Betroffenen aufweisen, unterliegen sie der Prüfung vor Beginn der Verarbeitung (Vorabkontrolle). Eine Vorabkontrolle ist insbesondere durchzuführen, wenn

1. besondere Arten personenbezogener Daten (§ 3 Abs. 9) verarbeitet werden oder

2. die Verarbeitung personenbezogener Daten dazu bestimmt ist, die Persönlichkeit des Betroffenen zu bewerten einschließlich seiner Fähigkeiten, seiner Leistung oder seines Verhaltens,

es sei denn, dass eine gesetzliche Verpflichtung oder eine Einwilligung des Betroffenen vorliegt oder die Erhebung, Verarbeitung oder Nutzung der Zweckbestimmung eines Vertragsverhältnisses oder vertragsähnlichen Vertrauensverhältnisses mit dem Betroffenen dient.

(6) Zuständig für die Vorabkontrolle ist der Beauftragte für den Datenschutz. Dieser nimmt die Vorabkontrolle nach Empfang der Übersicht nach § 4g Abs. 2 Satz 1 vor. Er hat sich in Zweifelsfällen an die Aufsichtsbehörde oder bei den Post- und Telekommunikationsunternehmen an den Bundesbeauftragten für den Datenschutz zu wenden

risikobehaftete Datenverarbeitungen

Beispiele für risikobehaftete Datenverarbeitungen im Sinne von § 4 d Abs. 5 Nr. 2 BDSG sind Warndateien der Versicherungswirtschaft, Verfahren zu Bewertung der Kreditwürdigkeit einer Person sowie personenbezogene Data Warehouse und Data Mining-Anwendungen.

Unterstützung der Aufsichtsbehörden

Ferner obliegt der verantwortlichen Stelle gegenüber dem Datenschutzbeauftragten eine Unterstützungspflicht, wonach sie ihm Informationen über die näheren Umstände der Datenverarbeitung, die für die Verarbeitung verantwortlichen Personen sowie die Personen, die Zugriff auf die Daten haben, zur Verfügung zu stellen hat. Dazu zählt insbesondere auch das Verfahrensverzeichnis, in welches sämtliche nach § 4 e BDSG geforderten Angaben über die Datenverarbeitungsverfahren aufzunehmen sind.

7. Wiederholungsfragen

1. Unter welchen Voraussetzungen sind Datenverarbeitungsverfahren meldepflichtig? Lösung S. 140
2. Zu welchem Zeitpunkt ist der Betroffene über die Verarbeitung der ihn betreffenden Daten zu unterrichten? Lösung S. 143
3. Welche Informationen sind dem Betroffenen zu geben? Lösung S. 144 f.
4. In welchen Fällen ist eine nachgelagerte Benachrichtigung der Betroffenen erforderlich? Lösung S. 146 ff.
5. Auf welche Informationen erstreckt sich das Auskunftsrecht der Betroffenen? Lösung S. 153
6. In welchen Fällen sind personenbezogene Daten von der verantwortlichen Stelle zu berichtigen? Lösung S. 154
7. In welchen Fällen sind personenbezogene Daten von der verantwortlichen Stelle zu löschen? Lösung S. 155 f.
8. In welchen Fällen sind personenbezogene Daten von der verantwortlichen Stelle zu sperren? Lösung S. 157 f.
9. Was besagt die Verpflichtung auf technische und organisatorische Schutzmaßnahmen? Lösung S. 159 ff.
10. Welche Kontrollziele sind in der Anlage zu § 9 BDSG vorgegeben? Lösung S. 159 f.
11. Wer ist zur Wahrung des Datengeheimnisses verpflichtet? Lösung S. 162
12. Was ist Inhalt des Datengeheimnisses? Lösung S. 162
13. Welche Funktion besitzt ein Beauftragter für den Datenschutz? Lösung S. 164
14. Wer ist zur Bestellung eines Datenschutzbeauftragten verpflichtet? Lösung S. 164 f.
15. Welche persönlichen Anforderungen muss ein Datenschutzbeauftragter erfüllen? S. 167 f.
16. Welche Aufgaben besitzt ein Datenschutzbeauftragter? Lösung S. 168 f.

Kontrolle und Sanktionen

1.	**Datenschutzkontrolle**	**174**
1.1.	Kompetenzen der Aufsichtsbehörden	174
1.2.	Zuständigkeit	175
2.	**Sanktionen für Datenschutzrechtsverstöße**	**176**
2.1.	Schadensersatz	176
2.2.	Bußgeld	178
2.3.	Strafrechtliche Sanktionen	180
3.	**Wiederholungsfragen**	**181**

1. Datenschutzkontrolle

Kontrolle durch Aufsichtsbehörden

Neben der internen Eigenkontrolle durch den Beauftragten für den Datenschutz unterliegt der Umgang mit personenbezogenen Daten auch einer externen Kontrolle durch die Aufsichtsbehörden.

1.1. Kompetenzen der Aufsichtsbehörden

Befugnisse

Die Einrichtung der Aufsichtsbehörde und deren Befugnisse im Rahmen der laufenden Überwachung sind in § 38 BDSG normiert.

Danach haben die Aufsichtsbehörden insbesondere die folgenden Kompetenzen:

- Führung eines Registers der nach § 4 d meldepflichtigen automatisierten Verarbeitungen;
- Auskunftsrechte gegenüber der Leitung der verantwortlichen Stelle in Bezug auf die Erhebung, Verarbeitung und Nutzung personenbezogener Daten;
- Betreten von Grundstücken und Geschäftsräumen der verantwortlichen Stelle während der Betriebs- und Geschäftszeiten zur Erfüllung der Aufsichtsfunktion;
- Durchführung von Prüfungen und Besichtigungen bei der verantwortlichen Stelle;
- Anordnung von Maßnahmen zur Beseitigung festgestellter Mängel in Bezug auf technische und organisatorische Maßnahmen im Sinne von § 9 BDSG, Untersagung einzelner Verfahren und gegebenenfalls Verhängung eines Zwangsgeldes;
- Verlangen der Abberufung des Beauftragten für den Datenschutz;
- Übermittlung von Daten an andere Aufsichtsbehörden zum Zwecke der Aufsicht und Unterstützung anderer Aufsichtsbehörden (Amtshilfe);
- Unterrichtung der Betroffenen über Verstöße gegen Datenschutzvorschriften und gegebenenfalls Anzeige der Verstöße gegenüber den Strafverfolgungs- und Gewerbeaufsichtsbehörden;
- Veröffentlichung regelmäßiger Tätigkeitsberichte.

Ob und auf welche Weise die Aufsichtsbehörden Kontrollen vornehmen, entscheiden sie nach pflichtgemäßem Ermessen. Sie können sowohl von Amts Wegen als auch anlassbezogen – etwa aufgrund einer Beschwerde eines Betroffenen – tätig werden.

Vorgehensweise der Aufsichtsbehörden

In der Praxis gehen die Aufsichtsbehörden bei Vorliegen von Beschwerden eines Betroffenen meist wie folgt vor: zunächst wird die verantwortliche Stelle, gegen die sich die Beschwerde richtet, telefonisch oder schriftlich zu einer zumeist schriftlichen Stellungnahme, gegebenenfalls auch zur Vorlage einzelner Unterlagen aufgefordert. Sollte sich der Sachverhalt auf der Grundlage der Stellungnahme und der ergänzenden Unterlagen nicht vollständig aufklären lassen, erfolgt eine Besichtigung und Untersuchung vor Ort. Nach Abschluss der Prüfung teilt die Aufsichtsbehörde dem Beschwerdeführer und der verantwortlichen Stelle das Ergebnis ihrer Kontrolle mit. Ordnungswidrigkeitenverfahren werden von den Aufsichtsbehörden zumeist nur dann eingeleitet, wenn einem ausdrücklichen schriftlichen Auskunftsverlangen nicht in angemessener Frist nachgekommen wurde.

1.2. Zuständigkeit

Zur Zuständigkeit der Aufsichtsbehörden findet sich eine Regelung in § 38 Abs. 6 BDSG. Danach ist die Aufsicht über die Einhaltung der Datenschutzvorschriften bei nicht-öffentlichen Stellen den Ländern übertragen. Einige Länder haben die Kontrollzuständigkeit den Innenministerien oder Regierungsbezirken übertragen, andere haben die Aufsicht über den privaten und den öffentlichen Bereich zusammengefasst und den jeweiligen Landesdatenschutzbeauftragten zugewiesen.

2. Sanktionen für Datenschutzrechtsverstöße

Sanktionen

Ein Verstoß gegen datenschutzrechtliche Vorschriften kann sowohl ordnungsrechtlich durch die Aufsichtsbehörden in Form von Bußgeldern und strafrechtlichen Sanktionen als auch zivilrechtlich durch die Betroffenen durch Schadensersatzansprüche geahndet werden.

2.1. Schadensersatz

Verstöße gegen die Datenschutzvorschriften können eine Schadensersatzpflicht gegenüber dem Betroffenen auslösen. § 7 BDSG enthält eine zivilrechtliche Haftungsnorm bei schuldhaften Datenschutzverstößen:

§ 7 BDSG

Schadensersatz

Fügt eine verantwortliche Stelle dem Betroffenen durch eine nach diesem Gesetz oder nach anderen Vorschriften über den Datenschutz unzulässige oder unrichtige Erhebung, Verarbeitung oder Nutzung seiner personenbezogenen Daten einen Schaden zu, ist sie oder ihr Träger dem Betroffenen zum Schadensersatz verpflichtet. Die Ersatzpflicht entfällt, soweit die verantwortliche Stelle die nach den Umständen des Falles gebotene Sorgfalt beachtet hat.

unzulässige Datenverarbeitung

Unzulässig im Sinne der Vorschrift sind nicht nur Datenverarbeitungen, für die kein Erlaubnistatbestand gemäß § 4 BDSG eingreift, sondern auch solche, die unter Verstoß gegen andere datenschutzrechtliche Verpflichtungen erfolgen, als z.B. bei denen gesetzliche Informationspflichten nicht beachtet wurden.

Kausalität und Verschulden

Voraussetzung für den Schadensersatzanspruch ist dass der Verstoß für den Schaden ursächlich geworden ist und dass die verantwortliche Stelle vorsätzlich oder fahrlässig gehandelt hat. Die verantwortliche Stelle hat jedoch gemäß § 7 S. 2 BDSG die Möglichkeit, sich zu exkulpieren. Eine Exkulpation ist insbesondere beim Vorliegen höherer Gewalt und bei eigenem Fehlverhalten des Betroffenen denkbar.

Exkulpationsmöglichkeit

Vermögensschäden

Ersatzfähig sind nur Vermögensschäden. Ein Ersatz immaterieller Schäden kann auf der Grundlage von § 7 BDSG nicht verlangt werden. Nicht öffentliche Stellen können deshalb allenfalls in analoger Anwendung von § 847 BGB bzw. wegen Verletzung des allgemeinen Persönlichkeitsrechts zur Zahlung eines Schmerzensgeldes verpflichtet sein. Dies kommt nach der Rechtsprechung allerdings nur in Betracht, wenn die Beeinträchtigung schwerwiegend ist und eine Genugtuung anders nicht angemessen gewährt werden kann.

Eine ergänzende Sonderregelung für die Haftung öffentlicher Stellen auf Schadensersatz ist in § 8 BDSG enthalten:

Schadensersatzhaftung öffentlicher Stellen

Schadensersatz bei automatisierter Datenverarbeitung durch öffentliche Stellen

§ 8 BDSG

(1) Fügt eine verantwortliche öffentliche Stelle dem Betroffenen durch eine nach diesem Gesetz oder nach anderen Vorschriften über den Datenschutz unzulässige oder unrichtige automatisierte Erhebung, Verarbeitung oder Nutzung seiner personenbezogenen Daten einen Schaden zu, ist ihr Träger dem Betroffenen unabhängig von einem Verschulden zum Schadensersatz verpflichtet.

(2) Bei einer schweren Verletzung des Persönlichkeitsrechts ist dem Betroffenen der Schaden, der nicht Vermögensschaden ist, angemessen in Geld zu ersetzen.

(3) Die Ansprüche nach den Absätzen 1 und 2 sind insgesamt auf einen Betrag von 250 000 Deutsche Mark begrenzt. Ist aufgrund desselben Ereignisses an mehrere Personen Schadensersatz zu leisten, der insgesamt den Höchstbetrag von 250 000 Deutsche Mark übersteigt, so verringern sich die einzelnen Schadensersatzleistungen in dem Verhältnis, in dem ihr Gesamtbetrag zu dem Höchstbetrag steht.

(4) Sind bei einer automatisierten Verarbeitung mehrere Stellen speicherungsberechtigt und ist der Geschädigte nicht in der Lage, die speichernde Stelle festzustellen, so haftet jede dieser Stellen.

(5) Auf das Mitverschulden des Betroffenen und die Verjährung sind die §§ 254 und 852 des Bürgerlichen Gesetzbuches entsprechend anzuwenden.

Im Unterschied zu § 7 BDSG besteht für öffentliche Stellen danach eine verschuldensunabhängige Haftung auf Schadensersatz für den Fall, dass die Datenverarbeitung automatisiert gemäß § 3 Abs. 2 BDSG erfolgt.

Verschuldensunabhängigkeit

Ein weiterer Unterschied zu der Regelung in § 7 BDSG besteht darin, dass gemäß Absatz 2 auch ein Ersatz immaterieller Schäden denkbar ist.

2.2. Bußgeld

Ordnungswidrigkeiten

Ordnungsrechtlich können Verstöße gegen die Datenschutzvorschriften durch die Verhängung von Bußgeldern sanktioniert werden. § 43 BDSG enthält einen entsprechenden Katalog von Ordnungswidrigkeiten, die ein Bußgeld zur Folge haben können:

§ 43 BDSG

Bußgeldvorschriften

(1) Ordnungswidrig handelt, wer vorsätzlich oder fahrlässig

1. entgegen § 4d Abs. 1, auch in Verbindung mit § 4e Satz 2, eine Meldung nicht, nicht richtig, nicht vollständig oder nicht rechtzeitig macht,
2. entgegen § 4f Abs. 1 Satz 1 oder 2, jeweils auch in Verbindung mit Satz 3 und 6, einen Beauftragten für den Datenschutz nicht, nicht in der vorgeschriebenen Weise oder nicht rechtzeitig bestellt,
3. entgegen § 28 Abs. 4 Satz 2 den Betroffenen nicht, nicht richtig oder nicht rechtzeitig unterrichtet oder nicht sicherstellt, dass der Betroffene Kenntnis erhalten kann,
4. entgegen § 28 Abs. 5 Satz 2 personenbezogene Daten übermittelt oder nutzt,
5. entgegen § 29 Abs. 2 Satz 3 oder 4 die dort bezeichneten Gründe oder die Art und Weise ihrer glaubhaften Darlegung nicht aufzeichnet,
6. entgegen § 29 Abs. 3 Satz 1 personenbezogene Daten in elektronische oder gedruckte Adress-, Rufnummern-, Branchen- oder vergleichbare Verzeichnisse aufnimmt,
7. entgegen § 29 Abs. 3 Satz 2 die Übernahme von Kennzeichnungen nicht sicherstellt,
8. entgegen § 33 Abs. 1 den Betroffenen nicht, nicht richtig oder nicht vollständig benachrichtigt,
9. entgegen § 35 Abs. 6 Satz 3 Daten ohne Gegendarstellung übermittelt,
10. entgegen § 38 Abs. 3 Satz 1 oder Abs. 4 Satz 1 eine Auskunft nicht, nicht richtig, nicht vollständig oder nicht rechtzeitig erteilt oder eine Maßnahme nicht duldet oder
11. einer vollziehbaren Anordnung nach § 38 Abs. 5 Satz 1 zuwiderhandelt.

(2) Ordnungswidrig handelt, wer vorsätzlich oder fahrlässig

1. unbefugt personenbezogene Daten, die nicht allgemein zugänglich sind, erhebt oder verarbeitet,

2. unbefugt personenbezogene Daten, die nicht allgemein zugänglich sind, zum Abruf mittels automatisierten Verfahrens bereithält,
3. unbefugt personenbezogene Daten, die nicht allgemein zugänglich sind, abruft oder sich oder einem anderen aus automatisierten Verarbeitungen oder nicht automatisierten Dateien verschafft,
4. die Übermittlung von personenbezogenen Daten, die nicht allgemein zugänglich sind, durch unrichtige Angaben erschleicht,
5. entgegen § 16 Abs. 4 Satz 1, § 28 Abs. 5 Satz 1, auch in Verbindung mit § 29 Abs. 4, § 39 Abs. 1 Satz 1 oder § 40 Abs. 1, die übermittelten Daten für andere Zwecke nutzt, indem er sie an Dritte weitergibt, oder
6. entgegen § 30 Abs. 1 Satz 2 die in § 30 Abs. 1 Satz 1 bezeichneten Merkmale oder entgegen § 40 Abs. 2 Satz 3 die in § 40 Abs. 2 Satz 2 bezeichneten Merkmale mit den Einzelangaben zusammenführt.

(3) Die Ordnungswidrigkeit kann im Falle des Absatzes 1 mit einer Geldbuße bis zu fünfundzwanzigtausend Euro, in den Fällen des Absatzes 2 mit einer Geldbuße bis zu zweihundertfünfzigtausend Euro geahndet werden.

Die Vorschrift unterscheidet in Absatz 1 und Absatz 2 Verstöße gegen die Datenschutzvorschriften anhand ihrer Schwere: Absatz 1 regelt die weniger schwer wiegenden Verstöße gegen Verfahrensvorschriften; in Absatz 2 werden Verstöße gegen materielle Datenschutzvorschriften sanktioniert. Dementsprechend unterschiedlich ist auch die Höhe der Bußgeldandrohung: für Verstöße gegen Verfahrensvorschriften werden maximal 25.000,– €, für Verstöße gegen materielle Datenschutzvorschriften bis zu 250.000,– € fällig.

Verstöße gegen Verfahrensvorschriften

Verstöße gegen materielle Schutzvorschriften

Bei der Bemessung der Höhe der Sanktion im Einzelfall ist insbesondere auf die Schwere des Verstoßes und die Umstände der Begehung abzustellen. In der Praxis werden von den Aufsichtsbehörden nur sehr selten Bußgelder verhängt.

Höhe des Bußgeldes

2.3. Strafrechtliche Sanktionen

Strafbarkeit

Schließlich kann ein Verstoß gegen materielle Datenschutzvorschriften gemäß § 44 BDSG auch strafrechtlich sanktioniert werden:

§ 44 BDSG

Strafvorschriften

(1) Wer eine in § 43 Abs. 2 bezeichnete vorsätzliche Handlung gegen Entgelt oder in der Absicht, sich oder einen anderen zu bereichern oder einen anderen zu schädigen, begeht, wird mit Freiheitsstrafe bis zu zwei Jahren oder mit Geldstrafe bestraft.

Antragserfordernis

(2) Die Tat wird nur auf Antrag verfolgt. Antragsberechtigt sind der Betroffene, die verantwortliche Stelle, der Bundesbeauftragte für den Datenschutz und die Aufsichtsbehörde.

Bereicherungs- oder Schädigungsabsicht

Gemäß Absatz 1 ist der Verstoß jedoch nur bei Vorliegen einer Bereicherungs- oder Schädigungsabsicht oder bei einer entgeltlichen Tätigkeit strafbar. Absatz 2 erweitert das gemäß § 77 StGB grundsätzlich nur dem Betroffenen zustehende Strafantragsrecht um die folgenden weiteren Instanzen:

- die verantwortliche Stelle;
- den Bundesbeauftragten für den Datenschutz und
- die jeweils zuständige Aufsichtsbehörde.

3. Wiederholungsfragen

1. Welche Behörden sind für die Aufsicht über die Einhaltung der Datenschutzvorschriften zuständig? Lösung S. 175
2. Welche Sanktionen drohen bei einem Verstoß gegen Datenschutzvorschriften? Lösung S. 176 ff.
3. Unter welchen Voraussetzungen kann ein Verstoß gegen Datenschutzvorschriften zu einem Schadensersatzanspruch führen? Lösung S. 176

Sektorenspezifischer Datenschutz

1.	**Datenschutz im Internet**	**185**
1.1.	Ausgangssituation	185
1.2.	Der rechtliche Rahmen für den Internet-Datenschutz	185
1.2.1.	Anwendungsbereich	185
1.2.2.	Personenbezug der Internet-Daten	187
1.2.3.	Datenkategorien des TDDSG	188
1.3.	Besondere Zulässigkeitsvoraussetzungen für die Verarbeitung von Bestandsdaten	188
1.4.	Besondere Zulässigkeitsvoraussetzungen für die Verarbeitung von Nutzungsdaten	189
1.4.1.	Nutzung zur Erbringung von Telediensten	189
1.4.2.	Erforderlichkeitsprinzip	190
1.4.3.	Erstellung von Nutzungsprofilen	190
1.4.4.	Nutzung für Abrechnungszwecke	191
1.4.5.	Nutzung zur Rechtsverfolgung	193
1.5.	Elektronische Einwilligung	194
1.6.	Sonstige Datenschutzanforderungen an Teledienste	195
1.6.1.	Besondere Zweckbindung	195
1.6.2.	Besondere Unterrichtungspflichten	196
1.6.3.	Besondere Sicherungspflichten	197
2.	**Datenschutz im Arbeitsverhältnis**	**199**
2.1.	Aufzeichnung und Kontrolle dienstlicher Telefonate	199
2.1.1.	Heimliche Aufzeichnung	200
2.1.2.	Aufzeichnung mit Kenntnis des Arbeitnehmers	200
2.2.	Internet- und E-Mail-Nutzung durch Arbeitnehmer	201
2.2.1.	Berufliche Nutzung	201
2.2.2.	Private Nutzung	202
2.3.	Einstellen von Bedienstetendaten in das Internet	205
2.4.	Weitergabe von Personaldaten bei Unternehmenstransaktionen	206

3.	**Datenschutz in der öffentlichen Verwaltung**	**207**
3.1.	Besondere Erlaubnisvorschriften	207
3.2.	Zweckbindung und interbehördliches Trennungsprinzip	209
3.2.1.	Hintergrund	209
3.2.2.	Begründung des Trennungsprinzips	210
3.3.	Datenschutz contra Informationszugang	211
4.	**Schutz durch besondere Geschäfts-, Berufs- oder Amtsgeheimnisse**	**213**
4.1.	Fernmeldegeheimnis	213
4.1.1.	Anwendungsbereich des Fernmeldegeheimnisses	214
4.1.2.	Inhalt des Fernmeldegeheimnisses	215
4.1.3.	Zweckbindung	216
4.2.	Sozialgeheimnis	216
4.3.	Bankgeheimnis	218
4.3.1.	Grundlage des Bankgeheimnisses	218
4.3.2.	Inhalt des Bankgeheimnisses	218
4.3.3.	Abtretbarkeit von Kreditforderungen	219
4.3.4.	Weitergabe personenbezogener Daten	219
5.	**Wiederholungsfragen**	**221**

1. Datenschutz im Internet

Ein Bereich, in dem der Datenschutz auch in der Praxis eine große Rolle spielt, ist das Internet.

1.1. Ausgangssituation

Die Bedeutung des Datenschutzes im Internet rührt insbesondere daher, dass mit der Nutzung des Internet eine Vielzahl besonderer Risiken für das informationelle Selbstbestimmungsrecht der Bürger verbunden ist. Zum einen werden bei jedem Surfvorgang Datenspuren hinterlassen, die von jedem angesteuerten Diensteanbieter in Form so genannter Log-Protokolle gespeichert und ausgewertet werden können. Für den Nutzer weitgehend unbemerkt erfolgt auch die Erhebung und Speicherung von Nutzungsdaten in so genannten »Cookie«-Dateien, die auf dem Computer des Nutzers abgelegt werden und deren Inhalt bei jeder erneuten Anwahl des Internetangebots an den Erzeuger des Cookies übermittelt werden. Zum anderen handelt es sich bei dem Internet um ein relativ »flüchtiges Medium«, bei deren Nutzung man eher mal unbesehen per Mausklick eine Einwilligung in die Verarbeitung personenbezogener Daten gibt als durch eine handschriftliche Unterschrift unter ein Papierdokument.

Gefahrenlage bei Datenverarbeitungen im Internet

Diesen Gefahren ist der Gesetzgeber durch die Schaffung bereichsspezifischer Datenschutzvorschriften für das Internet begegnet.

1.2. Der rechtliche Rahmen für den Internet-Datenschutz

Bei den über das Internet bereitgestellten Informations- und Kommunikationsdiensten (also insbesondere den Homepages im WWW und den in diese Homepages integrierten Diensten) handelt es sich im Regelfall um Teledienste im Sinne von § 2 Abs. 1 Teledienstegesetz (TDG).

Anwendung des TDG

1.2.1. Anwendungsbereich

Der Anwendungsbereich des TDG ist wie folgt definiert:

Geltungsbereich   **§ 2 Abs. 1-4 TDG**

(1) Die nachfolgenden Vorschriften gelten für alle elektronischen Informations- und Kommunikationsdienste, die für eine individuelle Nutzung von kombinierbaren Daten wie Zeichen, Bilder oder Töne bestimmt sind und denen eine Übermittlung mittels Telekommunika-

tion zugrunde liegt (Teledienste).

(2) Teledienste im Sinne des Absatzes 1 sind insbesondere

1. Angebote im Bereich der Individualkommunikation (zum Beispiel Telebanking, Datenaustausch),
2. Angebote zur Information oder Kommunikation, soweit nicht die redaktionelle Gestaltung zur Meinungsbildung für die Allgemeinheit im Vordergrund steht (Datendienste, zum Beispiel Verkehrs-, Wetter-, Umwelt- und Börsendaten, Verbreitung von Informationen über Waren und Dienstleistungsangebote),
3. Angebote zur Nutzung des Internets oder weiterer Netze,
4. Angebote zur Nutzung von Telespielen,
5. Angebote von Waren und Dienstleistungen in elektronisch abrufbaren Datenbanken mit interaktivem Zugriff und unmittelbarer Bestellmöglichkeit.

(3) Absatz 1 gilt unabhängig davon, ob die Nutzung der Teledienste ganz oder teilweise unentgeltlich oder gegen Entgelt möglich ist.

(4) Dieses Gesetz gilt nicht für

1. Telekommunikationsdienstleistungen und das geschäftsmäßige Erbringen von Telekommunikationsdiensten nach § 3 des Telekommunikationsgesetzes vom 25. Juli 1996 (BGBl. I S. 1120),
2. Rundfunk im Sinne von § 2 des Rundfunkstaatsvertrages,
3. inhaltliche Angebote bei Verteildiensten und Abrufdiensten, soweit die redaktionelle Gestaltung zur Meinungsbildung für die Allgemeinheit im Vordergrund steht, nach § 2 des Mediendienste-Staatsvertrages in der Fassung vom 20. Januar bis 7. Februar 1997,
4. den Bereich der Besteuerung.

Abgrenzung zum MDStV

In der juristischen Literatur wird die Definition des Anwendungsbereichs des TDG überwiegend kritisch gewürdigt. Insbesondere bestehe kaum eine praktikable Abgrenzung zu den so genannten Mediendiensten im Sinne des Mediendienstestaatsvertrages. In der Praxis werden diese Abgrenzungsschwierigkeiten zumeist zugunsten einer Anwendung des TDG (und damit auch des TDDSG) ausgeblendet. Der Bundesgesetzgeber versucht derzeit, diese Abgrenzungsproblematik durch die Verabschiedung eines »Telemediengesetzes« zu lösen, welches für Tele- und Mediendienste gälte und die Abgrenzung weitgehend überflüssig machen würde. Der Mediendienstestaatsvertrag würde dann außer Kraft treten.

Entwurf eines Telemediengesetzes

Anwendung des TDDSG

Auf personenbezogene Daten der Nutzer von Telediensten im Sinne von § 2 TDG sind neben den Vorschriften des BDSG im Ergebnis ergänzend die Bestimmungen des Teledienstedatenschutzgesetzes (TDDSG) anzuwenden.

Geltungsbereich § 1 Abs. 1 TDDSG

Die nachfolgenden Vorschriften gelten für den Schutz personenbezogener Daten der Nutzer von Telediensten im Sinne des Teledienstegesetzes bei der Erhebung, Verarbeitung und Nutzung dieser Daten durch Diensteanbieter. Sie gelten nicht bei der Erhebung, Verarbeitung und Nutzung personenbezogener Daten

1. im Dienst- und Arbeitsverhältnis, soweit die Nutzung der Teledienste zu ausschließlich beruflichen Zwecken oder dienstlichen Zwecken erfolgt,
2. innerhalb von oder zwischen Unternehmen oder öffentlichen Stellen, soweit die Nutzung der Teldienste zur ausschließlichen Steuerung von Arbeits- oder Geschäftsprozessen erfolgt.

Die vorstehende Regelung stellt klar, dass das TDDSG auf die rein berufliche oder dienstliche Nutzung von Telediensten keine Anwendung findet. Davon unberührt bleibt allerdings die Anwendbarkeit des TDDSG, soweit der Arbeitgeber bzw. Dienstherr den Beschäftigten eine Privatnutzung von E-Mail oder Internet erlaubt. In diesem Fall ist der Arbeitgeber bzw. Dienstherr als Diensteanbieter an die gegenüber dem BDSG strengeren Datenschutzregeln des TDDSG gebunden.

keine Geltung bei beruflicher/dienstlicher Nutzung

Nicht vollständig geklärt ist die Abgrenzung der Anwendungsbereiche des TDDSG zu demjenigen des allgemeinen Datenschutzrechts in Gestalt des BDSG. Ganz überwiegend wird die Anwendung der strengeren Regelungen des TDDSG nur für so genannte Dienstedaten angenommen, also solche, die unmittelbar der Durchführung des Teledienstes dienen (etwa die personenbeziehbare IP-Adresse oder Informationen über die Häufigkeit und Dauer der Inanspruchnahme der Teledienste zu Abrechnungszwecken). Inhaltsdaten, also etwa personenbezogene Informationen bezüglich eines über das Internet abgewickelten Kaufvertrages, sollen aber allein dem BDSG unterfallen.

Abgrenzung zum BDSG

1.2.2. Personenbezug der Internet-Daten

Datenschutzrechtlich besonders relevant ist der Umgang mit den Informationen über die Inanspruchnahme der Internet-Dienstleistungen, wie etwa den Informations-, Kommunikations- und Transaktionsangeboten im Rahmen des E-Commerce. Die Datenschutzvorschriften finden dabei jedoch – wie bereits eingangs erläutert – nur Anwendung, wenn die Nutzungsinformationen einer bestimmten oder bestimmbaren natürlichen Person zugeordnet werden können. Das ist im Regelfall der Inanspruchnahme von Telediensten über einen Internet-Access-Provider nicht der Fall, da dem Nutzer von seinem Provider meist nur eine temporäre IP-Adresse zugeordnet wird, was es für den Inhalteanbieter

Personenbezug temporärer IP-Adressen

unmöglich macht, die Identität des Nutzers zu ermitteln. Nur der Access-Provider könnte die dynamische IP-Adresse einer konkreten natürlichen Person zuordnen.

Datenschutzrechtlich irrelevant ist deshalb das bloße Verfügbarmachen von Informationen im Internet, da sich der Nutzer hierfür im Regelfall nicht namentlich zu registrieren braucht und die Internet-Nutzungsdaten für den Diensteanbieter deshalb anonym sind. Anonyme Informationen unterfallen wegen des fehlenden Personenbezugs nicht den Datenschutzvorschriften.

Dateneingaben im Online-Shop

Ein Personenbezug ist nur gegeben, wenn die Nutzungsinformationen einer natürlichen Person zugeordnet sind oder die Identifizierung der betroffenen natürlichen Person ermöglichen. Dies ist z.B. bei der Abwicklung von Transaktionen über das Internet, also etwa dem Online-Shopping der Fall, wenn der Nutzer dabei seinen Namen eingeben muss, was regelmäßig der Fall ist.

1.2.3. Datenkategorien des TDDSG

Das TDDSG unterscheidet im Hinblick auf die Inanspruchnahme von Telediensten zwischen Bestandsdaten und Nutzungsdaten. Letztere umfassen auch die Abrechnungsdaten.

1.3. Besondere Zulässigkeitsvoraussetzungen für die Verarbeitung von Bestandsdaten

Der Begriff der Bestandsdaten und die Voraussetzungen für die Zulässigkeit ihrer Erhebung, Verarbeitung und Nutzung sind in § 5 TDDSG legaldefiniert:

§ 5 TDDSG

Bestandsdaten

Der Diensteanbieter darf personenbezogene Daten eines Nutzers ohne dessen Einwilligung nur erheben, verarbeiten und nutzen, soweit sie für die Begründung, inhaltliche Ausgestaltung oder Änderung eines Vertragsverhältnisses mit ihm über die Nutzung von Telediensten erforderlich sind (Bestandsdaten). Nach Maßgabe der hierfür geltenden Bestimmungen darf der Diensteanbieter Auskunft an Strafverfolgungsbehörden und Gerichte für Zwecke der Strafverfolgung erteilen.

Bestandsdaten können zum Beispiel der Name und die Anschrift des Nutzers, der Gegenstand des Nutzungsvertrages und seine Bankverbindung sein.

Die Zulässigkeitsvoraussetzungen für die Erhebung von Bestandsdaten nach § 5 TDDSG lassen sich wie folgt zusammenfassen:
- Verbot mit Erlaubnisvorbehalt,
- Bindung an den Vertragszweck,
- Erforderlichkeit.

Die Verarbeitung und Nutzung von Bestandsdaten zu Zwecken der Beratung, Werbung, Marktforschung und bedarfsgerechten Gestaltung der Tele- und Mediendienste wie auch zu allen anderen denkbaren Zwecken erfordert gemäß § 3 Abs. 2 TDDSG eine ausdrückliche Einwilligung des Nutzers. Mit dem strikten Einwilligungserfordernis geht das TDDSG über die allgemeine Regelung des § 28 Abs. 3 S. 1 BDSG hinaus, wonach eine Nutzung der Daten zu Werbe-, Markt- und Meinungsforschungszwecken zulässig ist, solange der Nutzer nicht ausdrücklich widersprochen hat.

Einwiilligungserfordernisse in Werbung, Markt- und Meinungsforschung

Darüber hinaus bestehen für die Verarbeitung von Bestandsdaten nach dem TDDSG aber keine weiteren Einschränkungen, so dass sie sich im Übrigen an den allgemeinen Datenschutzregeln des BDSG auszurichten hat.

subsidiäre Geltung des BDSG

1.4. Besondere Zulässigkeitsvoraussetzungen für die Verarbeitung von Nutzungsdaten

Daneben regelt das TDDSG ausdrücklich die Erhebung, Verarbeitung und Nutzung von Nutzungsdaten.

1.4.1. Nutzung zur Erbringung von Telediensten

Der Begriff der Nutzungsdaten und die Voraussetzungen für die Zulässigkeit ihrer Erhebung, Verarbeitung und Nutzung sind in § 6 TDDSG legaldefiniert:

Nutzungsdaten *§ 6 Abs. 1 TDDSG*

Der Diensteanbieter darf personenbezogene Daten eines Nutzers ohne dessen Einwilligung nur erheben, verarbeiten und nutzen, soweit dies erforderlich ist, um die Inanspruchnahme von Telediensten zu ermöglichen und abzurechnen (Nutzungsdaten). Nutzungsdaten sind insbesondere

a) Merkmale zur Identifikation des Nutzers,

b) Angaben über Beginn und Ende sowie über den Umfang der jeweiligen Nutzung und

c) Angaben über die vom Nutzer in Anspruch genommenen Teledienste.

Passwörter, Zugangscodes, Navigationsdaten

In § 6 Abs. 1 S. 1 TDDSG werden Nutzungsdaten legaldefiniert als personenbezogene Daten, deren Erhebung, Verarbeitung und Nutzung für die Ermöglichung der Inanspruchnahme von Telediensten erforderlich ist. Darunter fallen alle personenbezogenen Daten, die für die Nutzung der Netzinhalte erforderlich sind und damit in Zusammenhang stehen, also Informationen zur Identifikation des Nutzers (User-ID) oder dessen Pseudonym (sofern der Dienst nicht anonym nutzbar ist), Informationen über den Zeitpunkt und die Dauer der Nutzung, eventuelle Passwörter und Zugangscodes sowie ggf. Die IP-Adresse. Navigiert der Nutzer im Angebot oder interagiert er mit dem Diensteanbieter, so entstehen dabei auch Daten über den Pfad, den der Nutzer beschreitet (die Suchschritte), die, sofern sie personenbeziehbar (d.h. nicht anonym) sind, ebenfalls Nutzungsdaten darstellen.

1.4.2. Erforderlichkeitsprinzip

Erforderlichkeit

Gemäß § 6 Abs. 1 TDDSG dürfen Nutzungsdaten von dem Anbieter nur erhoben, verarbeitet und genutzt werden, soweit es für die Erbringung des Dienstes erforderlich ist. Es muss also eine technische Notwendigkeit für die Erhebung oder Verarbeitung eines bestimmten Datums geben.

1.4.3. Erstellung von Nutzungsprofilen

Nutzungsprofile

Vor allem durch die Verwendung von Cookies, Web-Bugs und ähnlichen Techniken lassen sich Datensammlungen über mehrere Nutzungsvorgänge desselben Nutzers zusammenführen. Auf diese Weise lassen sich leicht Nutzungsprofile erzeugen, die Auskunft darüber geben, wann, wie häufig und wie lange ein Nutzer bestimmte Dienste in Anspruch nimmt. Für die Erstellung solcher Nutzungsprofile unter Verwendung von Nutzungsdaten enthält § 6 Abs. 3 eine restriktive Regelung:

§ 6 Abs. 3 TDDSG

Nutzungsdaten

Der Diensteanbieter darf für Zwecke der Werbung, der Marktforschung oder zur bedarfsgerechten Gestaltung der Teledienste Nutzungsprofile bei Verwendung von Pseudonymen erstellen, sofern der Nutzer dem nicht widerspricht. Der Diensteanbieter hat den Nutzer auf sein Widerspruchsrecht im Rahmen der Unterrichtung nach § 4 Abs. 1 hinzuweisen. Diese Nutzungsprofile dürfen nicht mit Daten über den Träger des Pseudonyms zusammengeführt werden.

Aus der Formulierung in Satz 1 – im Zusammenhang mit dem Erforderlichkeitsprinzip gemäß § 6 Abs. 1 TDDSG – folgt zunächst, dass der Diensteanbieter Nutzungsprofile für andere als hier explizit genannte Zwecke generell nicht erstellen darf. Aber auch für die hier zugelassenen Zwecke der Werbung, der Marktforschung und der bedarfsgerechten Gestaltung des Teledienstes darf der Diensteanbieter Nutzungsprofile nicht uneingeschränkt erstellen. Vielmehr sieht die Klausel einen doppelten Sicherungsmechanismus vor:

Verwendung von Pseudonymen

- Die Verpflichtung zur Pseudonymisierung der Daten (im Sinne von § 3 Abs. 6 a BDSG) und
- Ein Widerspruchsrecht des Betroffenen.

Eine weitere Ausnahme von dem grundsätzlichen Verbot der Zusammenführung von Daten über verschiedene Nutzungsvorgänge sieht das Gesetz im Hinblick auf die Abrechnung der Dienste vor (siehe dazu sogleich).

1.4.4. Nutzung für Abrechnungszwecke

Die Regelungen zur Verarbeitung der Nutzungsdaten für Abrechnungszwecke finden sich in § 6 Abs. 2 und 4 – 7 TDDSG:

Nutzungsdaten

§ 6 Abs. 2, 4-7 TDDSG

(2) Der Diensteanbieter darf Nutzungsdaten eines Nutzers über die Inanspruchnahme verschiedener Teledienste zusammenführen, soweit dies für Abrechnungszwecke mit dem Nutzer erforderlich ist.

(4) Der Diensteanbieter darf Nutzungsdaten über das Ende des Nutzungsvorgangs hinaus verarbeiten und nutzen, soweit sie für Zwecke der Abrechnung mit dem Nutzer erforderlich sind (Abrechnungsdaten). Zur Erfüllung bestehender gesetzlicher, satzungsmäßiger oder vertraglicher Aufbewahrungsfristen darf der Diensteanbieter die Daten sperren.

(5) Der Diensteanbieter darf an andere Diensteanbieter oder Dritte Abrechnungsdaten übermitteln, soweit dies zur Ermittlung des Entgelts und zur Abrechnung mit dem Nutzer erforderlich ist. Hat der Diensteanbieter mit einem Dritten einen Vertrag über den Einzug des Entgelts geschlossen, so darf er diesem Dritten Abrechnungsdaten übermitteln, soweit es für diesen Zweck erforderlich ist. Handelt es sich dabei um Daten, die beim Diensteanbieter auch dem Fernmelde-

geheimnis unterliegen, ist der Dritte zur Wahrung des Fernmeldegeheimnisses zu verpflichten. Zum Zwecke der Marktforschung anderer Diensteanbieter dürfen anonymisierte Nutzungsdaten übermittelt werden. Nach Maßgabe der hierfür geltenden Bestimmungen darf der Diensteanbieter Auskunft an Strafverfolgungsbehörden und Gerichte für Zwecke der Strafverfolgung erteilen.

(6) Die Abrechnung über die Inanspruchnahme von Telediensten darf Anbieter, Zeitpunkt, Dauer, Art, Inhalt und Häufigkeit bestimmter von einem Nutzer in Anspruch genommener Teledienste nicht erkennen lassen, es sei denn, der Nutzer verlangt einen Einzelnachweis.

(7) Der Diensteanbieter darf Abrechnungsdaten, die für die Erstellung von Einzelnachweisen über die Inanspruchnahme bestimmter Angebote auf Verlangen des Nutzers verarbeitet werden, höchstens bis zum Ablauf des sechsten Monats nach Versendung der Rechnung speichern. Werden gegen die Entgeltforderung innerhalb dieser Frist Einwendungen erhoben oder diese trotz Zahlungsaufforderung nicht beglichen, dürfen die Abrechnungsdaten aufbewahrt werden, bis die Einwendungen abschließend geklärt sind oder die Entgeltforderung beglichen ist.

Diese vorgenannten Absätze lassen sich wie folgt systematisieren:

- Absatz 2 lässt die Zusammenführung von Nutzungsdaten für Abrechnungszwecke zu;
- Absatz 4 bestimmt den Zeitpunkt der Löschung von Nutzungsdaten;
- Absatz 5 regelt die Übermittlung von Abrechnungsdaten an Dritte;
- Absatz 6 enthält Vorgaben dazu, welche Nutzungsdaten in eine Abrechnung aufgenommen werden dürfen und
- Absatz 7 bestimmt die Aufbewahrungsfrist für Abrechnungsdaten.

Begriff: Abrechnungsdaten

Abrechnungsdaten sind gemäß § 6 Abs. 4 S. 1 TDDSG solche, deren Erhebung, Verarbeitung und Nutzung für die Abrechnung der Inanspruchnahme von Telediendiensten erforderlich ist. Die Nutzungsdaten sind jedenfalls dann am Ende des Nutzungsvorgangs zu löschen, wenn der Dienst nicht entgeltpflichtig ist.

Übermittlung von Abrechnungsdaten

Eine Übermittlung von Abrechnungsdaten ist gemäß § 6 Abs. 5 TDDSG insbesondere dann zulässig, wenn ein Dritter für den Diensteanbieter das Inkasso durchführt.

Löschung von Abrechnungsdaten

Bezüglich der Löschung von Abrechnungsdaten hat das berechtigte Interesse des Diensteanbieters an einer Durchsetzung seines Zahlungsanspruchs ausdrücklich Niederschlag im Gesetzestext gefunden: gemäß § 6 Abs. 7 S. 2 TDDSG darf der Diensteanbieter Abrechnungsdaten bei Einwendungen gegen die Zahlungsaufforderung solange aufbewahren, bis die Einwendungen abschließend geklärt, oder die Forderung beglichen ist.

1.4.5. Nutzung zur Rechtsverfolgung

§ 6 Abs. 8 TDDSG erlaubt darüber hinaus unter bestimmten Voraussetzungen eine Verarbeitung von Nutzungsdaten zur Rechtsverfolgung:

Nutzungsdaten § 6 Abs. 8 TDDSG
Liegen dem Diensteanbieter zu dokumentierende tatsächliche Anhaltspunkte vor, dass seine Dienste von bestimmten Nutzern in der Absicht in Anspruch genommen werden, das Entgelt nicht oder nicht vollständig zu entrichten, darf er die personenbezogenen Daten dieser Nutzer über das Ende des Nutzungsvorgangs sowie die in Absatz 7 genannte Speicherfrist hinaus nur verarbeiten und nutzen, soweit dies zur Durchsetzung seiner Ansprüche gegenüber dem Nutzer erforderlich ist. Der Diensteanbieter hat die Daten unverzüglich zu löschen, wenn die Voraussetzungen nach Satz 1 nicht mehr vorliegen oder die Daten für die Rechtsverfolgung nicht mehr benötigt werden. Der betroffene Nutzer ist zu unterrichten, sobald dies ohne Gefährdung des mit der Maßnahme verfolgten Zweckes möglich ist.

Nutzungsdaten können darüber hinaus in dem für die Gewährleistung der Datensicherheit gemäß § 9 BDSG erforderlichen Maße erhoben und gespeichert werden. So kann insbesondere die Speicherung der IP-Nummern nach Ansicht einiger Datenschutz-Aufsichtsbehörden als erforderliche Datensicherungsmaßnahme im Sinne von § 9 BDSG angesehen werden. Die in § 9 BDSG enthaltene Verpflichtung zur Schaffung ausreichender technischer und organisatorischer Schutzmaßnahmen umfasst gemäß Nr. 3 der Anlage zu § 9 unter anderem eine Zugriffskontrolle, die gewährleisten soll, dass personenbezogene Daten nicht unbefugt gelesen, kopiert, verändert oder entfernt werden. Dabei ist die Protokollierung von Zugriffen und Datennutzungen ein anerkanntes Verfahren zur Gewährleistung eines solchen Zugriffsschutzes. Unzulässige Zugriffe (wie z.B. Trojaneraktivitäten und Hacker-Angriffe) lassen sich dann anhand dieser Protokolldatei (in diesem Fall über die IP-Nummer) festhalten, gegebenenfalls einer Person zuordnen und künftig durch Sperrung des Zugangs verhindern. Die Protokollierung der IP-Nummer eignet sich deshalb sowohl als repressives wie auch als präventives Kontrollinstrument. Es ist insoweit allerdings sicher zu stellen, dass die Protokolldatei nicht zur Erzeugung von Nutzerprofilen herangezogen und nach angemessener Zeit gelöscht wird.

Margin notes: ergänzende Anwendung von § 9 BDSG; Erstellung von Protokolldaten; Trojaner- und Hackerangriffe

1.5. Elektronische Einwilligung

Das BDSG sieht für die Einwilligung in Datenerhebungen, -verarbeitungen und -nutzungen gemäß § 4 a Abs. 1 S. 3 BDSG ein grundsätzliches Schriftformerfordernis vor. Nur beim Vorliegen besonderer Umstände kann von diesem Schriftformerfordernis abgewichen werden. Von diesem grundsätzlichen Schriftformerfordernis macht das TDDSG in § 3 Abs. 3 TDDSG eine Ausnahme im Rahmen der Inanspruchnahme von Telediensten:

§ 3 Abs. 3 TDDSG

Grundsätze

Die Einwilligung kann unter den Voraussetzungen des § 4 Abs. 2 elektronisch erklärt werden.

Zulässigkeitsvoraussetzungen

Wegen der besonderen Risiken, denen elektronische Erklärungen mangels Verkörperung (keine Schriftform) und mangels biometrischer Kennzeichen (keine eigenhändige Unterschrift) ausgesetzt sind, bedürfen sie hingegen besonderer Verfahren, die ihre Wirksamkeit und Authentizität sicherstellen. Gemäß § 4 Abs. 2 TDDSG ist eine elektronische Einwilligungserklärung deshalb nur unter einschränkenden Bedingungen zulässig:

§ 4 Abs. 2 TDDSG

Pflichten des Diensteanbieters

Bietet der Diensteanbieter dem Nutzer die elektronische Einwilligung an, so hat er sicherzustellen, dass

1. sie nur durch eine eindeutige und bewusste Handlung des Nutzers erfolgen kann,
2. die Einwilligung protokolliert wird und
3. der Inhalt der Einwilligung jederzeit vom Nutzer abgerufen werden kann.

aktive Bestätigung notwendig

Eine wirksame Einwilligung kann somit im Internet grundsätzlich durch einen »OK-Klick« in einem Online-Menüfenster erteilt werden. Wegen eines Verstoßes gegen § 4 Abs. 2 Nr. 1 TDDSG unzulässig ist allerdings die durchaus verbreitete Praxis, dass das »OK-Häkchen«, mit dem die Einwilligung in die Datenverarbeitung erklärt wird, anbieterseitig bereits voreingestellt ist, und der Nutzer das Häkchen aktiv löschen muss, wenn er die Einwilligung nicht abgeben möchte.

1.6. Sonstige Datenschutzanforderungen an Teledienste

Neben den Sondervorschriften bezüglich der Zulässigkeit der Datenverarbeitung bei Telediensten enthält das TDDSG weitere Datenschutzregeln, die von den Basisvorschriften des BDSG abweichen:

1.6.1. Besondere Zweckbindung

Eine gegenüber den Vorschriften des BDSG strengere Zweckbindung der Daten ergibt sich aus § 3 Abs. 2 und 4 TDDSG:

Grundsätze

(2) Der Diensteanbieter darf für die Durchführung von Telediensten erhobene personenbezogene Daten für andere Zwecke nur verarbeiten und nutzen, soweit dieses Gesetz oder eine andere Rechtsvorschrift es erlaubt oder der Nutzer eingewilligt hat.

(4) Der Diensteanbieter darf die Erbringung von Telediensten nicht von einer Einwilligung des Nutzers in eine Verarbeitung oder Nutzung seiner Daten für andere Zwecke abhängig machen, wenn dem Nutzer ein anderer Zugang zu diesen Telediensten nicht oder in nicht zumutbarer Weise möglich ist.

Absatz 2 stellt für eine Verarbeitung von Teledienste-Daten für andere Zwecke strengere Voraussetzungen als das BDSG auf. Änderungen des Verarbeitungszwecks, wie sie z.B. § 28 Abs. 4 S. 2 BDSG einem Empfänger von Daten gestattet, lässt das TDDSG nicht zu.

Die in Absatz 4 enthaltene Regelung schränkt eine Zweckänderung sogar bei Vorliegen einer Einwilligung des Nutzers ein. Danach ist es unzulässig, eine Einwilligung in eine Verarbeitung der Daten für andere Zwecke als Voraussetzung für die Erbringung des Teledienstes zu verlangen. Mit dieser Regelung soll die Freiwilligkeit einer entsprechenden Einwilligungserklärung sichergestellt werden. Das Koppelungsverbot gilt jedoch nur, wenn der Diensteanbieter eine Monopolstellung besitzt, so dass dem Nutzer ein Zugang zu dem entsprechenden Dienst insgesamt abgeschnitten wäre. Nicht abschließend geklärt ist bislang die Frage, ob sich diese Einschränkung auf das einzelne Dienstangebot oder die gesamte Dienstkategorie bezieht. Bei verständiger Auslegung ist aber wohl die Dienstkategorie gemeint, so dass § 3 Abs. 4 TDDSG z.B. nicht greift, wenn ein Anbieter eines Web-Mail-Accounts eine entsprechende Einwilligung verlangt, wenn auf dem Markt weitere Anbieter von (anderen) Web-Mail-Accounts existieren.

Zweckbindung

§ 3 Abs. 2 und 4 TDDSG

Koppelungsverbot bei Monopolanbietern

1.6.2. Besondere Unterrichtungspflichten

Insbesondere zur Wahrnehmung der Rechte auf Auskunft über sowie gegebenenfalls Berichtigung und Löschung der gespeicherten Daten muss der Betroffene Kenntnis über den Umfang der Datenspeicherung und -verarbeitung besitzen. In Ergänzung der entsprechenden Vorschriften des BDSG verpflichtet auch das TDDSG die verantwortliche Stelle deshalb dazu, die Betroffenen umfassend über die Verarbeitung ihrer Daten zu informieren. Gemäß § 4 Abs. 1 TDDSG (in Verbindung mit § 4 Abs. 3 BDSG) hat der Diensteanbieter den Nutzer zu Beginn des Nutzungsvorgangs über Art, Umfang und Zweck der Datenerhebung sowie über die Identität der verantwortlichen Stelle und etwaige Empfänger der Daten zu unterrichten und den Inhalt dieser Unterrichtung jederzeit für den Nutzer abrufbar zu halten:

§ 4 Abs. 1 TDDSG

Pflichten des Diensteanbieters

Der Diensteanbieter hat den Nutzer zu Beginn des Nutzungsvorgangs über Art, Umfang und Zwecke der Erhebung, Verarbeitung und Nutzung personenbezogener Daten sowie über die Verarbeitung seiner Daten in Staaten außerhalb des Anwendungsbereichs der Richtlinie 95/46/EG des Europäischen Parlaments und des Rates vom 24. Oktober 1995 zum Schutz natürlicher Personen bei der Verarbeitung personenbezogener Daten und zum freien Datenverkehr (ABl. EG Nr. L 281 S. 31) zu unterrichten, sofern eine solche Unterrichtung nicht bereits erfolgt ist. Bei automatisierten Verfahren, die eine spätere Identifizierung des Nutzers ermöglichen und eine Erhebung, Verarbeitung oder Nutzung personenbezogener Daten vorbereiten, ist der Nutzer zu Beginn dieses Verfahrens zu unterrichten. Der Inhalt der Unterrichtung muss für den Nutzer jederzeit abrufbar sein.

Diese Unterrichtungspflicht trifft den Anbieter nicht nur bei einwilligungspflichtigen Datenerhebungen, sondern auch dort, wo die Datenerhebung aufgrund gesetzlicher Erlaubnis geschieht. Bei jedem Internet-Angebot, bei dem personenbezogene Daten erhoben werden, müssen die Betroffenen deshalb entsprechend informiert werden.

Information im Vorfeld

Eine Besonderheit der Informationspflicht gemäß § 4 Abs. 1 S. 1 TDDSG besteht darin, dass eine Information nicht erst bei unmittelbar erfolgenden Datenerhebung zu erfolgen hat sondern bereits bei der Einleitung späterer Nutzungsvorgänge durch automatisierte Verfahren, die eine spätere Identifizierung des Nutzers ermöglichen und die Datenerhebung, -verarbeitung und -nutzung erst vorbereiten (§ 4 Abs. 1 S. 2 TDDSG).

Diese Regelung ist maßgeschneidert für das Anlegen von so genannten Cookie-Dateien, die in der Regel selbst noch keine personenbezogenen Daten enthalten sondern lediglich anonyme Informationen, die erst später, etwa durch Ausfüllen eines Online-Formulars des Diensteanbieters personenbeziehbar werden. Auch das Setzen von Cookies bedarf also – für den Fall, dass der Nutzer anhand der in der Cookie-Datei gespeicherten Informationen später vom Diensteanbieter identifiziert werden kann – der vorherigen Information. Inhaltlich umfasst die Informationspflicht auch Hinweise auf das Widerspruchsrecht gemäß § 6 Abs. 3 TDDSG sowie das Widerrufsrecht gemäß § 4 Abs. 3 TDDSG.

Information bei Verwendung von Cookies

Zu der Verpflichtung gemäß § 4 Abs. 1 TDDSG, die Nutzer zu Beginn des Nutzungsvorgangs über Art, Umfang und Zwecke der Datenverarbeitung zu unterrichten, hat jüngst das LG Essen (Aktenzeichen 44 O 18/03) die Ansicht vertreten, dass Anbieter danach nicht verpflichtet seien, einen Datenschutzhinweis auf jeder Web-Seite vorzuhalten. Insbesondere bei Online-Bestellungen sei es ausreichend, wenn vor Abspeichern der persönlichen Daten zwecks Bestellung ein automatischer Hinweis mit umfangreichen Belehrungen zur Datenspeicherung erfolgt.

Außerdem erscheint es durchaus praktikabel, sämtliche erforderlichen Informationen über die Erhebung und Verarbeitung der Daten in einer Datenschutzerklärung (»Privacy Policy«) zusammenzufassen und diese auf der Eingangsseite des Internet-Angebots zu veröffentlichen.

Datenschutzerklärung auf der Eingangsseite

1.6.3. Besondere Sicherungspflichten

In § 4 Abs. 4 und 5 TDDSG sind zusätzliche Sicherungspflichten des Diensteanbieters normiert, die über die Verpflichtungen nach dem BDSG hinausgehen.

technische und organisatorische Maßnahmen

§ 4 Abs. 4 TDDSG spezifiziert die Grundsätze des Systemdatenschutzes und der Datenvermeidung, indem der Diensteanbieter hier zu konkreten technischen und organisatorischen Maßnahmen in Bezug auf die Möglichkeit der jederzeitigen Unterbrechung der Verbindung, der Geheimhaltung, Trennung, Löschung und Sperrung der Daten sowie der Einhaltung der Zweckbindung bei Abrechnungsdaten, verpflichtet wird:

Pflichten des Diensteanbieters

§ 4 Abs. 4 TDDSG

Der Diensteanbieter hat durch technische und organisatorische Vorkehrungen sicherzustellen, dass

1. der Nutzer seine Verbindung mit dem Diensteanbieter jederzeit abbrechen kann,

2. die anfallenden personenbezogenen Daten über den Ablauf des Zugriffs oder der sonstigen Nutzung unmittelbar nach deren Beendigung gelöscht oder gesperrt werden können,
3. der Nutzer Teledienste gegen Kenntnisnahme Dritter geschützt in Anspruch nehmen kann,
4. die personenbezogenen Daten über die Inanspruchnahme verschiedener Teledienste durch einen Nutzer getrennt verarbeitet werden können,
5. Daten nach § 6 Abs. 2 nur für Abrechnungszwecke und 6. Nutzerprofile nach § 6 Abs. 3 nicht mit Daten über den Träger des Pseudonyms zusammengeführt werden können.

An die Stelle der Löschung nach Nummer 2 tritt eine Sperrung, soweit einer Löschung gesetzliche, satzungsmäßige oder vertragliche Aufbewahrungsfristen entgegenstehen.

Ferner ist der Diensteanbieter verpflichtet, dem Nutzer eine Weitervermittlung zu einem anderen Anbieter anzuzeigen:

§ 4 Abs. 5 TDDSG

Pflichten des Diensteanbieters

Die Weitervermittlung zu einem anderen Diensteanbieter ist dem Nutzer anzuzeigen.

Hinweispflicht bei Weiterleitung an andere Anbieter

Nicht eindeutig geklärt ist, ob eine solche Weitervermittlung schon dann gegeben ist, wenn der Nutzer auf fremde Angebote, die unter Einsatz der Frame-Technologie im eigenen Angebot angezeigt werden, oder auf fremde Werbebanner im eigenen Angebot zugreift. Unter Zugrundelegung datenschutzrechtlicher Maßstäbe dürfte entscheidend darauf abzustellen sein, ob für etwaige Datenerhebungen im Rahmen dieser Angebote eine andere Person oder Stelle verantwortliche Stelle im Sinne von § 3 Abs. 7 BDSG wäre. Ist dies der Fall, sollte von einer Weitervermittlung ausgegangen werden.

2. Datenschutz im Arbeitsverhältnis

Ein weiteres Feld, in dem datenschutzrechtliche Fragen häufig relevant und auch Gegenstand von gerichtlichen Auseinandersetzungen werden, ist das Arbeitsverhältnis.

Das allgemeine Persönlichkeitsrecht von Arbeitnehmern aus Art. 1 und 2 GG umfasst nach ständiger Rechtsprechung des Bundesverfassungsgerichts (BVerfG) insbesondere auch das Recht auf informationelle Selbstbestimmung, d.h. das Recht auf Schutz aller persönlichen Daten. Der Einzelne kann danach grundsätzlich selbst entscheiden, wann und innerhalb welcher Grenzen persönliche Lebenssachverhalte offenbart werden. Das Recht schützt die Arbeitnehmer auch vor einer zu weit gehenden Kontrolle und Ausforschung ihrer Persönlichkeit.

allgemeines Persönlichkeitsrecht

Das Recht der Arbeitnehmer auf informationelle Selbstbestimmung ist allerdings nicht schrankenlos, sondern findet dort seine Grenze, wo berechtigte Interessen des Arbeitgebers bestehen. Ob ein Eingriff in das allgemeine Persönlichkeitsrecht vorliegt, hängt somit davon ab, ob die zuvor genannten berechtigten Interessen des Arbeitgebers die Interessen des Arbeitnehmers am Schutz der ihn betreffenden Informationen überwiegen.

Recht auf informationelle Selbstbestimmung

Zu welchen Datenverarbeitungen und -nutzungen der Arbeitgeber im Rahmen des Arbeitsverhältnisses berechtigt ist, ist folglich in einer Abwägung zwischen dem sich aus der Zweckbestimmung des Arbeitsverhältnisses ergebenden Informationsinteresse des Arbeitgebers und dem Anspruch des Arbeitnehmers und Bediensteten auf Persönlichkeitsrechtsschutz zu ermitteln. Es sind also das Interesse des Arbeitgebers an der Information und der Schutz des Arbeitnehmers durch das Persönlichkeitsrecht gegeneinander abzuwägen. Bei der Abwägung sind jeweils im Einzelfall Art, Umfang und Verwendungszusammenhang der Datenverarbeitung zu berücksichtigen.

Interessenabwägung

2.1. Aufzeichnung und Kontrolle dienstlicher Telefonate

Rechtsprechung, die die Reichweite des allgemeinen Persönlichkeitsschutzes im Dienst- bzw. Arbeitsverhältnisses konkretisiert, gibt es insbesondere zur Zulässigkeit der Kontrolle von dienstlichen Telefonaten von Arbeitnehmern.

2.1.1. Heimliche Aufzeichnung

Abhören dienstlicher Telefonate

Grundlegend ist insoweit eine Entscheidung des Bundesverfassungsgerichts aus dem Jahre 1992, wonach der Arbeitnehmer auch bei dienstlichen Telefonaten das Recht haben soll, selbst zu entscheiden, wem seine Worte zugänglich sein sollen. Der dienstliche oder rein geschäftliche Charakter eines Telefongesprächs beseitigt diese Bestimmungsbefugnis nicht ohne weiteres. Im Ergebnis hat das BVerfG eine Verletzung des allgemeinen Persönlichkeitsrechts für den Fall bejaht, dass der Arbeitgeber ein Dienstgespräch abgehört hat, ohne dass er von einem der beiden Gesprächspartner dazu ermächtigt oder sie Kenntnis von dem Mithören hatten.

Das Bundesarbeitsgericht (BAG) ist der Judikatur des BVerfG gefolgt und vertritt ebenfalls die Auffassung, dass das heimliche Mithörenlassen von Gesprächen zwischen Arbeitnehmer und Arbeitgeber oder Vorgesetzten im Grundsatz unzulässig ist und dass heimlich erlangtes Wissen im Regelfall nicht im gerichtlichen Verfahren verwertet werden darf (BAG, BB 1998, S. 431).

2.1.2. Aufzeichnung mit Kenntnis des Arbeitnehmers

Aufzeichnung von Telefongesprächen mit Kenntnis des Mitarbeiters

In der Literatur wird vereinzelt vertreten, dass jedes Mithören oder Aufzeichnen eines geschäftlichen Telefongesprächs mit Kenntnis der betroffenen Arbeitnehmer zulässig sein soll. Diese Frage ist allerdings soweit ersichtlich noch nicht gerichtlich entschieden worden. In einer Entscheidung des BAG ist zwar eine Regelung in einer Betriebsvereinbarung für zulässig gehalten worden, wonach das Aufzeichnen und Mithören von Telefongesprächen zu Ausbildungszwecken während der Probezeit zugelassen wurde (BAG, DB 1996, S. 333, 334). Das BAG hat es in dieser Entscheidung aber ausdrücklich offen gelassen, ob darüber hinaus jedes Mithören eines geschäftlichen Telefongesprächs – also ohne inhaltliche oder zeitliche Begrenzung auf die Probezeit – mit Kenntnis und in Gegenwart des betroffenen Arbeitnehmers zulässig ist (BAG, DB 1996, S. 334).

2.2. Internet- und E-Mail-Nutzung durch Arbeitnehmer

Ein in der Praxis häufig anzutreffendes Problem ist auch mit der Erhebung und Speicherung von Internet- und E-Mail-Nutzungsdaten der Beschäftigten verbunden. Soll den Arbeitnehmern die Nutzung von Internet und E-Mail gestattet werden, ist vor allem darauf zu achten, dass eine etwaige Protokollierung der Zugriffe, die Kontrolle auf unerwünschter Inhalte und Dateianhänge (etwa im Rahmen der Virenkontrolle und der Spam-Filterung) sowie eine mögliche Kenntnisnahme von dem Inhalt der E-Mail- und Internet-Kommunikation den Anforderungen des Datenschutzrechts und des Fernmeldegeheimnisses gemäß § 88 TKG entspricht. Einen wesentlichen Unterschied macht es dabei, ob der Arbeitgeber lediglich eine berufliche Nutzung oder auch eine private Nutzung gestattet.

Daten der Internet- und E-Mail-Nutzung

2.2.1. Berufliche Nutzung

Die rein berufliche Nutzung von E-Mail und Internet unterliegt gemäß § 1 Abs. 1 Nr. 1 TDDSG nicht den speziellen Datenschutzvorschriften für Teledienste:

Geltungsbereich

Die nachfolgenden Vorschriften gelten für den Schutz personenbezogener Daten der Nutzer von Telediensten im Sinne des Teledienstegesetzes bei der Erhebung, Verarbeitung und Nutzung dieser Daten durch Diensteanbieter. Sie gelten nicht bei der Erhebung, Verarbeitung und Nutzung personenbezogener Daten

1. im Dienst- und Arbeitsverhältnis, soweit die Nutzung der Teledienste zu ausschließlich beruflichen oder dienstlichen Zwecken erfolgt,
2. innerhalb von oder zwischen Unternehmen oder öffentlichen Stellen, soweit die Nutzung der Teledienste zur ausschließlichen Steuerung von Arbeits- oder Geschäftsprozessen erfolgt.

§ 1 Abs. 1 TDDSG

Es finden danach lediglich die Vorschriften des BDSG Anwendung. Nach § 28 Abs. 1 Nr. 1 BDSG ist die Erhebung, Verarbeitung und Nutzung der Arbeitnehmerdaten durch den Arbeitgeber zulässig, soweit es der Zweckbestimmung des Arbeitsvertrages dient. Zulässig sind danach die zur Gewährleistung der Datensicherheit notwendigen Datenerhebungen und -nutzungen, sowie Kontroll- und Überwachungsmaßnahmen bei Vorliegen von Anhaltspunkten für einen Miss-

Gewährleistung der Datensicherheit

brauch der DV-Systeme. So ist der Arbeitgeber insbesondere berechtigt, E-Mails automatisch auf das Vorhandensein von Viren zu scannen und die Weiterleitung virenbefallener E-Mails zu unterbinden. Allerdings dürfen die im Rahmen der Durchführung technischer und organisatorischer Schutzmaßnahmen gespeicherten Beschäftigtendaten nicht zu Zwecken der Verhaltens- oder Leistungskontrolle genutzt werden. Aus diesem Grund dürfte z.B. eine generelle lückenlose Überwachung der beruflichen E-Mails und Web-Zugriffe grundsätzlich unzulässig sein.

keine Verwendung zur Verhaltens oder Leistungskontrolle

Im Hinblick auf die Inhalte beruflicher E-Mails sind die Beschäftigten verpflichtet, dem Arbeitgeber den Zugang und die Kenntnisnahme zu ermöglichen. Ferner ist es durch das Weisungsrecht des Arbeitgebers gedeckt, die Beschäftigten dazu zu verpflichten, einem Vertreter oder Nachfolger den Zugriff auf die berufliche E-Mail-Kommunikation einzuräumen.

Kenntnisnahme von Inhalten beruflicher E-Mails

Weisungsrecht des Arbeitsgebers

2.2.2. Private Nutzung

Von Gesetzes wegen unterliegt der Umgang mit privater E-Mail und Internetkommunikation von Arbeitnehmern strengeren Vorschriften als beruflich veranlasste E-Mail- und Internetkommunikation. Diese strengeren Voraussetzungen ergeben sich insbesondere aus dem Fernmeldegeheimnis gemäß § 88 Telekommunikationsgesetz (TKG) und den einschlägigen Datenschutzregeln des BDSG sowie des TDDSG. Das gilt sowohl für die Protokollierung der Verbindungsdaten bei privater Nutzung als auch bei dem Zugriff auf den Inhalt privater Mitteilungen.

Geltung des Fernmeldegeheimnisses

Anwendbarkeit des TDDSG

Aus diesem Grund sollte eine möglichst eindeutige Unterscheidung zwischen beruflichen und privaten E-Mails möglich sein. Als Lösungsweg wird zumeist vorgeschlagen, entweder für jeden Beschäftigten ein gesondertes E-Mail-Account für die private Nutzung einzurichten, oder die private E-Mail-Nutzung auf die Inanspruchnahme so genannter Web-Mail-Accounts zu beschränken.

Unterscheidung beruflicher und privater E-Mails

Diese Ansätze sind aber zumeist wenig praktikabel. Es erscheint deshalb ausreichend, aber auch geboten, die Beschäftigten zu verpflichten, private E-Mails, die sie von ihrem Dienst-Account aus verschicken, besonders als solche zu kennzeichnen (z.B. durch die Bezeichnung »privat« im Header).

Kennzeichnung privater E-Mails

Protokollierung privater Nutzungen

Das Fernmeldegeheimnis gemäß § 88 TKG verpflichtet dazu, die Verwendung von Daten auf das für die Erbringung des Telekommunikationsdienstes erforderliche Maß zu beschränken. Danach ist die Erfassung und Verwendung von Daten lediglich zum Zwecke der Abrechnung, zur Störungsbeseitigung oder zur Sicherstellung eines geregelten Kommunikationsablaufes zulässig.

Außerdem ist eine Protokollierung der Nutzungsdaten gemäß § 6 Abs. 1 TDDSG nur zulässig, soweit dies erforderlich ist, um die Inanspruchnahme des Dienstes zu ermöglichen und abzurechnen. Grundsätzlich sind die Nutzungsdaten am Ende des Nutzungsvorgangs gemäß § 6 Abs. 4 S. 1 TDDSG zu löschen.

Gestattet der Arbeitgeber die Privatnutzung von vornherein unter Verzicht auf eine Kostenerstattung, so ist in der juristischen Literatur umstritten, ob eine Rechtfertigung für eine Erfassung der Verbindungsdaten besteht. Eine Ansicht verneint dies, da ein derartiges betriebliches Kontrollsystem nicht erforderlich sei. Die andere Ansicht hält die Erfassung von Verbindungsdaten mit dem Ziel, Privatgespräche zu identifizieren und missbräuchliche Nutzungen festzustellen, jedoch für zulässig.

<small>Kostenpflichtigkeit der Privatnutzung</small>

Letzteren Standpunkt vertreten soweit ersichtlich auch die Datenschutz-Aufsichtsbehörden. Danach müsse es dem Arbeitgeber möglich sein, die Zulassung der privaten Nutzung von E-Mail und Internet an einschränkende Voraussetzungen zu knüpfen, insbesondere an eine angemessene Art der Kontrolle. Eine Protokollierung dürfe deshalb auch ohne Einwilligung der Bediensteten erfolgen, wenn sie zu Zwecken der Datenschutzkontrolle, der Datensicherung und zur Sicherung des ordnungsgemäßen Betriebs der Verfahren erforderlich ist. Eine Protokollierung von Nutzungsdaten zur Fehlersuche bzw. zur Erkennung schädlicher Inhalte und der Aufrechterhaltung der Systemsicherheit wäre danach grundsätzlich von der gesetzlichen Befugnis des § 6 Abs. 1 TDDSG bzw. des § 9 BDSG gedeckt. Dabei ist jedoch darauf zu achten, dass die protokollierten Daten auch zeitnah wieder gelöscht werden.

<small>Protokollierung zu Zwecken der Datensicherung</small>

Soll die private E-Mail-Nutzung über das gesetzlich zugelassene Maß hinaus kontrolliert oder protokolliert werden, müsste eine entsprechende Einwilligung jedes einzelnen Arbeitnehmers vorliegen. Eine Einschränkung des Fernmeldegeheimnisses im Wege einer Dienstvereinbarung dürfte – anders als bei den Datenschutzvorschriften – hingegen nicht zulässig sein.

Das Bundesverfassungsgericht hat zwar soweit ersichtlich im Hinblick auf Telefongespräche bisher auch offen gelassen, ob das Fernmeldegeheimnis durch eine individuelle Einwilligung wirksam abbedungen werden kann. In der juristischen Literatur finden sich jedoch zahlreiche Stellungnahmen, die eine Einschränkung des Fernmeldegeheimnisses im Hinblick auf die Überwachung und Protokollierung aufgrund einer solchen Einwilligung der betroffenen Bediensteten für grundsätzlich

<small>Einschränkung des Fernmeldegeheimnisses</small>

zulässig erachten. Auch der Hessische Datenschutzbeauftragte hält eine solche »konsentierte Beschränkung des Fernmeldegeheimnisses« im Interesse eines funktionsfähigen Dienstbetriebs für zulässig, wenn eine private Nutzung zugelassen, eine Trennung von der dienstlichen Nutzung aber nicht möglich ist.

Wirksamkeit der Einwilligung

Voraussetzung für eine wirksame Einwilligung ist dabei jedoch, dass der Arbeitnehmer vorher hinreichend über die Tragweite seiner Einwilligungserklärung unterrichtet und umfassend über Art, Umfang und Zweck der Überwachungs-, Kontroll- und Vertretungsregelungen aufgeklärt wird. Es ist deshalb zu gewährleisten, dass den Beschäftigten beabsichtigte Regelungen zur privaten E-Mail-Nutzung zusammen mit der von Ihnen zu unterschreibenden Einwilligungserklärung ausgehändigt werden.

Kenntnisnahme von Inhalten privater Kommunikationen

Gemäß § 88 Abs. 3 TKG darf sich der Arbeitgeber grundsätzlich keine Kenntnis von den Inhalten privat gesendeter oder empfangener E-Mails seiner Bediensteten verschaffen. Dieses Verbot eines Zugriffs auf den Inhalt privater E-Mails schließt auch eine Weiterleitung solcher E-Mails ausgeschiedener oder im Urlaub befindlicher Mitarbeiter an deren Nachfolger oder Vertreter aus. Das gilt grundsätzlich auch für betriebliche E-Mails, soweit sie aus technischen Gründen nicht anders als private E-Mails behandelt werden können (z. B. weil sie an die gleiche betriebliche E-Mail-Adresse gerichtet sind), da in diesem Fall sämtliche E-Mails rechtlich zwingend nach den für private E-Mails geltenden Rechtsvorschriften zu verarbeiten sind, soweit nicht etwas anderes ausdrücklich vereinbart ist.

Kennzeichnung privater E-Mails

Werden die Beschäftigten allerdings verpflichtet, ihre privaten E-Mails entsprechend zu kennzeichnen, dann hätte man nicht nur bei den versandten E-Mails, sondern auch bei den eingehenden Mails, die mithilfe der »Reply-Funktion« abgeschickt wurden – und infolge dessen mit dem als privat gekennzeichneten Original-Header mit dem Zusatz »Re:« oder »Antwort:« versehen sind – die Gewissheit, ob es sich um berufliche oder private E-Mails handelt.

Ergänzend sollte – etwa in einer entsprechenden Betriebsvereinbarung – geregelt werden, dass E-Mails, die nicht als privat gekennzeichnet sind, als berufliche E-Mails eingestuft und als solche behandelt werden, insbesondere an Vertreter oder Nachfolger weitergeleitet und von ihrem Inhalt Kenntnis genommen werden kann, bis ihr privater Charakter erkennbar wird. Ferner sollte eine Regelung erfolgen, wonach eine E-Mail von dem Vertreter, Nachfolger oder dem Systemadministrator im Rahmen der Virenkontrolle und Spam-Filterung unverzüglich wieder zu schließen ist, sobald der private Inhalt der E-Mail erkennbar wird. Darüber hinaus könnten die Arbeitnehmer verpflichtet werden, private E-Mails unverzüglich vom Dienst-Account zu löschen.

Ist eine Trennung privater und dienstlicher E-Mails überhaupt nicht möglich, könnten die privaten E-Mails wohl aufgrund einer entsprechenden Einwilligungserklärung der Arbeitnehmer wie dienstliche E-Mails behandelt werden. Das oben zur Einschränkung des Fernmeldegeheimnisses im Hinblick auf die Überwachung und Protokollierung Gesagte gilt insoweit für die Weiterleitung privater Kommunikationen entsprechend. Auch insoweit dürfte eine »konsentierte Beschränkung des Fernmeldegeheimnisses« im Interesse eines funktionsfähigen Dienstbetriebs zulässig sein.

Mitbestimmungspflicht

In prozeduraler Hinsicht ist darauf zu achten, dass die Einführung und Anwendung von Verfahren zur Leistungsüberwachung und zur Verhaltenskontrolle der Beschäftigten der Mitbestimmung des Betriebsrates unterliegt. Regelmäßig wird hierfür eine Betriebsvereinbarung abgeschlossen, in der die Einzelheiten der zulässigen Protokollierungen, Auswertungen und Kontrollen festlegt werden.

2.3. Einstellen von Bedienstetendaten in das Internet

Zahlreiche Unternehmen veröffentlichen auf ihrer Homepage auch Detail-Informationen über das Unternehmen und ihre Mitarbeiter, wie zum Beispiel Zuständigkeiten und Funktionen einschließlich der Namen der Mitarbeiter, ihrer beruflichen Erreichbarkeit mittels Telefon und ggf. E-Mail, die Öffnungszeiten etc.

Die Zulässigkeit der Nutzung von Personaldaten durch das Unternehmen ist in erster Linie nach arbeitsrechtlichen Gesichtspunkten zu beurteilen. Voraussetzung ist in jedem Fall, dass die Nutzung im Zusammenhang mit dem Arbeitsverhältnis steht. Die Zulässigkeit der Bekanntgabe von Bedienstetendaten über das Internet kann sich schon direkt aus dem Arbeitsvertrag ergeben. Im Übrigen richtet sie sich nach § 28 Abs. 1 Nr. 1 BDSG, wonach die Nutzung von Daten zur Erfüllung eigener Geschäftszwecke im Rahmen der Zweckbestimmung eines Vertragsverhältnisses mit dem Betroffenen zulässig ist. Dabei ist jedoch zu beachten, dass die Veröffentlichung von personenbezogenen Mitarbeiterdaten auf der Unternehmens-Homepage aufgrund des Anstellungsvertrages nur zulässig ist, soweit es sich um sog. funktionsbe-

Veröffentlichung funktionsbezogener Daten

zogene Daten handelt, also solche Daten, die sich auf die Funktion des Beschäftigten in dem Unternehmen beziehen. Erfüllen Mitarbeiter Funktionen mit Außenwirkung, also etwa in der Geschäftsführung oder der Marketing- oder Personalabteilung, dürften die Funktion, die Aufgabe, die dienstliche Erreichbarkeit und auch der Name des Arbeitnehmers als funktionsbezogene Daten auf der Unternehmens-Homepage veröffentlicht werden. Unzulässig, bzw. nur aufgrund einer gesonderten Einwilligung jedes einzelnen Mitarbeiters zulässig, wäre jedenfalls die Veröffentlichung des Geburtsdatums, eines Fotos oder auch der Privatanschrift des Mitarbeiters. Auch die Bekanntgabe rein

Veröffentlichung privater Daten

privater Informationen wie z.B. Privatanschrift, Anzahl der Kinder, Familienstand, fällt nicht unter die gesetzliche Erlaubnisvorschrift des § 28 Abs. 1 Nr. 1 BDSG, sondern bedarf einer ausdrücklichen Einwilligung des Betroffenen.

2.4. Weitergabe von Personaldaten bei Unternehmenstransaktionen

Ein weiteres praxisrelevantes Feld, auf dem die Nutzung von Mitarbeiterdaten in Konflikt mit den Datenschutzvorschriften geraten kann, ist dasjenige der Unternehmenstransaktionen. Insbesondere im Rahmen der Vorbereitung von Unternehmensübernahmen verlangen Kaufinteressenten oft die Weitergabe von Informationen über die Beschäftigten des Zielunternehmens. Arbeitgeber übermitteln deshalb im Rahmen einer so genannten »Due Diligence« nicht selten Mitarbeiterdaten an Erwerbsinteressenten. In diesem Zusammenhang ist anerkannt, dass für solche Fälle grundsätzlich ein Rückgriff auf die Ermächtigungsnorm des § 28 Abs. 1 Nr. 2 BDSG in Betracht kommt. Allerdings ist bei der Weitergabe von Arbeitnehmerdaten im Rahmen einer Due Diligence die Annahme einer Interessenbeeinträchtigung dann zu bejahen, wenn sämtliche Daten einem möglichen Erwerbsinteressenten offen gelegt werden, ohne dass hinreichende Vorkehrungen für eine Löschung der Daten bei einem Scheitern des Unternehmenserwerbs getroffen werden. Insoweit kann aber eventuell durch eine flankierende Vereinbarung die Übermittlung im erforderlichen Umfang legitimiert werden. Im Hinblick auf den Erforderlichkeitsgrundsatz erscheint es darüber hinaus geboten, die übermittelten Informationen soweit möglich nur in anonymisierter Form zu übermitteln.

Datenzugriff bei Due Diligences

3. Datenschutz in der öffentlichen Verwaltung

Wie bereits oben erläutert, unterscheidet das BDSG generell zwischen der Datenverarbeitung durch öffentliche Stellen (also durch die Verwaltung) und durch nicht-öffentliche Stellen (also durch die Privatwirtschaft). Sowohl diejenigen BDSG-Vorschriften, die gleichermaßen auf öffentliche und nicht-öffentliche Stellen anwendbar sind, als auch einige spezifische BDSG-Regelungen für die öffentliche Verwaltung sind bereits in den vorstehenden Abschnitten erläutert worden.

Darüber hinaus bestehen jedoch einige weitere Besonderheiten beim Datenschutz in der öffentlichen Verwaltung, die im Folgenden kurz aufgezeigt werden sollen.

3.1. Besondere Erlaubnisvorschriften

Ebenso wie für die Privatwirtschaft existieren auch für die öffentliche Verwaltung zahlreiche bereichsspezifische Datenschutzvorschriften. Bereichsspezifische Regelungen sind z.B. in einigen Polizeigesetzen der Länder (z.B. § 30 Polizei- und Ordnungsbehördengesetz Rheinland-Pfalz und das Gesetzes über die Datenverarbeitung der Polizei des Landes Hamburg, Hamburgisches GVBl. 2000, S. 155) enthalten.

Auf Bundesebene kann als bereichsspezifische Vorschrift beispielhaft § 9 IHKG genannt werden, die den IHKs die Erhebung, Verarbeitung und Nutzung personenbezogener Daten gestattet. Diese IHK-spezifische Datenschutzregelung steht zu den datenschutzrechtlichen Regelungen der LDSG im Verhältnis der Spezialität: soweit § 9 IHKG eine Regelung trifft, gilt diese vorrangig vor dem LDSG; soweit weder in § 9 IHKG noch in anderen speziellen Vorschriften eine Regelung enthalten ist, gilt subsidiär das LDSG. Als weitere bedeutsame bundesrechtliche Datenschutzvorschriften, sind insbesondere die Folgenden zu nennen:

- §§ 20 ff. Sicherheitsüberprüfungsgesetz (SÜG);
- §§ 41 ff. Bundeszentralregistergesetz (BZRG);   Beispiele
- §§ 13 ff. Bundesstatistikgesetz (BStatG);
- §§ 1 ff. Bundesarchivgesetz (BArchG);
- §§ 2 b ff. Gesetz über Personalausweise;
- §§ 16 ff. Passgesetz;
- Gesetz über das Ausländerzentralregister (AZR-Gesetz);
- Verordnung über die Führung von Ausländerdateien (Ausländerdateienverordnung);

- § 18 f. Sozialgesetzbuch, 4. Buch (SGB IV)
- §§ 284 ff. SGB V;
- §§ 61 ff. SGB VIII;
- §§ 67 ff. SGB X.

Subsidiarität der Landesdatenschutzgesetze

Existieren für einen bestimmten Bereich keine solchen Spezialregelungen, wäre die Datenerhebung durch die Behörden nur im Rahmen der jeweiligen Generalklauseln zulässig. Als Auffangtatbestand kommt für die Bundesbehörden insoweit § 13 Abs. 1 BDSG in Betracht, wonach das Erheben personenbezogener Daten zulässig ist, wenn ihre Kenntnis zur Erfüllung der Aufgaben der verantwortlichen Stelle erforderlich ist. Parallele Erlaubnisvorschriften enthalten auch die LDSG; z.B. der nachfolgend wiedergegebene § 11 Abs. 1 LDSG SH:

§ 11 Abs. 1 LDSG SH **Zulässigkeit der Datenverarbeitung**

Die Verarbeitung personenbezogener Daten ist zulässig, wenn

1. die oder der Betroffene eingewilligt hat,
2. dieses Gesetz oder eine andere Rechtsvorschrift sie erlaubt,
3. sie zur rechtmäßigen Erfüllung der durch Rechtsvorschrift zugewiesenen Aufgaben der Daten verarbeitenden Stelle erforderlich ist oder
4. sie zur Wahrung lebenswichtiger Interessen der betroffenen Personen erforderlich ist.

Verbot der Vorratsdatenspeicherung

Diese oder auch die speziellen Ermächtigungsgrundlagen lassen dabei eine Datenerhebung regelmäßig nur anlassbezogen zu, sofern dies im Einzelfall zur Wahrnehmung einer bestimmten Aufgabe erforderlich ist. Ob diese Voraussetzungen im Einzelfall vorliegen, hängt von den Umständen des Einzelfalles ab, die durch Art und Gegenstand der jeweiligen behördlichen Tätigkeit bestimmt werden. Die Behörden dürfen deshalb bei der Erhebung und Speicherung personenbezogener Daten nicht schematisch vorgehen, sondern müssen unter Würdigung des darin liegenden Grundrechtseingriffs in jedem Einzelfall prüfen und abwägen, ob die zu erhebenden und zu speichernden Erkenntnisse (noch) zur Erfüllung ihrer Aufgaben unverzichtbar sind (BVerwG, NJW 1990, S. 2768, 2770).

3.2. Zweckbindung und interbehördliches Trennungsprinzip

Eine besondere Ausprägung des Zweckbindungsgrundsatzes existiert für Datenverarbeitungen durch die öffentliche Verwaltung in Gestalt des so genannten Trennungsprinzips.

TRENNUNGSPRINZIP

3.2.1. Hintergrund

Nicht nur in der Privatwirtschaft sondern auch in der öffentlichen Verwaltung steigt die Bedeutung von elektronischen Kommunikationseinrichtungen, IT-Systemen und Datenbanken bei der internen und externen Abwicklung von Verwaltungsverfahren und Prozessen. Oftmals ist es dabei wirtschaftlicher und im Rahmen behördenübergreifender E-Government-Ansätze auch technisch geboten, solche Systeme und Prozesse nicht gesondert von jedem einzelnen Verwaltungsträger bzw. jeder Behörde vorzuhalten, zu betreiben und zu nutzen, sondern auf gemeinschaftlich genutzte IT-Systeme zurückzugreifen. Nutzen aber unterschiedliche Verwaltungsstellen dieselben technischen Systeme und Datenbanken, ist insbesondere durch technische Maßnahmen sicher zu stellen, dass die gespeicherten oder übermittelten personenbezogenen Daten nur dem jeweils Berechtigten zur Kenntnis gelangen können.

Datenschutz im E-Government

3.2.2. Begründung des Trennungsprinzips

Aus dem datenschutzrechtlichen Grundsatz der Zweckbindung, der unter anderem in Art. 6 Abs. 1 lit. b. EG-Datenschutzrichtlinie, § 14 Abs. 1 BDSG und auch in zahlreichen Landesdatenschutzgesetzen explizit verankert ist, leitet sich insoweit ein striktes Trennungsprinzip ab, dass anschaulich auch als Grundsatz der informationellen Gewaltenteilung bezeichnet wird. Danach darf jede Verwaltungsstelle nur Zugriff auf diejenigen personenbezogenen Daten haben, die für ihre Aufgabenerfüllung erforderlich sind. Dies gilt gemäß dem in Deutschland geltenden funktionalen Behördenbegriff auch dann, wenn die Daten innerhalb einer Behörde an eine andere Einheit mit einer anderen Aufgabenstellung weitergegeben werden sollen. Unselbständige Arbeitseinheiten einer Behörde – wie etwa Referate in Ministerien und Dezernate in nachgeordneten Behörden – sind zwar im Regelfall keine Behörden im Rechtssinne, andererseits sind beispielsweise das Standesamt nach § 51 PStG oder das Jugendamt nach §§ 12 f. JWG funktional selbst Behörden, obwohl sie organisatorisch unselbständige Teile einer Behörde sind.

Informationelle Gewaltenteilung

Das 'Trennungsprinzip steht zwar einer Zentralisierung der Datenbestände nicht generell entgegen. Es ist jedoch zu gewährleisten, dass alle Behörden und Behördenmitarbeiter, die auf einen solchen zentralisierten Datenbestand zugreifen, tatsächlich nur Zugang zu den Daten erhalten, die sie für ihre jeweilige Verwaltungstätigkeit benötigen. Die Verarbeitung personenbezogener Daten muss deshalb so organisiert sein, dass bei der gesamten Verarbeitung, insbesondere der Kenntnisnahme im Rahmen der Aufgabenerfüllung und der Übermittlung, die Trennung der Daten nach den jeweils verfolgten Zwecken und nach unterschiedlichen Betroffenen möglich ist.

Realisierung durch Berechtigungssysteme

So hat es die Rechtsprechung z.B. wegen eines Verstoßes gegen die datenschutzrechtlichen Übermittlungsvorschriften für unzulässig gehalten, dass eine Bußgeldbehörde im Rahmen eines automatisierten Online-Verfahrens direkten Zugriff auf bestimmte Daten und Unterlagen aus dem Passregister der Passbehörde hatte. Außerdem ist bei der Zentralisierung der Datenhaltung eine klare Verantwortungsregelung erforderlich.

Beispiel: Eine Realisierung des Trennungsprinzips kann zum Beispiel durch die Etablierung eines Berechtigungskonzepts erfolgen, wonach den Nutzern der Software, mit der die Daten verarbeitet werden, der Zugriff nur auf bestimmte personenbezogene Daten eröffnet und im übrigen technisch unterbunden werden kann.

3.3. Datenschutz contra Informationszugang

Besondere Relevanz erlangt der Datenschutz in der öffentlichen Verwaltung im Zuge der Eröffnung eines allgemeinen Zugangs zu Verwaltungsinformationen. Bislang verfügen unter anderem die Länder Brandenburg, Berlin, Schleswig-Holstein und Nordrhein-Westfalen über so genannte »Informationsfreiheitsgesetze«, kraft derer die Bürger Zugang zu den bei den Verwaltungen gespeicherten Informationen auch dann verlangen können, wenn sie nicht selbst Beteiligte des jeweiligen Verwaltungsverfahrens sind.

Recht auf Informationszugang

Auch auf Bundesebene ist kürzlich ein Informationsfreiheitsgesetz verabschiedet worden, welches am 1. Januar 2006 in Kraft treten wird.

Informationsfreiheitsgesetz

Die entsprechende Vorschrift über den Anspruch auf Informationszugang des Informationsfreiheitsgesetzes Schleswig-Holstein lautet:

Informationszugang

§ 4 IFG-SH

Jede natürliche und juristische Person des Privatrechts hat Anspruch auf Zugang zu den bei einer Behörde vorhandenen Informationen.

Informationen im Sinne dieser Vorschrift können auch personenbezogene Daten sein. Um allerdings durch den Anspruch auf Informationszugang die ansonsten restriktiv gehandhabte Übermittlung personenbezogener Daten an Dritte nicht auszuhebeln, enthalten die Informationsfreiheitsgesetze insoweit Einschränkungen; vgl. dazu nachfolgend den wiederum beispielhaft zitierten § 12 IFG-SH:

Abwägung mit Belangen des Datenschutzes

Schutz personenbezogener Daten

§ 12 IFG-SH

(1) Der Antrag auf den Zugang zu Informationen ist abzulehnen, soweit durch das Bekanntwerden der Informationen personenbezogene Informationen offenbart werden, es sei denn,

1. die Offenbarung ist durch Rechtsvorschrift erlaubt;
2. die Offenbarung ist zur Abwehr erheblicher Nachteile für das Allgemeinwohl oder von Gefahren für Leben, Gesundheit, persönliche Freiheit oder sonstiger schwerwiegender Beeinträchtigungen der Rechte einzelner geboten;
3. die Einholung der Einwilligung der oder des Betroffenen ist nicht oder nur mit unverhältnismäßigem Aufwand möglich, und es ist offensichtlich, dass die Offenbarung im Interesse der oder des Betroffenen liegt;
4. die Antragstellerin oder der Antragsteller machen ein rechtliches Interesse an der Kenntnis der begehrten Informationen geltend und

überwiegende schutzwürdige Belange der oder des Betroffenen stehen der Offenbarung nicht entgegen.

(2) Soll Zugang zu personenbezogenen Informationen gewährt werden, so ist die oder der Betroffene über die Freigabe von Informationen zu unterrichten, falls dies nicht mit einem unvertretbaren Aufwand verbunden ist. Können durch den Zugang zu Informationen schutzwürdige Belange der oder des Betroffenen beeinträchtigt werden, so hat die zuständige Behörde dieser oder diesem vorher Gelegenheit zur Stellungnahme zu geben.

Die Vorschrift ist Spezialvorschrift gegenüber § 16 BDSG, der die Übermittlung personenbezogener Daten an nichtöffentliche Stellen betrifft. § 12 IFG-SH sieht also vor, dass grundsätzlich keine personenbezogenen Daten weitergegeben werden, es sei denn, es liegt einer der in Absatz 1 normierten Ausnahmetatbestände vor.

Die Ausnahmetatbestände, die den Zugang zu personenbezogenen Daten rechtfertigen können, beruhen auf der Erwägung, dass auch das Recht des Dritten auf informationelle Selbstbestimmung nicht schrankenlos gilt. Der Dritte muss grundsätzlich Einschränkungen seines Rechts auf informationelle Selbstbestimmung im überwiegenden allgemeinen Interesse hinnehmen, soweit es nicht um den »letzten unantastbaren Bereich privater Lebensgestaltung« geht, der der öffentlichen Gewalt schlechthin entzogen ist (so das BVerfG in ständiger Rechtsprechung, vgl. BVerfGE 80, 363, 373 f.).

In den in Nr. 2, 3 und 4 beschriebenen Fällen ist jeweils eine Abwägung mit dem Datenschutzinteresse der betroffenen Personen notwendig. Dabei ist es zweckmäßig, Dokumente, die aus bestimmten Gründen geheimhaltungsbedürftig sind, bereits beim Anlegen oder Abspeichern so zu kennzeichnen, dass sie später ohne großen Aufwand ausgesondert werden können. Zu diesem Zweck empfiehlt sich die Einführung eines detaillierten, software-gestützten Informations- und Dokumentenmanagementsystems.

Absatz 2 normiert eine Informations- und gegebenenfalls Beteiligungspflicht zugunsten derjenigen Person, deren Daten weitergegeben werden sollen.

4. Schutz durch besondere Geschäfts-, Berufs- oder Amtsgeheimnisse

Oftmals gelten für personenbezogene Daten auch branchenspezifische Geheimhaltungspflichten, die zum Teil über die datenschutzrechtlichen Anforderungen hinausgehen. Die Verpflichtung zur Wahrung solcher Geheimhaltungspflichten bleibt von den Datenschutzvorschriften gemäß § 1 Abs. 3 S. 2 BDSG ausdrücklich unberührt, so dass sie zusätzlich zu den Datenschutzvorschriften zu beachten sind. Zu den branchenspezifischen Geheimhaltungspflichten zählen zum einen die gesetzlich besonders geregelten Geheimhaltungspflichten wie z.B. das Fernmeldegeheimnis, das Steuergeheimnis, das Sozialgeheimnis oder das Statistikgeheimnis. Zum anderen gehören dazu die im Berufsrecht wurzelnden Geheimhaltungspflichten wie z.B. die Schweigepflichten von Ärzten, Rechtsanwälten, Steuerberatern und Lebensversicherern sowie das im Kredit- und Finanzdienstleistungsbereich sehr bedeutsame Bankgeheimnis.

ergänzende Schutzpflichten aus Geschäfts-, Berufs- und Arbeitsgeheimnissen

Im Folgenden sollen

- Das Fernmeldegeheimnis,
- Das Sozialgeheimnis und
- Das Bankgeheimnis

näher erläutert werden.

4.1. Fernmeldegeheimnis

Das in Art. 10 Grundgesetz (GG) normierte Fernmeldegeheimnis ist in § 88 TKG einfachgesetzlich konkretisiert.

Fernmeldegeheimnis § 88 TKG

(1) Dem Fernmeldegeheimnis unterliegen der Inhalt der Telekommunikation und ihre näheren Umstände, insbesondere die Tatsache, ob jemand an einem Telekommunikationsvorgang beteiligt ist oder war. Das Fernmeldegeheimnis erstreckt sich auch auf die näheren Umstände erfolgloser Verbindungsversuche.

(2) Zur Wahrung des Fernmeldegeheimnisses ist jeder Diensteanbieter verpflichtet. Die Pflicht zur Geheimhaltung besteht auch nach dem Ende der Tätigkeit fort, durch die sie begründet worden ist.

(3) Den nach Absatz 2 Verpflichteten ist es untersagt, sich oder anderen über das für die geschäftsmäßige Erbringung der Telekommunikationsdienste einschließlich des Schutzes ihrer technischen Systeme er-

forderliche Maß hinaus Kenntnis vom Inhalt oder den näheren Umständen der Telekommunikation zu verschaffen. Sie dürfen Kenntnisse über Tatsachen, die dem Fernmeldegeheimnis unterliegen, nur für den in Satz 1 genannten Zweck verwenden. Eine Verwendung dieser Kenntnisse für andere Zwecke, insbesondere die Weitergabe an andere, ist nur zulässig, soweit dieses Gesetz oder eine andere gesetzliche Vorschrift dies vorsieht und sich dabei ausdrücklich auf Telekommunikationsvorgänge bezieht. Die Anzeigepflicht nach § 138 des Strafgesetzbuches hat Vorrang.

(4) Befindet sich die Telekommunikationsanlage an Bord eines Fahrzeugs für Seefahrt oder Luftfahrt, so besteht die Pflicht zur Wahrung des Geheimnisses nicht gegenüber der Person, die das Fahrzeug führt oder gegenüber ihrer Stellvertretung.

Novellierung des TKG

Die Regelungen zum Fernmeldegeheimnis gemäß §§ 88 ff. TKG sind dabei unverändert von der Vorläuferversion des TKG (§§ 85 ff. TKG-alt) in die am 26. Juni 2004 in Kraft getretene Novelle des TKG übernommen worden.

4.1.1. Anwendungsbereich des Fernmeldegeheimnisses

Inhalt der Telekommunikation

Das Fernmeldegeheimnis erstreckt sich zunächst auf den Inhalt der Telekommunikation, d.h., gemäß § 3 Nr. 22 TKG den Inhalt eines beliebigen technischen Vorgangs des Aussendens, Übermittelns und Empfangens von Signalen mittels Telekommunikationsanlagen. Gesetzlich geschützt ist damit jede Art der individuellen Nachrichtenübermittlung, sei es in Form von Sprache oder von Datenkommunikation.

nähere Umstände der Telekommunikation

Darüber hinaus unterfallen dem Fernmeldegeheimnis auch die »näheren Umstände« der Telekommunikation, also etwa Informationen darüber, ob jemand an einem Telekommunikationsvorgang beteiligt ist oder war.

Beispiel: Auch die Rufnummern der an einem Telefongespräch beteiligten Personen unterfallen dem Fernmeldegeheimnis.

Geltung für Diensteanbieter

Das Fernmeldegeheimnis gilt gemäß § 88 Abs. 2 TKG für jeden »Diensteanbieter«, also gemäß § 3 Nr. 6 TKG für jeden, der geschäftsmäßig Telekommunikationsdienste erbringt. Darunter ist gemäß § 3 Nr. 10 TKG das »nachhaltige Angebot von Telekommunikation für Dritte mit oder ohne Gewinnerzielungsabsicht« zu verstehen. Nach dem Willen des Gesetzgebers bedeutet geschäftsmäßig also in Abgrenzung zu einer gewerblichen Tätigkeit ein nachhaltiges, d.h. auf Dauer angelegtes und nicht nur vorübergehendes Angebot von Telekommunikationsdiensten einschließlich Übertragungswegen (BT-Drs. 13/3609, S. 53). Das Kriterium der Geschäftsmäßigkeit ist deshalb schon dann erfüllt, wenn die Tätigkeit eine Außenwirkung besitzt, die über den rein privaten Bereich hinausgeht. Lediglich private Endgeräte, Haustelefonanlagen und hauseigene Sprechanlagen unterfallen deshalb nicht dem Fernmeldegeheimnis

Der Begriff »Angebot« setzt voraus, dass die Telekommunikationsleistung für einen anderen und nicht lediglich zum Eigenbedarf erbracht wird. Da insbesondere kein »öffentliches Angebot« erforderlich ist, sind auch »Intranets« und so genannte »Corporate Networks« dem Fernmeldegeheimnis unterworfen, wenn sie von Dritten betrieben werden. Als Dritte sind insoweit zum Beispiel auch Tochtergesellschaften anzusehen, die im Auftrag des Mutterunternehmens Telekommunikationsdienste erbringen.

4.1.2. Inhalt des Fernmeldegeheimnisses

Die Geltung des Fernmeldegeheimnisses hat zur Folge, dass die Telekommunikationsdiensteanbieter sich nur in sehr eingeschränktem Umfang Kenntnis von dem Inhalt und den näheren Umständen der Telekommunikation verschaffen dürfen. Gemäß § 88 Abs. 3 S. 1 TKG ist es ihnen untersagt, sich oder anderen über das für die geschäftsmäßige Erbringung der Telekommunikationsdienste einschließlich des Schutzes ihrer technischen Systeme erforderliche Maß hinaus Kenntnis vom Inhalt oder den näheren Umständen der Telekommunikation zu verschaffen.

Verbot für Kenntnisverschaffung

Kenntnis verschaffen bedeutet, dass die Verpflichteten keine technischen oder sonstigen Mittel nutzen dürfen, um die Telekommunikationsvorgänge und Verbindungsdaten der Benutzer abzuhören, zu beobachten oder auf sonstige Weise zu überwachen. Zulässig ist danach im Wesentlichen nur die Beschaffung von Informationen, die zur Sicherstellung eines geregelten Ablaufs der Kommunikation einschließlich Störungsbeseitigungen und zur Abrechnung der Dienstleistungen erforderlich sind. Das Kenntnisverschaffen von Inhalten einzelner Telekommunikationsvorgänge – also insbesondere der vermittelten Gespräche und Datenkommunikationen – ist grundsätzlich nicht zur geschäftsmäßigen Erbringung von Telekommunikationsdienstleistungen erforderlich und deshalb unzulässig.

4.1.3. Zweckbindung

Hinzu kommt, dass diejenigen Informationen, die rechtmäßig erhoben und gespeichert werden dürfen gemäß § 88 Abs. 3 S. 2 TKG einer engen Zweckbindung unterliegen. Kenntnisse über Tatsachen, die dem Fernmeldegeheimnis unterliegen, dürfen nur für den in § 88 Absatz 3 S. 1 TKG genannten Zweck – also für die Herstellung der Verbindung, für die Abrechnung der Dienste, die Eingrenzung und Beseitigung von Störungen und die Verhinderung missbräuchlicher Nutzungen – verwendet werden. Eine Verwendung dieser Kenntnisse für andere Zwecke, insbesondere auch eine Weitergabe an Dritte, ist gemäß § 88 Abs. 3 S. 3 TKG nur zulässig, soweit das TKG oder eine andere gesetzliche Vorschrift dies vorsieht und diese sich dabei ausdrücklich auf Telekommunikationsvorgänge bezieht.

Als Erlaubnisvorschriften im Sinne von § 88 Abs. 3 S. 3 TKG können beispielsweise §§ 100 und 100 a StPO, § 12 FAG, das so genannte G-10-Gesetz und § 39 AWG in Betracht kommen.

4.2. Sozialgeheimnis

Ein sehr weit reichender Schutz besteht kraft des im SGB verankerten Sozialgeheimnisses und der entsprechend restriktiven Verarbeitungsvorschriften gegenüber Datenverarbeitungen durch Sozialleistungsträger, also insbesondere Krankenkassen, Rentenversicherungen, Sozialämtern etc. Das Sozialgeheimnis ist in § 35 des Allgemeinen Teils des Sozialgesetzbuches (SGB I) verankert:

§ 35 Abs. 1 SGB I	**Sozialgeheimnis** Jeder hat Anspruch darauf, daß die ihn betreffenden Sozialdaten (§ 67 Abs. 1 Zehntes Buch) von den Leistungsträgern nicht unbefugt erhoben, verarbeitet oder genutzt werden (Sozialgeheimnis). Die Wahrung des Sozialgeheimnisses umfaßt die Verpflichtung, auch innerhalb des Leistungsträgers sicherzustellen, daß die Sozialdaten nur Befugten zugänglich sind oder nur an diese weitergegeben werden. Sozialdaten der Beschäftigten und ihrer Angehörigen dürfen Personen, die Personalentscheidungen treffen oder daran mitwirken können, weder zugänglich sein noch von Zugriffsberechtigten weitergegeben werden. Der Anspruch richtet sich auch gegen die Verbände der Leistungsträger, die Arbeitsgemeinschaften der Leistungsträger und ihrer Verbände, die in diesem Gesetzbuch genannten öffentlich-rechtlichen Vereinigungen, gemeinsame Servicestellen, Integrationsfachdienste, die Künstlersozialkasse, die Deutsche Post AG, soweit sie mit der Berechnung oder Auszahlung von Sozialleistungen betraut ist, die Behörden der Zoll-

verwaltung, soweit sie Aufgaben nach § 2 des Schwarzarbeitsbekämpfungsgesetzes, nach § 107 Abs. 1 des Vierten Buches und § 66 des Zehnten Buches durchführen, die Versicherungsämter und Gemeindebehörden sowie die anerkannten Adoptionsvermittlungsstellen (§ 2 Abs. 2 des Adoptionsvermittlungsgesetzes), soweit sie Aufgaben nach diesem Gesetzbuch wahrnehmen, das Bundesamt für Güterverkehr, soweit es Aufgaben nach § 107 Abs. 1 Satz 2 des Vierten Buches durchführt, und die Stellen, die Aufgaben nach § 67c Abs. 3 des Zehnten Buches wahrnehmen. Die Beschäftigten haben auch nach Beendigung ihrer Tätigkeit bei den genannten Stellen das Sozialgeheimnis zu wahren.

Eine Erhebung, Verarbeitung und Nutzung von Sozialdaten ist nur unter den Voraussetzungen des Zweiten Kapitels von SGB X (§§ 67 ff. Schutz der Sozialdaten) zulässig. *eingeschränkte Verwendung von Sozialdaten*

Der allgemeine Zulässigkeitstatbestand für die Erhebung, Verarbeitung und Nutzung von Sozialdaten findet sich in § 67 a Abs. 1 SGB X. Für einzelne Aufgaben verschiedener Sozialleistungsträger wird diese Vorschrift dahingehend eingeschränkt, dass nur die Erhebung bestimmter, im Gesetz abschließend vorgegebener Daten erlaubt wird, wie z.B. in § 284 SGB V in Bezug auf Sozialdaten, die von den Krankenkassen für Zwecke der Krankenversicherung erhoben werden dürfen.

Im Übrigen finden sich in den §§ 67 ff. SGB X überwiegend die allgemeinen, aus dem BDSG bekannten Datenschutzgrundsätze wieder, wie z.B.: *Geltung allgemeiner Grundsätze*

- Das grundsätzliche Datenverarbeitungsverbot mit Erlaubnisvorbehalt (§ 67 b Abs. 1 SGB X);
- Das Erforderlichkeitsprinzip (§ 67 a Abs. 1 SGB X);
- Die Anforderungen an eine Einwilligung des Betroffenen (§ 67 b Abs. 2 SGB X);
- Die Grundsätze der Datenvermeidung und der Datensparsamkeit (§ 78 b SGB X);
- Die Regelung zu automatisierten Einzelentscheidungen (§ 67 b Abs. 4 SGB X);
- Die Regelung zur Einrichtung automatisierter Abrufverfahren (§ 79 SGB X);
- Die Zulässigkeit einer Auftragsdatenverarbeitung (§ 80 SGB X);
- Die Rechte der Betroffenen auf Auskunft, Berichtigung und Löschung (§§ 81 ff. SGB X).

4.3. Bankgeheimnis

Eine weitere, in der rechtlichen Praxis häufig einschlägige Einschränkung im Hinblick auf die Verarbeitung personenbezogener Daten ergibt sich aus dem Bankgeheimnis.

4.3.1. Grundlage des Bankgeheimnisses

Treuepflicht des Kreditinstituts

Das Bankgeheimnis ist nicht gesetzlich verankert. Die Verpflichtung zur Wahrung des Bankgeheimnisses leitet sich nach überwiegender Ansicht aus der Treuepflicht des Kreditinstituts her, ohne dass es einer expliziten Regelung im Bankvertrag bedarf. Ungeachtet dessen wird die Geltung des Bankgeheimnisses regelmäßig ausdrücklich im Bankvertrag vereinbart.

4.3.2. Inhalt des Bankgeheimnisses

Regelung im Bankvertrag

Der konkrete Pflichteninhalt des Bankgeheimnisses wird durch die Regelungen im Bankvertrag wesentlich mitbestimmt. Im Regelfall ist das Bankgeheimnis in den Allgemeinen Geschäftsbedingungen (nachfolgend »AGB«) der Banken (etwa in Nr. 2 Abs. 1 der AGB der privaten Geschäftsbanken) verankert. Beispielhaft lautet eine Klausel zum Bankgeheimnis in Banken-AGB wie folgt:

Die Bank ist zur Verschwiegenheit über alle kundenbezogenen Tatsachen und Wertungen verpflichtet, von denen sie Kenntnis erlangt (Bankgeheimnis). Informationen über den Kunden darf die Bank nur weitergeben, wenn gesetzliche Bestimmungen dies gebieten oder der Kunde eingewilligt hat oder die Bank zur Erteilung einer Bankauskunft befugt ist.

Geltung für alle kundenbezogenen Daten

Grundsätzlich sind vom Bankgeheimnis alle kundenbezogenen Daten umfasst. Es kann neben den persönlichen Daten (Name, Anschrift, Beruf, Einkommen) die Art, den Wert und ggf. die Belegenheit der Sicherheiten, die Höhe des Darlehens, des Zinses sowie weitere Darlehensbedingungen umfassen. Das OLG München hat in seinem Urteil vom 10. Dezember 2003 (»Kirch Entscheidung«) zur Reichweite des Bankgeheimnisses ausgeführt, dass die Bank zur Verschwiegenheit über alle kundenbezogenen Tatsachen und Wertungen verpflichtet ist, von denen sie Kenntnis erlangt.

4.3.3. Abtretbarkeit von Kreditforderungen

In der Praxis stellt sich häufig die Frage, ob das Bankgeheimnis einer Abtretung von Kreditforderungen entgegensteht.

Grundsätzlich sind Kreditforderungen ebenso wie andere Forderungen nach den allgemeinen zivilrechtlichen Vorschriften (§§ 398 ff. BGB) abtretbar. Ob aus dem Bankgeheimnis ein vertraglich oder gesetzlich begründetes Abtretungsverbot für Kreditforderungen folgt, ist streitig. Der BGH hat im Falle einer Abtretung sämtlicher Forderungen einer Bank an eine andere Bank die Frage eines Ausschlusses der Abtretbarkeit von Kreditforderungen gar nicht erst problematisiert, sondern diese stillschweigend vorausgesetzt (BGHZ 26, 142 (147).

Demgegenüber hat das Oberlandesgericht Frankfurt hat mit Urteil vom 25. Mai 2004 verdeutlicht, dass Banken auch bei der Abtretung von Forderungen zur Verschwiegenheit verpflichtet sind, und dass eine Abtretung deshalb unwirksam sein kann, wenn sie unter Verletzung des Bankgeheimnisses erfolgt.

Unwirksamkeit bei Verletzung des Bankgeheimnisses

Auch in anderen Fällen hat die Rechtsprechung angenommen, dass die Abtretung bestimmter Forderungen Beschränkungen unterliegen kann, auch wenn ein Abtretungsverbot gemäß § 399 BGB nicht gegeben ist. Insbesondere sei die Abtretung ärztlicher und anwaltlicher Honorarforderungen wegen der besonderen, in § 203 Abs. 1 Strafgesetzbuch (StGB) strafrechtlich geschützten ärztlichen bzw. anwaltlichen Schweigepflicht nur mit ausdrücklicher Einwilligung des Patienten bzw. Mandanten zulässig (BGH, NJW 1991, 2955). Ob diese Judikatur auf die Abtretung von Kreditforderungen durch Kreditinstitute unmittelbar anwendbar ist, ist jedoch fraglich, da das Bankgeheimnis im Unterschied zur anwaltlichen und ärztlichen Schweigepflicht kein vom Schutzbereich des § 203 Abs. 1 StGB umfasstes Privatgeheimnis darstellt. Insgesamt ist jedoch nicht abschließend geklärt, ob Kreditforderungen ohne Einwilligung der betroffenen Kunden abtretbar sind, d.h. die Abtretung als solche ohne Einwilligung wirksam ist.

4.3.4. Weitergabe personenbezogener Daten

Davon unabhängig steht das Bankgeheimnis nach der in der Literatur überwiegend vertretenen Ansicht in einem Spannungsverhältnis zu den Auskunfts- und Herausgabepflichten, die sich im Verhältnis zu dem Erwerber der Forderung aus § 402 BGB ergeben. Denn in der juristischen Literatur wird überwiegend ein sich aus dem Bankgeheimnis ergebendes, grundsätzliches Einwilligungserfordernis in Fällen bejaht, in denen persönliche Daten über den Kreditnehmer im Rahmen einer

Einwilligungserfordernis bei Datenweitergaben

Forderungsabtretung von dem Zedent an den Zessionar weitergegeben werden. Eine Einwilligung des Kreditnehmers soll aber dann entbehrlich sein, wenn an den Zessionar keine persönlichen Daten übermittelt werden, etwa weil der Zedent weiterhin den Forderungseinzug übernimmt und deshalb die Übermittlung der zur Geltendmachung der abgetretenen Forderung notwendigen Daten entbehrlich ist oder weil der Zessionar nur verschlüsselte (und damit anonyme) Daten erhält.

<small>mutmaßliche Einwilligungen</small>

Nach einer in der Kommentarliteratur vertretenen Ansicht kann eine Weitergabe von Daten des Kreditnehmers in bestimmten Fällen auch dann zulässig sein, wenn von einer mutmaßlichen Einwilligung des Kunden auszugehen ist oder überwiegende schutzwürdige Interessen des Kreditgebers bestehen.

So sei eine ausdrückliche Einwilligung des Kreditnehmers bei den üblichen Abtretungen zwischen Kreditinstituten, bei Abtretungen im Rahmen von Refinanzierungen sowie bei Abtretungen bei Eintritt des Sicherungsfalles in die damit verbundene Weiterleitung der dem Bankgeheimnis unterfallenden Daten regelmäßig entbehrlich. Eine Refinanzierung erfolge auch im Interesse des Kunden, weil sich dadurch seine Kreditkonditionen verbesserten. Entsprechendes wird teilweise für die Risiko- und Eigenkapitalsteuerung im Zusammenhang mit Abtretungen im Rahmen einer Syndizierung vertreten. Es wird insoweit darauf verwiesen, dass die beteiligten Banken ebenfalls dem Bankgeheimnis unterliegen.

<small>Entbehrlichkeit einer Einwilligung bei vertragswidrigem Verhalten</small>

Ebenso wird vielfach vertreten, dass der Kreditgeber Informationen über das Kreditverhältnis – und auch den Kreditnehmer – ohne dessen ausdrückliche Einwilligung im Rahmen einer Forderungsabtretung weitergeben darf, wenn sich der Kreditnehmer seinerseits vertragswidrig verhält, etwa weil er sich mit der Kredittilgung in Verzug befindet und der Kreditgeber den Kreditvertrag kündigt.

5. Wiederholungsfragen

1. Welche Sondervorschriften bestehen für den Datenschutz im Internet? Lösung S. 185
2. Sind Internet-Daten unter allen Umständen personenbezogen? Lösung S. 187
3. Was sind Bestandsdaten im Sinne des TDDSG? Lösung S. 188
4. Was sind Nutzungsdaten im Sinne des TDDSG? Lösung S. 189
5. Ist die Erstellung von Nutzungsprofilen anhand von Internet-Nutzungsdaten zulässig? Lösung S. 190
6. Welchen besonderen Anforderungen muss eine elektronische Einwilligung genügen? Lösung S. 194 f.
7. Welche besonderen Informationspflichten bestehen für Internet-Diensteanbieter? Lösung S. 196 f.
8. Welche besonderen technisch-organisatorischen Sicherungspflichten bestehen für Internet-Diensteanbieter? Lösung S. 197 f.
9. Welche Besonderheiten gelten beim Datenschutz im Arbeitsverhältnis? Lösung S. 199 f.
10. Ist eine Aufzeichnung und Kontrolle dienstlicher Telefonate von Arbeitnehmern durch den Arbeitgeber zulässig? Lösung S. 200 f.
11. Welche datenschutzrechtlichen Restriktionen gelten für den Arbeitgeber bei einer Privatnutzung dienstlicher E-Mail-Programme durch die Arbeitnehmer? Lösung S. 202 ff.
12. Welche Mitarbeiterdaten darf der Arbeitgeber ohne Einwilligung in seinen Internet-Auftritt einstellen? Lösung S. 205 f.
13. Welche Besonderheiten gelten bei der Datenverarbeitung durch die Verwaltung? Lösung S. 207 ff.
14. Unter welchen Voraussetzungen gewähren Informationsfreiheitsgesetz Zugang zu Verwaltungsinformationen? Lösung S. 211
15. Auf welche Weise wird eine Balance geschaffen zwischen dem Informationszugangsrecht und dem Anspruch auf Datenschutz der Betroffenen? Lösung S. 212
16. Welche Informationen unterfallen dem Fernmeldegeheimnis? Lösung S. 214
17. Wer ist zur Beachtung des Fernmeldegeheimnisses verpflichtet? Lösung S. 214
18. Welchen Gehalt besitzt das Fernmeldegeheimnis? Lösung S. 215

19. Wer ist zur Beachtung des Sozialgeheimnisses verpflichtet? Lösung S. 216
20. Welchen Gehalt besitzt das Sozialgeheimnis? Lösung S. 216 f.
21. Welche Prinzipien gelten für die Verarbeitung von Sozialdaten? Lösung S. 217
22. Welche rechtliche Grundlage hat das Bankgeheimnis? Lösung S. 218
23. Welchen Gehalt besitzt das Bankgeheimnis? Lösung S. 218
24. Steht das Bankgeheimnis einer Abtretung von Kreditforderungen entgegen? Lösung S. 219
25. Verhindert das Bankgeheimnis eine Weitergabe personenbezogener Daten im Rahmen der Abtretung von Kreditforderungen? Lösung S. 220

Übungsfall

1. Aufgabestellung 224
2. Lösung 225

1. Aufgabestellung

B betreibt einen kostenlosen Branchen-Informationsdienst für die Bereiche IT und Medien im Internet. Nach einer persönlichen Registrierung, die über die Homepage vorzunehmen ist, können die Nutzer dort aktuelle Informationen aus der IT- und Medienbranche, wie z.B. Pressemeldungen und Hinweise auf Veranstaltungen abrufen sowie in einem »Diskussionsforum« Nachrichten per E-Mail hinterlegen. Im Rahmen der Registrierung muss der Nutzer seinen Namen (Vor- und Zuname), seine Berufstätigkeit und seine E-Mailadresse angeben. Unmittelbar über der Schaltfläche, mit der der Nutzer den Registrierungswunsch bestätigt, findet sich folgender Text:

»Mit meiner Registrierung akzeptiere ich die Allgemeinen Geschäftsbedingungen und die darin unter der Überschrift „Datenschutz" enthaltenen Regelungen zur Verarbeitung und Nutzung meiner personenbezogenen Daten«

Dabei ist der Begriff »Allgemeine Geschäftsbedingungen« als Hyperlink ausgestattet, deren unmittelbaren Abruf. In den dort abrufbaren AGB findet sich u.a. folgende Regelung:

»**Datenschutz**

B erhebt, verarbeitet und nutzt die personenbezogenen Daten des Abonnenten (Name, E-Mailadresse und Berufsbezeichnung) zum Zwecke der Registrierung für den Brancheninformationsdienst und der Missbrauchsverhinderung. Der Abonnent erklärt sich zudem damit einverstanden, dass B die angegebene E-Mailadresse nutzt, um ihm interessante Produkt- und Dienstleistungsinformationen zukommen zu lassen.«

N registriert sich für den Brancheninformationsdienst auf der Website. In der Folge erhält er regelmäßig Werbe-E-Mails von B zugesandt. N hält die Verwendung seiner E-Mailadresse für diese Zwecke für unzulässig und wendet sich insoweit an die zuständige Datenschutzaufsichtsbehörde. Außerdem verlangt er von B die Löschung seiner E-Mailadresse. Zu Recht?

2. Lösung

I. Nutzung der Mailadresse zu Werbezwecken

Die Nutzung der Mailadresse für die Zusendung von Werbe-E-Mails könnte gegen § 4 Abs. 1 BDSG i.V.m. § 3 Abs. 1 TDDSG verstoßen. Danach ist eine Erhebung, Verarbeitung und Nutzung personenbezogener Daten (zur Durchführung von Telediensten) nur zulässig, soweit eine Rechtsvorschrift dies erlaubt oder Betroffene eingewilligt hat.

1. Nutzung personenbezogener Daten

Bei der E-Mailadresse müsste es sich also um ein personenbezogenes Datum im Sinne der Vorschrift handeln. Gemäß § 3 Abs. 1 BDSG sind personenbezogene Daten Einzelangaben über persönliche oder sachliche Verhältnisse einer bestimmten oder bestimmbaren natürlichen Person (Betroffener).

Ein persönliches Verhältnis von N ist deshalb betroffen, weil die E-Mailadresse wie eine Postanschrift eine Adresse verkörpert, unter der N jederzeit im E-Mailverkehr erreichbar ist (vgl. OLG Bamberg, Urteil vom 12. Mai 2005).

Die E-Mailadresse als personenbezogenes Datum ist auch, wenn nicht »bestimmt«, so doch zumindest hinreichend »bestimmbar« im Sinne von § 3 Abs. 1 BDSG. Bestimmt im Sinne der Vorschrift wäre die E-Mailadresse jedenfalls dann, wenn in ihr der Vor- und Nachname von N enthalten wäre, wie dies üblicherweise der Fall ist. Selbst wenn die E-Mailadresse keine Namensbestandteile von N enthält, so ist die Person, die dieser E-Mailadresse zugeordnet ist, jedenfalls aber für B bestimmbar, weil B im Rahmen der Registrierung für den Brancheninformationsdienst neben der E-Mailadresse auch den Vor- und Zunamen von N abgefragt hat. Die E-Mailadresse ist hier deshalb geeignet, einen Bezug zu N herzustellen.

Bei der Verwendung der E-Mailadresse zur Zusendung von Werbe-E-Mails handelt es sich auch gemäß § 3 Abs. 5 BDSG um eine Nutzung dieses personenbezogenen Datums.

2. Zulässigkeit der Nutzung

Fraglich ist allerdings, ob für die Nutzung der E-Mailadresse zu Werbezwecken eine hinreichende rechtliche Grundlage besteht. Eine solche kann sich gemäß § 4 Abs. 1 BDSG bzw. § 3 Abs. 1 TDDSG entweder aus einer gesetzlichen Erlaubnisvorschrift oder einer Einwilligung des Betroffenen ergeben.

a) Zulässigkeit gemäß § 5 TDDSG

Die Zulässigkeit könnte sich aus § 5 TDDSG ergeben. Danach darf ein Anbieter von Telediensten personenbezogene Daten eines Nutzer ohne dessen Einwilligung erheben, verarbeiten und nutzen, soweit sie für die Begründung, inhaltliche Ausgestaltung oder Änderung eines Vertragsverhältnisses mit ihm über die Nutzung von Telediensten erforderlich sind.

Der Geltungsbereich des TDDSG nach § 1 TDDSG ist eröffnet. Bei B handelt es sich um eine Diensteanbieterin im Sinne von § 2 Satz 1 Nr. 1 TDDSG, da sie mit ihrem Internetauftritt einen kostenfreien Brancheninformationsdienst im Sinne von § 2 Abs. 2 Nr. 2 TDG betreibt. N hat sich für diesen Informationsdienst registrieren lassen und ist folglich als Nutzer des Teledienstes gemäß § 2 Satz 1 Nr. 2 TDDSG anzusehen.

b) Nutzung der E-Mail im Rahmen der Begründung, inhaltlichen Ausgestaltung oder Änderung des Vertragsverhältnisses

Die Nutzung der E-Mailadresse zur Zusendung von Werbeinformationen ist zwanglos nicht mehr im Rahmen der Vertragszwecke. Diese beinhalten nur einen Zugriff auf die Informationen durch N auf der Website von B, nicht aber einen Erhalt von Werbe-E-Mails.

Im Ergebnis bietet § 5 TDDSG somit keine hinreichende Grundlage für die Nutzung von N's E-Mailadresse zur Zusendung von Werbung.

c) Zulässigkeit gemäß § 28 BDSG

Alternativ könnte § 28 BDSG als Erlaubnisvorschrift herangezogen werden. Gemäß § 28 Abs. 1 Nr. 2 BDSG ist eine Nutzung personenbezogener Daten als Mittel für die Erfüllung eigener Geschäftszwecke zulässig, soweit es zur Wahrung berechtigter Interessen der verantwortlichen Stelle erforderlich ist und kein Grund zu der Annahme besteht, dass das schutzwürdige Interesse des Betroffenen an dem Ausschluss der Verarbeitung oder Nutzung überwiegt. Aus § 28 Abs. 4 Satz 1 BDSG ergibt sich dabei, dass eine Nutzung personenbezogener Daten für Zwecke der Werbung oder der Markt- und Meinungsforschung danach grundsätzlich zulässig sein soll, solange der Betroffene einer Nutzung für diese Zwecke nicht ausdrücklich widersprochen hat. Im Ergebnis wäre es also grundsätzlich denkbar, § 28 BDSG als Erlaubnisvorschrift heranzuziehen.

Das würde jedoch zunächst voraussetzen, dass diese Vorschrift hier überhaupt anwendbar ist. Dem könnte allerdings die Spezialität der im TDDSG enthaltenen Regelungen entgegen stehen.

Vor der Umsetzung der Richtlinie 2000/31/EG über den elektronischen Geschäftsverkehr in das TDDSG enthielt das Gesetz im damaligen § 5 Abs. 2 eine ausdrückliche Regelung, wonach eine Verarbeitung und Nutzung von Bestandsdaten u.a. für Zwecke der Werbung nur zulässig ist, soweit der Nutzer in diese ausdrücklich eingewilligt hat. Diese Regelung wurde allerdings in der Neufassung des Gesetzes aufgehoben, weil der ausdrückliche Hinweis auf die Möglichkeit einer weitergehenden Verarbeitung und Nutzung der Bestandsdaten im Falle der ausdrücklichen Einwilligung in der Praxis zur Rechtsunsicherheit über den grundsätzlichen Anwendungsbereich der Einwilligung nach § 3 Abs. 2 TDDSG geführt hatte. So wurde wegen des Fehlens einer § 5 Abs. 2 TDDSG a.F. entsprechenden Vorschrift für die Nutzungsdaten eine weitergehende Erhebung und Verarbeitung von Nutzungsdaten auch bei erfolgte Einwilligung teilweise für unzulässig gehalten. Lediglich diese Unklarheiten sollten durch die Streichung von § 5 Abs. 2 beseitigt werden. Gemäß der Gesetzesbegründung (BT-Drs. 14/6098, S. 29) soll die Streichung wegen der Spezialität der gesetzlichen Erlaubnistatbestände im TDDSG jedoch nicht bedeuten, dass hierzu auf allgemeine gesetzliche Erlaubnistatbestände, z.B. § 28 BDSG, zurückgegriffen werden kann.

Im Ergebnis kann deshalb auch § 28 BDSG wegen der Spezialität des TDDSG nicht als Erlaubnisvorschrift für die Nutzung der E-Mailadresse zu Werbezwecken herangezogen werden.

d) Einwilligung von N

Schließlich ließe sich die Zulässigkeit der Nutzung der E-Mailadresse für die Zusendung von Werbemails möglicherweise aus einer Einwilligung von N herleiten.

Eine Einwilligung im Sinne von § 4 Abs. 1 BDSG ist in richtlinienkonformer Auslegung einer »Willensbekundung, die ohne Zwang, für den konkreten Fall und in Kenntnis der Sachlage erfolgt und mit der die betroffene Person akzeptiert, dass personenbezogene Daten, die sie betreffen, verarbeitet werden« (Art. 2 lit. h) Richtlinie 95/46/EG).

Von einer wirksamen Willensbekundung des Betroffenen im Sinne von § 4 Abs. 1 BDSG kann regelmäßig nur ausgegangen werden, wenn die Formvorschriften des § 4 a Abs. 1 Satz 3 und 4 BDSG sowie der §§ 3 Abs. 3 und 4 Abs. 2 TDDSG gewahrt sind (vgl. AG Elmshorn, MMR 2005, S. 870, 871). Diese Formvorschriften haben nämlich den Zweck, eine bewusste Entscheidung des Betroffenen zu gewährleisten.

In dieser Hinsicht könnte zunächst fraglich sein, ob die Einwilligung – wie es gesetzlich erforderlich ist – in Kenntnis aller Umstände der Datenverarbeitung erfolgt ist, da der unmittelbar über der Schaltfläche im Internetauftritt von B enthaltene Passus zum Datenschutz insoweit keine Informationen enthielt sondern lediglich auf den Text in den AGB verwies, der per Hyperlink referenziert war. Nach einer Entscheidung des AG Elmshorn (MMR 2005, S. 870, 871) ist bei der Verwendung vorgedruckter Einwilligungsklauseln die notwendige Schriftform nur gewahrt, wenn die Klausel in voller Länge auf der zu unterzeichnenden Urkunde abgedruckt ist und der Einwilligende die Klausel durch Namensunterschrift unterhalb dieses Abdrucks anerkennt. Wird lediglich eine Bezugnahme auf eine andernorts abgedruckte Einwilligungsklausel unterzeichnet, so genügt dies der Schriftform nur dann, wenn ein Abdruck der Einwilligungsklausel, auf die verwiesen wird, dem Betroffenen vorliegt und die Klausel so konkret in Bezug genommen wird, dass sie für den Betroffenen ohne weiteres auffindbar ist. Besonders wichtig sei in diesen Fällen der Inhalt der Bezugnahme. Dem potentiellen Vertragspartner muss deutlich gemacht werden, dass er mit seiner Unterschrift in die Erhebung, Verarbeitung und Nutzung personenbezogener Daten einwilligt. Eine Einwilligung im Sinne des § 4 Abs. 1 BDSG liegt nicht vor, wenn nur allgemein die Einbeziehung von AGB vereinbart wird (vgl. Simitis, BDSG, § 4 a Rn. 43; Gola/Schomerus, BDSG, § 4 a Rn. 14).

Eine Einwilligung in Schriftform (d.h. mit handschriftlicher Namensunterschrift) war hier indes nicht erforderlich: Gemäß § 3 Abs. 3 TDDSG kann die Einwilligung bei Telediensten unter den Voraussetzungen von § 4 Abs. 2 TDDSG auch elektronisch erklärt werden. Gleichwohl dürften die Transparenzanforderungen, die das AG Elmshorn aus dem Schriftformerfordernis hergeleitet hat, auch für eine elektronische Einwilligung im Internet entsprechend gelten. Daraus folgt, dass eine Bezugnahme auf eine andernorts abrufbare Einwilligungserklärung – wie es hier der Fall war – grundsätzlich ausreichend sein kann. Es muss allerdings gewährleistet sein, dass die Einwilligungsklausel konkret in Bezug genommen wird und für den Nutzer ohne weiteres auffindbar ist. Beide Voraussetzungen dürften hier wohl gegeben sein. Zum einen ist in dem Text oberhalb der Schaltfläche nicht nur allgemein auf die AGB sondern konkret auf die »Datenschutz«-Klausel verwiesen worden. Zum anderen war der Text unmittelbar über Hyperlink abrufbar.

Die Unwirksamkeit der Einwilligung könnte sich möglicherweise aber daraus ergeben, dass sich aus den vorformulierten Erklärungen auf der Internetseite von B nicht hinreichend deutlich ergeben hat, dass N mit der Registrierung für den Brancheninformationsdienst zugleich in die Erhebung, Verarbeitung und Nutzung personenbezogener Daten einwilligt. Nach dem oben zitierten Urteil des AG Elmshorn ist eine vorgedruckte Bezugnahme auf eine Einwilligungsklausel unwirksam, wenn sie oder ihre Überschrift irreführend oder unklar formuliert ist.

Die von B vorliegend gewählte Überschrift für die in den AGB enthaltene Regelung lautet »Datenschutz«. Nach den Feststellungen des AG Elmshorn soll eine solche Formulierung den Transparenzerfordernissen nicht genügen, weil sie nicht auf eine Einwilligungsklausel schließen lässt. Die Überschrift »Datenschutz« lasse Angaben über den Schutz personenbezogener Daten erwarten, wohingegen eine Einwilligung keinen Schutz personenbezogener Daten begründet, sondern die Erhebung, Verarbeitung und Nutzung personenbezogener Daten legitimiert (§ 4 Abs. 1 BDSG).

Dem könnte für den vorliegenden Fall entgegen gehalten werden, dass sich jedenfalls aus dem unmittelbar über der Schaltfläche zur Registrierung für den Brancheninformationsdienst ergibt, dass der Nutzer mit der Registrierung in die Verarbeitung entsprechender personenbezogener Daten einwilligt. Dies erscheint jedoch zweifelhaft. Der Text oberhalb der Schaltfläche besagt wörtlich, dass bestimmte Regelungen zur Verarbeitung und Nutzung personenbezogener Daten akzeptiert werden. Dies ist aber qualitativ etwas anderes als eine Einwilligung in bestimmte Datenverarbeitungen. Aus dem Wortlaut der Klausel geht folglich nicht hinreichend deutlich hervor, dass B dazu ermächtigt werden soll, personenbezogene Daten über das gesetzlich zugelassene Maß hinaus verarbeiten und nutzen zu dürfen. Im Ergebnis dürfte die Einwilligung von N schon deshalb aufgrund mangelnder Transparenz unwirksam sein.

Die Unwirksamkeit der »Datenschutzklausel« könnte sich darüber hinaus aus § 4 a Abs. 1 Satz 4 BDSG ergeben. Danach ist die Einwilligung besonders hervorzuheben, wenn sie zusammen mit anderen Erklärungen erteilt werden soll. Ohne die in § 4 a Abs. 1 Satz 4 BDSG vorgesehene Hervorhebung besteht die Gefahr, dass eine Einwilligungsklausel übersehen oder in Ihrer Bedeutung verkannt wird. Daher ist die gesetzlich vorgeschriebene Hervorhebung Wirksamkeitsvoraussetzung (BGH, NJW 1986, 47; Simitis, BDSG, § 4 a Rn. 44). Nach dem oben zitierten Urteil des AG Elmshorn (MMR 2005, S. 870, 871) ist im Falle der Bezugnahme auf eine Einwilligungsklausel sowohl die Bezugnahme wie auch die in Bezug genommene Klausel besonders im Sinne der Vorschrift hervorzuheben, wenn zugleich andere Erklärungen abgedruckt sind.

Diese Voraussetzung ist hier jedenfalls für die in den AGB enthaltene Datenschutzklausel nicht erfüllt: Nach den Angaben im Sachverhalt ist die »Datenschutzklausel« eine unter vielen in den AGB enthaltenen Regelungen. Eine optische Hervorhebung, etwa durch Fettdruck, ist nicht erfolgt. Vielmehr reiht sich der Einwilligungstext in den normalen Fließtext der »Datenschutzklausel« ein und sticht deshalb nicht besonders hervor.

Im Ergebnis ist deshalb die von N erklärte Einwilligung in die Nutzung seiner E-Mailadresse für die Zusendung von Werbe-E-Mails gemäß § 4 Abs. 1 BDSG unwirksam.

3. Ergebnis

Somit stellt die Zusendung von Werbe-E-Mails an N einen Verstoß gegen § 4 Abs. 1 BDSG bzw. § 3 Abs. 1 TDDSG dar.

II. Anspruch auf Datenlöschung

Ein Anspruch von N auf Löschung der E-Mailadresse könnte sich aus § 6 Abs. 1 i.V.m. § 35 Abs. 2 Satz 2 Nr. 1 BDSG ergeben. Danach hat der Betroffene einen Anspruch auf Löschung personenbezogener Daten, wenn ihre Speicherung unzulässig ist.

Nach den oben unter 1. gemachten Ausführungen ist jedenfalls die Nutzung der E-Mailadresse durch B für die Übersendung von Werbe-E-Mails an N unzulässig. Daraus folgt jedoch noch nicht zwingend, dass auch die Speicherung der E-Mailadresse durch B schon unzulässig ist. Denn nach den Informationen in der von B verwendeten »Datenschutzklausel« wird die E-Mailadresse nicht nur für die Zusendung von Werbe-Mails sondern auch für »Zwecke der Registrierung für den Brancheninformationsdienst und der Missbrauchsverhinderung« erhoben, verarbeitet und genutzt. Für welche konkreten Maßnahmen dabei die E-Mailadresse verwendet wird, ergibt sich aus dieser Klausel nicht. Es erscheint deshalb durchaus zweifelhaft, ob die Speicherung der E-Mailadresse für die angegebenen Zwecke gemäß § 5 TDDSG erforderlich sind. Eine Verwendung der E-Mailadresse wäre jedoch nur von § 5 TDDSG gedeckt, soweit sie der Begründung, inhaltlichen Ausgestaltung oder Änderung des Vertragsverhältnisses dient. Mit der Registrierung haben B und N einen Vertrag über die Nutzung des im Internet verfügbaren Brancheninformationsdienstes geschlossen. Die Erforderlichkeit der Datenverarbeitung setzt voraus, dass die berechtigten Interessen auf andere Weise nicht angemessen gewahrt werden können. Die Erforderlichkeit wäre deshalb in jedem Fall abzulehnen, wenn die Zwecke auch gänzlich ohne die Erhebung, Verarbeitung oder Nutzung der E-Mailadresse erreicht werden könnten.

Im Rahmen der Registrierung ist ein solches Erfordernis der Erhebung der E-Mailadresse nicht erkennbar. Eine E-Mailadresse dient von ihrer Zweckbestimmung her der Kontaktaufnahme mit dem Inhaber des entsprechenden Mailaccounts. Die Registrierung ist hier jedoch ein Vorgang, welcher von dem Nutzer selbständig über die entsprechende Eingabemaske des Internetauftritts von B vorgenommen wird. Eines E-Mailverkehrs zwischen B und N bedarf es dafür nicht. Es sprechen im Ergebnis deshalb gute Gründe dafür, die Erforderlichkeit einer Speicherung der E-Mailadresse für die Registrierung des Nutzers abzulehnen.

Eine weitere Zweckbestimmung für die Erhebung, Verarbeitung und Nutzung der E-Mailadresse ist die Verhinderung eines Missbrauchs des Brancheninformationsdienstes. Auch insoweit ist jedoch nicht konkret angegeben, in welcher Art von Missbrauchsfällen und aus welchen Gründen dann eine Kontaktaufnahme mit dem registrierten Nutzer per E-Mail erfolgen soll. Als übliche Reaktionen auf einen Missbrauch von Internetdiensten kommen Maßnahmen wie eine Sperrung des Zugangs oder ähnliches in Betracht. Nach dem Sachverhalt besteht im Rahmen des Brancheninformationsdienstes auch die Möglichkeit, Nachrichten per E-Mail in einem Diskussionsforum zu hinterlegen. Dabei besteht grundsätzlich die Gefahr, dass Nutzer hier auch unerwünschte oder unzulässige Inhalte hinterlegen. In diesen Fällen sollte B die Möglichkeit haben, bestimmte Mailadressen von der Teilnahme auszuschließen, indem sie entsprechend gesperrt werden. Es erscheint deshalb sachgerecht, dass B zu den registrierten Nutzern auch die E-Mailadresse speichert.

Letztlich sprechen deshalb gute Gründe dafür, die Speicherung der E-Mailadresse zu den angegebenen Zwecken einer Missbrauchsverhinderung für erforderlich zu halten. Mit dieser Maßgabe kann N folglich von B eine Löschung der E-Mailadresse nach § 6 Abs. 1 i.V.m. § 35 Abs. 2 Satz 2 Nr. 1 BDSG nicht verlangen, solange er den Brancheninformationsdienst nutzen möchte.

Register

Allgemein zugängliche Daten
Für allgemein zugängliche Daten sieht das BDSG an mehreren Stellen Privilegierungen vor. Insbesondere können sie grundsätzlich ohne weitere Voraussetzungen erhoben und verarbeitet werden. Allgemein zugänglich sind solche Daten, die in Informationsquellen verfügbar sind, welche nicht nur einem bestimmten Personenkreis offen stehen.
⇨ 54, 71, 75, 82 ff., 89 f., 121, 147, 178 f.

Allgemeine Geschäftsbedingungen - AGB
Alle für eine Vielzahl von Verträgen vorformulierte Vertragsbedingungen, die eine Vertragspartei der anderen Vertragspartei bei Abschluss eines Vertrages stellt. Diese können auch datenschutzrelevante Regelungen, wie z.B. Einwilligungserklärungen enthalten.
⇨ 131 ff., 218

Amtsgeheimnis
Amtsgeheimnis sind alle Vorgänge, über die Beamte Verschwiegenheit zu wahren haben. Darunter fallen ihm ausschließlich aus seiner amtlichen Tätigkeit bekannt gewordenen Tatsachen, an deren Geheimhaltung ein schutzwürdiges, öffentliches oder privates Interesse besteht (vgl. § 39 Abs. 1 S. 1 BRRG). Der Bruch des Amtsgeheimnisses ist nicht nur ein Dienstvergehen, sondern unter Umständen auch eine strafbare Handlung gemäß §§ 203 Abs. 2 StGB, 353b oder 355.
⇨ 51 f., 213 ff.

Anonymisierung
Das Verändern personenbezogener Daten derart, dass die Einzelangaben über persönliche oder sachliche Verhältnisse nicht mehr oder nur mit unverhältnismäßig großem Aufwand an Zeit, Kosten und Arbeitskraft einer bestimmten oder bestimmbaren natürlichen Person zugeordnet werden können.
⇨ 24, 58 ff., 126

Arbeitsverhältnis, konzerndimensionales
Ein Arbeitsverhältnis, welches dadurch geprägt ist, dass der Mitarbeiter sich zum konzernweiten Arbeitseinsatz (z.B. auch für Schwestergesellschaften) bereit erklärt hat, so dass konzerninterne Datenübermittlungen vom Zweck des Arbeitsvertrages gedeckt sein können.
⇨ 27

Auftragsdatenverarbeitung
Weisungsgebundener, fremdnütziger Umgang eines Dienstleisters mit personenbezogenen Daten im Auftrag der verantwortlichen Stelle.

⇨ 27, 32, 63, 71, 95 ff., 108, 145, 217

Auftragskontrolle
Verpflichtung technische und organisatorische Maßnahmen zu treffen, die geeignet sind zu gewährleisten, dass personenbezogene Daten, die im Auftrag verarbeitet werden, nur entsprechend den Weisungen des Auftraggebers verarbeitet werden können.
⇨ 160 f.

Auskunft
Recht des Betroffenen, Auskunft zu verlangen über die zu seiner Person gespeicherten Daten, Empfänger, an die die Daten übermittelt werden, und über den Zweck der Datenspeicherung.
⇨ 3, 7, 10, 14, f., 61 ff., 85, 89, 98, 101, 105, 112, 119, 128, 143 f., 151 ff., 174, 196, 217

Auskunftei
Bei so genannten Auskunfteien handelt es sich um Unternehmen, die insbesondere Informationen über die wirtschaftliche Betätigung, Kreditwürdigkeit und Zahlungsfähigkeit von Unternehmen und Privatpersonen sammeln und Dritten auf Anfrage zur Verfügung stellen. Zu den größten Auskunfteien in Deutschland gehören beispielsweise die Vereinte Creditreform, die Vereinigten Auskunfteien Bürgel und der Kreditschutzverein für Industrie, Handel und Dienstleistungen (IKD).
⇨ 63, 73, 88 f., 141, 149

Automatisierte Einzelentscheidung
Eine Entscheidung, die für den Betroffenen rechtliche Folgen nach sich zieht und ausschließlich auf eine automatisierte Datenverarbeitung und nicht auf eine menschliche Entscheidung gestützt ist.
⇨ 95, 112 ff., 153

Automatisierte Verarbeitung
Erhebung, Verarbeitung und Nutzung personenbezogener Daten unter Einsatz von Datenverarbeitungsanlagen.
⇨ 10 f., 20, 112, 139, 169

Automatisiertes Abrufverfahren
Automatisiertes Verfahren, welches die Übermittlung personenbezogener Daten mittels Abruf ermöglicht. Die Einrichtung eines solchen Verfahrens ist gemäß § 10 BDSG nur unter besonderen Voraussetzungen zulässig.
⇨ 71, 90, 95, 120 ff., 217

Bankgeheimnis
Sich aus dem Bankvertrag ergebenden Verpflichtung der Bank zur Verschwiegenheit über alle kundenbezogenen Tatsachen und Wertungen, von denen sie Kenntnis erlangt.
⇨ 52, 213, 218 ff.

Benachrichtigung
Verpflichtung der verantwortlichen Stelle, den Betroffenen bei der erstmaligen Speicherung personenbezogener Daten ohne seine Kenntnis über Art, Umfang und Zweck der Datenverarbeitung und ihre Identität zu benachrichtigen.
⇨ 8, 61 f., 101, 143, 147 ff.

Berichtigung
Recht des Betroffenen, von der verantwortlichen Stelle die Berichtigung von unrichtigen, über ihn gespeicherten Daten zu verlangen.
⇨ 3, 4, 60 f., 65 f., 119, 143, 151, 154 ff., 196, 217

Berufsgeheimnis
Der Begriff des Berufsgeheimnisses wird vor allem im Zusammenhang mit den in § 203 StGB erwähnten Berufsgruppen verwendet, deren Berufsgeheimnis strafrechtlichen Schutz genießt. Zu diesen Berufen gehören insbesondere Ärzte, Rechtsanwälte, Apotheker, Notare, Wirtschaftprüfer, Steuerberater etc. Die Angehörigen dieser Berufsgruppen machen sich strafbar, wenn sie ihnen infolge ihres Berufes anvertraute Geheimnisse Dritten offenbaren, ohne dass dazu die Einwilligung des so genannten Geheimnisherrn (z.B. des Patienten oder Mandanten usw.) vorliegt.
⇨ 52, 82

Besondere Arten personenbezogener Daten
Angaben über die rassische und ethnische Herkunft, politische Meinungen, religiöse oder philosophische Überzeugungen, Gewerkschaftszugehörigkeit, Gesundheit oder Sexualleben.
⇨ 8, 71, 81, 109 f., 129, 131, 165, 169

Bestandsdaten
Personenbezogene Daten, die zur Begründung, inhaltlichen Ausgestaltung oder Änderung eines Vertragsverhältnisses über Teledienste, Mediendienste oder Telekommunikationsdienste erforderlich sind.
⇨ 73, 188 f.

Betriebsvereinbarung
Eine Betriebsvereinbarung ist eine Vereinbarung zwischen Arbeitgeber und Betriebsrat, die Normen enthält, die unmittelbar auf sämtliche Arbeitsverhältnisse einwirken; vgl. § 77 Abs. 2, 4 Betriebsverfassungsgesetz. Auch datenschutzrechtliche Sachverhalte werden teilweise durch Betriebsvereinbarung geregelt, z.B. die Nutzung von E-Mail und Internet durch Mitarbeiter oder die Übermittlung von Personaldaten an Konzerngesellschaften.
⇨ 46, 71, 73 f., 107, 119, 200, 204 f.

Code of Conduct
Als »code of conduct« werden zumeist verbindliche Unternehmensregelungen im Sinne von § 4c Abs. 2 S. 1 BDSG bezeichnet, die datenschutzrechtliche Garantien für den Umgang mit personenbezogenen Daten im Unternehmen enthalten und häufig in Form einer Betriebsvereinbarung im Unternehmen etabliert werden.
⇨ 107

Cookie
Ein Cookie ist eine Datei (zumeist »cookie.txt«), die eine Homepage auf dem Computer des Internet-Surfers speichern kann. Diese Datei kann Informationen z.B. die Domain, die den Cookie gesetzt hat, Benutzerkennungen und andere Einstellungen beinhalten. Der Cookie kann nur von derselben Seite wieder abgerufen werden, die ihn auch abgespeichert hat. Bei einem solchen Abruf werden die darin gespeicherten Daten übermittelt. Cookies werden regelmäßig zur Realisierung von Warenkorbfunktionen eingesetzt.
⇨ 59, 185, 190, 197

Customer Relationship Management - CRM
Wörtlich übersetzt bedeutet CRM »Kundenbeziehungsmanagement«. Gemeint ist das proaktive Management von Kundenbeziehungen durch Unternehmen. Primäres Ziel des CRM ist es, die Kundenzufriedenheit und -Loyalität zu erhöhen, insbesondere dadurch, dass zu den Kunden individualisierte Informationen gespeichert und verarbeitet werden, die eine Definition bestimmter Zielgruppen ermöglicht.
⇨ 23

Data Mining
Unter «Data mining« versteht man eine Funktion in Datenbanken, anhand derer man versteckte Zusammenhänge zwischen verschiedenen Datensätzen entdecken kann.
⇨ 76, 81, 170

Data Warehouse
Der Begriff »Data Warehouse« steht für das in einem Unternehmen oder einer sonstigen Organisation eingesetzte System zur Speicherung, Verarbeitung aller vorhandenen Informationen. Ein Data Warehouse soll es in der Regel ermöglichen, die Vielzahl der vorhandenen Informationen so zu organisieren bzw. aufzubereiten, dass sie eine maximal mögliche Aussagekraft haben.
⇨ 76, 81 f., 170

Datenerhebung
Beschaffen von Daten über den Betroffenen.
⇨ 7 f., 25, 34, 45, 47 f., 50 f., 57, 61, 63, 67, 71 f., 78 f., 85 ff., 109, 131 f., 142, 146, 194, 196 ff., 208

Datengeheimnis
Kraft des Datengeheimnisses gemäß § 5 BDSG ist es den bei der Datenverarbeitung beschäftigten Personen untersagt, personenbezogene Daten unbefugt zu erheben, zu verarbeiten oder zu nutzen.
⇨ 4, 101, 128, 162 f.

Datenschutzbeauftragter
Beauftragter der verantwortlichen Stelle, der auf die Einhaltung der Datenschutzvorschriften in der verantwortlichen Stelle hinwirkt.
⇨ 164 ff.

Datenschutzniveau, angemessenes
Zulässigkeitsvoraussetzung für die Übermittlung personenbezogener Daten an Empfänger in Nicht-EWR-Mitgliedstaaten.
⇨ 8, 14, 74, 102 ff.

Datenschutzrichtlinie für elektronische Kommunikation
Richtlinie 2002/58/EG des Europäischen Parlaments und des Rates über die Verarbeitung personenbezogener Daten und den Schutz der Privatsphäre in der elektronischen Kommunikation vom 12. Juli 2002.
⇨ 15

Datensicherheit
Inbegriff der Maßnahmen, die den ordnungsgemäßen Ablauf der Datenverarbeitung durch Sicherung von Hard- und Software sowie von Daten vor Verlust, Beschädigung oder Missbrauch gewährleisten sollen.
⇨ 93, 105, 107, 142, 164, 193, 201

Datenverarbeitung
Das Speichern, Verändern, Übermitteln, Sperren und Löschen personenbezogener Daten.
⇨ 3, 5, 9, 22, 24 ff., 31, 34 ff., 44 ff., 50 ff., 62 ff., 71 ff., 88 f., 93 ff., 120 ff., 127 ff., 139 ff., 151, 158 ff., 165, 167 ff., 176, 185, 195, 199, 207 ff., 216 f.

Datenverarbeitungsverbot mit Erlaubnisvorbehalt
Grundsatz, wonach die Erhebung, Verarbeitung und Nutzung personenbezogener Daten grundsätzlich unzulässig ist und nur aufgrund einer gesetzlichen Erlaubnis oder einer Einwilligung des Betroffenen erfolgen darf.
⇨ 44 f., 71, 120, 217

Datenvermeidung und Datensparsamkeit
Grundsatz, wonach die Gestaltung und Auswahl von Datenverarbeitungssystemen an dem Ziel ausrichten sollen, keine oder so wenig personenbezogene Daten wie möglich zu erheben, zu verarbeiten und zu nutzen.
⇨ 44, 58 f., 125 f., 217

Direkterhebung
Grundsatz, wonach personenbezogene Daten in der Regel bei dem Betroffenen selbst zu erheben sind.
⇨ 8, 44, 48, 61

EG-Datenschutzrichtlinie
Richtlinie 95/46/EG des Europäischen Parlaments und des Rates zum Schutz natürlicher Personen bei der Verarbeitung personenbezogener Daten und zum freien Datenverkehr vom 24. Juli 1995.
⇨ 12 ff., 29, 50, 61, 102, 104 f., 108 f., 112, 115, 127, 130, 140 f., 196, 210

Eingabekontrolle
Verpflichtung technische und organisatorische Maßnahmen zu treffen, die geeignet sind zu gewährleisten, dass nachträglich überprüft und festgestellt werden kann, ob und von wem personenbezogene Daten in Datenverarbeitungssysteme eingegeben, verändert oder entfernt worden sind.
⇨ 92, 160 f.

Register 237

Einwilligung
Vorherige Zustimmung des Betroffenen in die Erhebung, Verarbeitung oder Nutzung der ihn betreffenden personenbezogenen Daten.
⇨ 5, 47, 52, 63, 71, 73, 76, 82 f., 96, 99, 101 ff., 107, 126, 129 ff., 139, 141, 143, 156, 170, 185, 189, 194 ff., 203 ff., 217, 219 f.

Erforderlichkeit
Grundsatz, wonach die Erhebung, Verarbeitung und Nutzung personenbezogener Daten auf das für die Erreichung der jeweiligen Zwecke notwendige Maß zu beschränken ist.
⇨ 5, 44, 57 f., 79, 93, 189 ff., 217

Fernmeldegeheimnis
Verpflichtung jedes Anbieters von Telekommunikationsdiensten, sich oder anderen nicht über das für die geschäftsmäßige Erbringung der Telekommunikationsdienste einschließlich des Schutzes ihrer technischen Systeme erforderliche Maß hinaus Kenntnis vom Inhalt oder den näheren Umständen der Telekommunikation zu verschaffen.
⇨ 51, 192, 201 ff., 213 ff.

Hausrecht
Das Hausrecht bezeichnet die Befugnis, über die Benutzung eines geschützten Raumes (z.B. der Wohnung) zu verfügen und gegebenenfalls ein Hausverbot auszusprechen. Es dient oftmals als Rechtfertigung für den Einsatz von Videoüberwachungssystemen gemäß § 6b BDSG.
⇨ 115, 118

Informationelle Selbstbestimmung
Grundgesetzlich verbürgtes Recht des Einzelnen, selbst entscheiden zu können, wann und innerhalb welcher Grenzen persönliche Lebenssachverhalte offenbart werden.
⇨ 2, 5 ff., 10, 18, 24, 44, 46, 82, 159, 185, 199, 212

Informationszugang
In so genannten »Informationsfreiheitsgesetzen« des Bundes und einiger Bundesländer normierter Rechtsanspruch von natürlichen und juristischen Personen auf Zugang zu den bei einer Behörde vorhandenen Informationen.
⇨ 211

Interessenabwägung
Erlaubnistatbestand wonach die Erhebung, Verarbeitung und Nutzung personenbezogener Daten als Mittel für die Erfüllung eigener Geschäftszwecke zulässig ist, soweit es zur Wahrung berechtigter Interessen der verantwortlichen Stelle erforderlich ist und kein Grund zu der Annahme besteht, dass das schutzwürdige Interesse des Betroffenen an dem Ausschluss der Verarbeitung überwiegt.
⇨ 57, 74 ff., 81, 85, 90, 96, 110, 118 f., 123, 146, 157, 199

Inverssuche
Die so genannte Inverssuche bezeichnet das mittlerweile in § 105 Abs. 3 TKG zugelassene Verfahren, Auskunftssuchenden den Namen und gegebenenfalls die Anschrift eines Teilnehmers mitzuteilen, von dem dem Auskunftssuchenden nur die Rufnummer bekannt ist.
⇨ 85 f.

IP-Adresse
Eindeutige Adresse für einen an ein IP-Netz (wie das Internet) angeschlossenen Rechner.
⇨ 187 f., 190

ISDN-Datenschutzrichtlinie
Richtlinie 97/66/EG des Europäischen Parlaments und des Rates über die Verarbeitung personenbezogener Daten und den Schutz der Privatsphäre im Bereich der Telekommunikation vom 15. Dezember 1997.
⇨ 14 f.

Konvention 108
Europaratskonvention vom 28.6.1981 zum Schutz des Menschen bei der automatischen Verarbeitung personenbezogener Daten.
⇨ 15

Konzernprivileg
Die Tatsache, dass das Datenschutzrecht kein Konzernprivileg kennt, besagt, dass Datenweitergaben auch zwischen Konzerngesellschaften grundsätzlich erlaubnispflichtige Übermittlungsvorgänge darstellen.
⇨ 27, 95

Listenprivileg
Sonderregelung im BDSG, wonach die Übermittlung von bestimmten, listenmäßig zusammengefassten Daten zum Zwecke der Werbung und der Markt- und Meinungsforschung zulässig ist.
⇨ 86 f.

Löschung
Pflicht der verantwortlichen Stelle, von ihr gespeicherte, personenbezogene Daten zu löschen, insbesondere wenn die Speicherung unzulässig oder sie für die Erfüllung der Verarbeitungszwecke nicht mehr erforderlich ist.
⇨ 3, 29, 61, 65 ff., 116, 119 f., 142 f., 151, 154 ff., 165, 192, 196 ff., 206, 217

Mediendienst
An die Allgemeinheit gerichteter Informations- und Kommunikationsdienst in Text, Ton oder5 Bild, der mittels Telekommunikation verbreitet wird.
⇨ 16, 128, 186, 189

Meldepflicht
Verpflichtung der verantwortlichen Stelle, Verfahren automatisierter Verarbeitungen vor ihrer Inbetriebnahme der zuständigen Aufsichtsbehörde zu melden.
⇨ 139 ff., 168 f., 174

Ordnungswidrigkeit
Gemäß § 43 BDSG können Verstöße gegen Datenschutzvorschriften Ordnungswidrigkeiten darstellen, die mit einem Bußgeld geahndet werden.
⇨ 54, 56, 87, 91, 154, 175, 178 f.

Outsourcing
Auslagerung von Betriebsteilen oder –funktionen, die – im Rahmen eines IT-Outsourcings – oftmals auch die Datenverarbeitungsprozesse betrifft. Datenschutzrechtlich wird ein solches Outsourcing üblicher Weise als so genannte Auftragsdatenverarbeitung ausgestaltet.
⇨ 96 f.

Personenbezogene Daten
Einzelangaben über persönliche oder sachliche Verhältnisse einer bestimmten oder bestimmbaren natürlichen Person.
⇨ 2, 4 ff., 10, 22 ff., 40, 44, 48 ff., 60 ff., 73, 77, 88, 93, 96, 100 ff., 125, 139, 143, 154 ff., 159 ff., 178 f., 190, 210, 213

Persönlichkeitsprofil
So genannte Persönlichkeitsprofile entstehen, wenn Daten aus unterschiedlichen Zusammenhängen miteinander derart verknüpft werden, dass ein (Teil-) Abbild des Betroffenen oder seiner Lebensgewohnheiten entsteht. In der datenschutzrechtlichen Praxis besonders relevant ist die Erstellung von Konsumentenprofilen zu Marketingzwecken, oft unter Verwendung von CRM-Systemen.
⇨ 80 ff., 112, 180 f., 198

Privatsphäre
Die Privatsphäre einer Person bezeichnet den Bereich, der nicht öffentlich ist, in dem also nicht im Auftrag eines Unternehmens oder einer Behörde gehandelt wird, sondern der nur die eigene Person angeht. Nach der Rechtsprechung des BGH sind die Betroffenen besonders schützenswert, wenn Daten, die die Privat- und Intimsphäre betreffen, verarbeitet werden sollen; z.B. Informationen über den Gesundheitszustand, persönliche Vorlieben, religiöse Anschauungen etc.
⇨ 4, 11, 14 f., 79

Protokollierung
Die Protokollierung stellt eine übliche Maßnahme zur Gewährleistung der Eingabekontrolle und der Datensicherung im Sinne von § 9 BDSG dar, bei der hard- oder softwareseitig die Eingaben, Nutzungen und Bearbeitungen von Datenbeständen aufgezeichnet werden. Solche Protokolldaten unterliegen einer besonderen Zweckbindung.
⇨ 93, 124, 193, 201 ff.

Pseudonymisieren
Das Ersetzen des Namens und anderer Identifikationsmerkmale durch ein Kennzeichen zu dem Zweck, die Bestimmung des Betroffenen auszuschließen oder wesentlich zu erschweren.
⇨ 58 ff., 82, 126, 191

Rechtswahl
Im deutschen Recht nicht vorhandene Möglichkeit, durch vertragliche Vereinbarung die Geltung des deutschen Datenschutzrechts abzubedingen.
⇨ 35

Safe Harbour
Die Safe-Harbour-Prinzipien sind vom Handelsministerium der USA erarbeitet Grundsätze zum Datenschutz, die explizit für den Gebrauch durch US-Unternehmen und Organisationen bestimmt sind, die personenbezogene Daten aus der EU erhalten, um sich für den »Safe Harbour« und die daraus erwachsende Angemessenheit des Datenschutzes zu qualifizieren, die u.a. in § 4 b Abs. 2 BDSG gefordert wird, wenn personenbezogene Daten ins Nicht-EU-Ausland übermittelt werden.
⇨ 105

Schadensersatz
Verstöße gegen Datenschutzvorschriften können gemäß §§ 7 und 8 BDSG eine Schadensersatzpflicht gegenüber dem Betroffenen auslösen.
⇨ 3, 7, 176 f.

SCHUFA
Die Schutzvereinigung für allgemeine Kreditsicherung (SCHUFA) ist eine Gemeinschaftseinrichtung der Kredit gebenden Wirtschaft (Kreditinstitute, Kreditkarten- und Leasinggesellschaften, Telekommunikationsunternehmen etc.). Aufgabe der SCHUFA ist es, ihren Vertragspartnern Informationen zu geben, um sie vor Verlusten im Kreditgeschäft zu schützen. Die Vertragspartner übermitteln der SCHUFA Daten über die Beantragung, die Aufnahme, Beendigung sowie die vertragsgemäße Abwicklung der Kredite. Der Kunde muss in die Übermittlung dieser Daten einwilligen. Er unterschreibt hierzu regelmäßig die so genannte »SCHUFA-Klausel«.
⇨ 89

Schutzmaßnahmen, technische und organisatorische
Von § 9 BDSG geforderte Maßnahmen, um den besonderen Anforderungen des Datenschutzes nicht nur in rechtlicher, sondern auch in technischer und organisatorischer Hinsicht gerecht zu werden. Die Maßnahmen umfassen eine wirksame Zutritts-, Zugangs-, Zugriffs-, Weitergabe-, Eingabe, Auftrags und Verfügbarkeitskontrolle sowie die Sicherstellung der Zweckbindung
⇨ 3, 7, 9, 18, 28, 53, 58, 61, 66 f., 92, 100 f., 121, 123, 128, 159 ff., 174, 193, 197, 202

Scoring
Verfahren, nach dem insbesondere die SCHUFA ihrem Datenbestand mittels mathematisch-statistischer Verfahren einen so genannten »Scorewert« erstellt, der die Wahrscheinlichkeit für den Eintritt eines bestimmten Ereignisses wiedergibt (etwa die Erfüllung von Kreditverbindlichkeiten).
⇨ 89, 114

Sitzprinzip
Grundsatz, wonach für die Bestimmung des anwendbaren Datenschutzrechts innerhalb des EWR auf den Sitz der verantwortlichen Stelle abzustellen ist.
⇨ 8, 14, 33

Sozialgeheimnis
Verpflichtung der Sozialleistungsträger, also insbesondere der Krankenkassen, Rentenversicherungen und Sozialämtern, die Sozialdaten der Berechtigten nicht unbefugt zu erheben, zu verarbeiten oder zu nutzen.
⇨ 51, 213, 216 ff.

Sperrung
Pflicht der verantwortlichen Stelle, von ihr gespeicherte, personenbezogene Daten zu sperren (also sie besonders zu kennzeichnen, um ihre weitere Verarbeitung oder Nutzung einzuschränken), insbesondere wenn ein Löschungsgrund vorliegt, sie aber wegen bestehender Aufbewahrungspflichten nicht gelöscht werden können.
⇨ 3, 28 f., 61, 66, 151, 154, 156 ff., 165, 193, 197 f.

Standardvertragsklauseln
Die EG-Kommission hat in mehreren Entscheidungen »Standardvertragsklauseln« im Sinne von Art. 26 Abs. 4 EG-Datenschutzrichtlinie genehmigt, bei deren Verwendung in Drittstaaten ein angemessenes Datenschutzniveau gemäß § 4c Abs. 2 S. 1 BDSG gewährleistet ist.
⇨ 108

Strafbarkeit
Gemäß § 44 BDSG können Verstöße gegen materielle Datenschutzvorschriften Straftaten darstellen, die mit einer Geld- oder Freiheitsstrafe sanktioniert werden.
⇨ 180

Teledienst
Elektronischer Informations- und Kommunikationsdienst, der für eine individuelle Nutzung von kombinierbaren Daten wie Zeichen, Bilder oder Töne bestimmt ist und dem eine Übermittlung mittels Telekommunikation zugrunde liegt.
⇨ 16, 18, 73, 82, 122, 185 ff., 201

Territorialitätsprinzip
Grundsatz, wonach für die Bestimmung des anwendbaren Datenschutzrechts in Bezug auf verantwortliche Stellen, die ihren Sitz außerhalb des EWR haben, auf den Ort abzustellen ist, an dem die Datenverarbeitung erfolgt.
⇨ 13, 34

Transparenz
Grundsatz, wonach die Verarbeitung personenbezogener Daten nachvollziehbar zu organisieren und dokumentieren ist, unter anderem um Informations- und Auskunftsverpflichtungen gegenüber Behörden und Betroffenen nachkommen zu können.
⇨ 44, 61 f., 64, 67 f., 151

Trennungsprinzip
Insbesondere für die öffentliche Verwaltung geltender Grundsatz, wonach jede Verwaltungsstelle nur Zugriff auf diejenigen personenbezogenen Daten besitzen darf, die für ihre Aufgabenerfüllung erforderlich sind; wird teilweise auch als Grundsatz der »informationellen Gewaltenteilung« bezeichnet.
⇨ 209 f.

Verantwortliche Stelle
Jede Person oder Stelle, die personenbezogene Daten für sich selbst erhebt, verarbeitet oder nutzt oder dies durch andere im Auftrag vornehmen lässt.
⇨ 8, 32 ff., 47, 53, 61 ff., 83 ff., 95 ff., 112, 115, 119, 139 ff., 153 ff., 176, 180, 196, 198

Verfügbarkeitskontrolle
Verpflichtung technische und organisatorische Maßnahmen zu treffen, die geeignet sind zu gewährleisten, dass personenbezogene Daten gegen zufällige Zerstörung oder Verlust geschützt sind.
⇨ 160 f.

Videoüberwachung
Überwachung öffentlich zugänglicher Räume mit optisch-elektronischen Einrichtungen.
⇨ 8, 63, 71, 95, 115 ff., 146

Volkszählungsurteil
Entscheidung des Bundesverfassungsgerichts vom 15. Dezember 1983 (BVerfGE 65, 1), in der das grundgesetzlich verbürgte Recht auf informationelle Selbstbestimmung anerkannt und inhaltlich umschrieben wurde.
⇨ 1, 5, 7, 10, 44

Vorabkontrolle
Von dem Datenschutzbeauftragten vorzunehmende, der Datenverarbeitung vorgelagerte Prüfung von automatisierten Verarbeitungen, welche besondere Risiken für Rechte und Freiheiten der Betroffenen aufweisen.
⇨ 164 f., 169 f.

Weitergabekontrolle
Verpflichtung technische und organisatorische Maßnahmen zu treffen, die geeignet sind zu

Register 241

gewährleisten, dass personenbezogene Daten bei der
elektronischen Übertragung oder während ihres
Transports oder ihrer Speicherung auf Datenträger nicht
unbefugt gelesen, kopiert, verändert oder entfernt werden
können, und dass überprüft und festgestellt werden kann,
an welche Stellen eine Übermittlung personenbezogener
Daten durch Einrichtungen zur Datenübertragung
vorgesehen ist.
⇨ 160 f.

Zugangskontrolle
Verpflichtung technische und organisatorische
Maßnahmen zu treffen, die geeignet sind zu verhindern,
dass Datenverarbeitungssysteme von Unbefugten genutzt
werden können.
⇨ 159 f.

Zugriffskontrolle
Verpflichtung technische und organisatorische
Maßnahmen zu treffen, die geeignet sind zu
gewährleisten, dass die zur Benutzung eines
Datenverarbeitungssystems Berechtigten ausschließlich
auf die ihrer Zugriffsberechtigung unterliegenden Daten
zugreifen können, und dass personenbezogene Daten bei
der Verarbeitung, Nutzung und nach der Speicherung
nicht unbefugt gelesen, kopiert, verändert oder entfernt
werden können.
⇨ 160 f., 193

Zutrittskontrolle
Verpflichtung technische und organisatorische
Maßnahmen zu treffen, die geeignet sind, Unbefugten
den Zutritt zu Datenverarbeitungsanlagen zu verwehren,
mit denen personenbezogene Daten verarbeitet oder
genutzt werden.
⇨ 159 f.

Zweckbindung
Grundsatz, wonach die verantwortliche Stelle verpflichtet
ist, personenbezogene Daten nur für diejenigen Zwecke
zu verarbeiten und zu nutzen, für die sie ursprünglich
erhoben wurden.
⇨ 3, 8, 28, 44, 50 ff., 93, 116, 120, 124 ff., 195, 209 f.,
216

RECHT - schnell erfasst

übersichtlich • anschaulich • prägnant

springer.de

Springer · Kundenservice
Haberstr. 7 · 69126 Heidelberg
Tel.: (0 62 21) 345 - 0
Fax: (0 62 21) 345 - 4229
e-mail: SAG-bookorder@springer-sbm.com

Die €-Preise für Bücher sind gültig in Deutschland und enthalten 7% MwSt.
Preisänderungen und Irrtümer vorbehalten. d&p · BA_010386b

The manufacturer's authorised representative in the EU is Springer Nature Customer Service Centre GmbH, Europaplatz 3, 69115 Heidelberg, Germany. If you have any concerns regarding our products, please contact ProductSafety@springernature.com

Printed and bound by CPI Group (UK) Ltd, Croydon, CR0 4YY

23/03/2026

02076741-0002